本科生全程导师制探索与实践

主　编 / 徐孝民　葛世荣
副主编 / 刘　波　王家臣

应急管理出版社
·北　京·

图书在版编目（CIP）数据

本科生全程导师制探索与实践 / 徐孝民，葛世荣主编． -- 北京：应急管理出版社，2022
ISBN 978 - 7 - 5020 - 9089 - 0

Ⅰ.①本… Ⅱ.①徐… ②葛… Ⅲ.①本科生—导师制—研究—中国 Ⅳ.① G645

中国版本图书馆 CIP 数据核字（2021）第 234183 号

本科生全程导师制探索与实践

主　　编	徐孝民　葛世荣
责任编辑	罗秀全　郭玉娟
责任校对	李新荣
封面设计	天丰晶通
出版发行	应急管理出版社（北京市朝阳区芍药居35号　100029）
电　　话	010-84657898（总编室）　010-84657880（读者服务部）
网　　址	www.cciph.com.cn
印　　刷	北京盛通印刷股份有限公司
经　　销	全国新华书店
开　　本	710mm×1000mm $^1/_{16}$　印张 $22^1/_4$　字数 385千字
版　　次	2022年4月第1版　2022年4月第1次印刷
社内编号	20211371　　　　　　　　定价　138.00元

版权所有　违者必究

本书如有缺页、倒页、脱页等质量问题，本社负责调换，电话：010-84657880

《本科生全程导师制探索与实践》编写组

主　　编　徐孝民　葛世荣

副 主 编　刘　波　王家臣

编写人员　郭东明　王绍清　赵　蓉　朱郴韦
　　　　　　杨胜利　佟瑞鹏　李　军　王建兵
　　　　　　郝雪第　尚　煜　岳中文　林　燕
　　　　　　谭　爽　盖逸馨　王耀东　吕建明
　　　　　　李　礼　张文秀　刘　楠

前言

2021年4月19日,习近平总书记在清华大学考察时强调,百年大计,教育为本。我们要建设的世界一流大学是中国特色社会主义的一流大学,我国社会主义教育就是要培养德智体美劳全面发展的社会主义建设者和接班人。要想国家之所想、急国家之所急、应国家之所需,抓住全面提高人才培养能力这个重点,坚持把立德树人作为根本任务,着力培养担当民族复兴大任的时代新人。

党的十九大报告指出:"要全面贯彻党的教育方针,落实立德树人根本任务,发展素质教育。要加快一流大学和一流学科建设,实现高等教育内涵式发展。"建设"双一流",实现内涵式发展,就要建设一流师资,培养一流人才。2016年12月,习近平总书记在全国高校思想政治工作会议上强调,把思想政治工作贯穿教育教学全过程,实现全程育人、全方位育人。2014年9月,习近平总书记同北京师范大学师生代表座谈时强调,好老师要有理想信念、道德情操、扎实学识、仁爱之心。好老师一定要平等对待每一个学生,尊重学生的个性,更好担起学生健康成长指导者和引路人的责任。坚持教书和育人相统一,坚持言传和身教相统一,坚持潜心问道和关注社会相统一,坚持学术自由和学术规范相统一。

中国矿业大学(北京)深入学习贯彻习近平总书记关于教育工作的重要论述精神,全面落实全国教育大会、全国高校思想政治工作会议精神,在学校党委统一领导下,自2011级开始实施基于创新教学的本科生导师制,经过试点，从2015级起全面推行本科生全程导师制。历经十年探索与实践，制定了比较完备的制度文件，摸索了一套行之有效的本科生全程导师制的做法，构建了"授课教师、班主任、辅导员"和"导师、研究生、高年级本科生"相结合的"3+3"立体化工作体系，逐步形成了"教育理念精英化、教育引领全程化、人才培养立体化、科研创新梯队化、人文关怀个性化、创新训练定制化"的育人特色，有效增强了教师的责任感，增进了学生的归属感，服务了学生的全面健康成长，践行了立德树人。

  本书涵盖了导师制的内涵，中国矿业大学（北京）本科生全程导师制的探索与发展、运行与保障、实效与展望等内容，全方位、立体化展现了学校实施本科生全程导师制的做法、效果等，凝聚了全校师生的共同智慧。尤其是当前，全校师生正围绕"加快建设世界一流能源科技大学"目标，为培养一流本科人才而努力奋斗。已实施十年的本科生全程导师制，为学校一流本科人才的培养提供了有力支撑。面向未来，以本科生全程导师制为核心的人才培养模式改革将为学校全面推进"双一流"建设，加快建成世界一流能源科技大学奠定坚实的人才培养基础。

  在此，对本科生全程导师们表示崇高敬意！对辛勤教学的教师们表示衷心感谢！

校党委书记 徐孝民

校　　长 葛世荣

2021年11月13日

目录

1 内涵与作用 ... 001
1.1 导师制定义与类型划分 ... 003
1.2 本科生导师制发展演化 ... 005
1.3 本科生导师制与高等教育发展 ... 009
1.4 本科生导师制与大学人才培养 ... 012

2 探索与发展 ... 015
2.1 背景与意义 ... 016
2.2 发展与演化 ... 018
2.3 价值及功能 ... 021
2.4 内涵与实质 ... 023
2.5 特征与特性 ... 025
2.6 融合与特色 ... 027

3 运行与保障 ... 029
3.1 运行机制 ... 030
3.2 保障措施 ... 036

4 实效与展望 — 045

4.1 积极探索逐步完善，
导师制育人特色初步形成 — 047

4.2 服务成才助力成功，
导师制培养人才成效显著 — 050

4.3 着力优化扎实提升，
推进导师制工作持续发展 — 064

5 教师指导案例 — 067

5.1 立德树人篇 — 068

5.2 指导规划篇 — 094

5.3 指导学习篇 — 115

5.4 指导研究篇 — 138

5.5 创新能力篇 — 160

5.6 学科竞赛篇 — 186

6 学生学习案例 — 221

7 代表性论文 — 279

参考文献 — 342

后记 — 344

1 内涵与作用

"为什么我们的学校总是培养不出杰出人才？"这一著名的"钱学森之问"是关于中国教育事业发展的一道艰深命题，时刻提醒我们，究竟怎样培养人才。习近平总书记指出："大学阶段，'恰同学少年，风华正茂'，有导师悉心指点，有同学切磋，有浩瀚的书籍引路，可以心无旁骛求知问学。"因此，大学阶段是学生世界观、人生观、价值观形成的关键阶段，尤其是在"三全育人"背景下，落实立德树人根本任务，以学生为本，实施导师制有利于大学生价值观的塑造，同时也有利于提升学生的能力和素质。

本科生的导师称为Tutor。说起导师制，很容易提到牛津大学和剑桥大学。据说牛津大学的导师制由英国温切斯特主教威廉·威克姆首创。每个本科生进入学院时，学院就为其指定一位导师，负责指导学生的学业和品行，其核心在于导师教会学生独立思考，培养学生批判思维的意识与能力。剑桥大学的导师制与牛津大学的大同小异。开设导修课（牛津大学称之为tutorials）或指导课（剑桥大学称之为supervisions），导师与学生进行教学活动，是一种独具特色的教学方式。

本科生导师制是新时期我国高等教育改革与发展的战略导向；是在全员育人、全过程育人、全方位育人的体制机制基础之上，"精准导学"理念导向下的路径选择；是高等教育发展与人才培养模式创新下的认知提升；是"互联网+"时代背景下的技术呼唤；是基于偏好的多样性，尊重人的意愿与志向，具有跨界融合、创新驱动、重塑结构、开放共享、互动共赢等特征的制度创新；是协作共赢视野下的资源优化配置；也是高等教育可持续发展的坚强保障。

1.1 导师制定义与类型划分

1.1.1 导师

《汉语大辞典》将导师解释为：在高等学校或研究机关中指导人学习、进修的人，也指在革命事业中奠定革命理论、制定革命路线、指引革命方向的领导者。从教育学角度，导师是指对某个学生或某一部分学生进行课外学科教学辅导的教师。随着时代的发展，把在高校或者研究机构对学生的学业、进修和科学研究进行指导的人员称为导师。

1.1.2 导师制

《教育大辞典》将导师制解释为：导师对学生的学习、品德及生活等方面进行个别指导的一种教导制度。《实用教育大辞典》对导师制的解释为：导师制起源于英国，是14世纪英国高校开始采用的教育和训练学生的一种制度。《国际教育辞典》认为导师制是导师对一名或一组学生进行个别指导和教学的一种教学方法，以学生为中心，是苏格拉底问答法的演变形式。因此，导师制需要导师针对学生的特点，对学生进行学业、生活等方面的个性化引导。其灵魂在于培养学生勇于探索的精神和独立思考的能力。

1.1.3 本科生导师制

本科生导师制是在本科阶段实施的由导师对本科生学习、品德、生活进行个别指导的人才培养制度[1]。本科生导师注重学生品行的培养，引导学生形成正确的价值观、人生观和世界观。导师不仅帮助学生解决专业学习上的困难，明确学习目标，还引导学生树立正确的道德观念。同时注重对学生的个性化指导，即根据学生个性差异进行针对性指导。在《我国本科生导师制演进发展的新时代要求及其实践创新》一文中，作者指出本科生导师制就是指由固定的导师为固定的在校生的学习与成长提供全面的指导、帮助与服务的制度[2]。

1.1.4 本科生全程导师制

本科生全程导师制是服务大学生健康成长的一种互动式育人模式，旨在对全体大学生从入学到毕业进行全程指导，根据学生的不同学习阶段分别制定指导计划，涵盖课程学习、生活、思想、考研、就业等多个环节。导师对学生的指导不仅包括知识层面的辅导，还包括道德层面的引导和心理层面的疏导。它以因材施教为主要原则，以个别指导、师生互动为主要特征，强调教师发挥学识魅力和人格魅力的综合影响，强调导师对学生的个性化指导[3]。

1.1.5 本科生导师制类型划分

本科生导师制发展到如今，呈现多种类型，如本科生全程导师制、高年级导师制、低年级导师制、英才导师制、宿舍导师制等。《我国本科生导师制演进发展的新时代要求及其实践创新》一文指出，湖南大学岳麓书院的本科生导师制有四种类型：由教授担任的学业导师制，由品学兼优的硕博生担任的生活导师制，由年轻教师担任的负责班级管理的班导师制，以及由教授担任的学术兴趣导师制。将导师对学生的管理、指导与服务推向全程化、全方位化以及常态化。鉴于本书需要，仅介绍按实施时段进行划分的年级导师制和本科生全程导师制[4]。年级导师制可细分为高年级导师制和低年级导师制。一般而言，高年级导师制的指导对象是大三、大四的本科生，重在培养学生的学习能力和科研思维；低年级导师制的指导对象是大一、大二的学生，其侧重点是指导低年级学生的学习和生活，帮助学生尽快适应大学生活。本科生全程导师制是从本科生进校后直至毕业，导师都要全程指导。学生通过双向选择确定导师，导师为学生提供学习、生活、思想等方面的指导，但是在不同阶段侧重指导的主题不同，低年级阶段导师主要指导学生的思想、学业；高年级阶段学生通过参与项目等方式，提高实践能力。

1.2 本科生导师制发展演化

1.2.1 基本历程

本科生导师制是为大学本科阶段学习的学生配备专业指导教师,基于每个学生的不同天赋与专业志向,在学业、科研、品德等方面对学生进行个性化指导,以帮助其增长知识和能力,并最终取得学业成功的一种制度。其充分体现了因材施教的原则和育人为本的高等教育理念,是新时期高等教育人才培养模式的制度创新。这一制度最早产生于14世纪的英国,在英国的牛津大学率先施行,后来被逐渐推广、流行于欧美国家,到20世纪初期才传入中国。

早在20世纪30年代,浙江大学在全国率先引入本科生导师制,但受多种因素影响,这种教学模式在中国并未得到充分发展。20世纪90年代末,随着我国高校扩招,高等教育逐渐从精英教育转向大众化教育,大班教学所带来的教学质量问题逐渐凸显,促使部分学者开始对百年来中国高等教育的发展历程进行深刻反思,社会各界也从不同角度指出中国当代高等教育的种种弊端,改革高等教育体制机制的呼声日益高涨。如何在高等教育领域体现中国文化的主体性、重建中国文化自信,已经成为社会共同关注的话题。这些因素综合作用的结果是本科生导师制的回归——本科生导师制又陆续在国内一些高校(如北京大学、清华大学、浙江大学、湖南大学、厦门大学、武汉大学等)试行。导师制的运行机制也呈现出多元化特征,如浙江大学继承20世纪30年代的导师制传统,实行效法牛津大学模式的本科生导师制;湖南大学秉承中国传统书院文化传统,实施岳麓书院本科生导师制。21世纪初,实施本科生导师制的学校不断增加,一些高校也开始试水本科生导师制,如北京师范大学、北京化工大学、兰州大学、中南大学、大连理工大学等一大批高校开始在部分院系尝试旨在改革人才培养模式的本科生导师制，已取得较好成效。

21世纪，国内各类高校改革现行高等教育制度与人才培养模式，旨在提高本科教育质量的本科生导师制探索与实践，也逐步得到了官方的积极回应与认可。2005年1月7日，《教育部关于加强高等学校本科教育工作的若干意见》指出，"有条件的高校要积极推行导师制，努力为学生全面发展提供优质和个性化服务"。这标志着本科生导师制已获得中央政府的支持和提倡。2010年颁布实施的《国家中长期教育改革和发展规划纲要（2010—2020）》明确指出，"关注学生不同特点和个性差异，发展每一个学生的优势潜能。推进分层教学、走班制、学分制、导师制等教学管理制度改革"。2012年《关于全面提高高等教育质量的若干意见》进一步提出，要"改革人才培养模式，实行导师制、小班教学，激发学生学习主动性、积极性和创造性，培养拔尖创新人才"。由此可见，我国已经将个性化人才培养提升到战略层面。而在本科阶段即推行导师制，无疑是个性化人才培养的有益尝试。目前国内的多所高校都在进行大规模探索和实施本科生导师制。结合我国高等教育发展趋势，分析这些高校实施导师制的经验，对于提高本科教学质量无疑具有积极意义。

1.2.2 牛津大学的本科生导师制

导师制被认为是牛津大学本科教学的核心和基础。正是牛津人对导师制数百年来的坚持，才使牛津大学的本科教学质量始终保持世界一流。英国教育史学者、伦敦大学教授奥尔德里奇认为，"导师制成了牛津和剑桥的永恒特色"[5]。导师制作为牛津大学的一个教学传统，被视为"牛津皇冠上的宝石"。作为一种教学制度，导师制历经众多争议和批评、危机和挑战，但是它至今仍然在很大程度上保持着最初的教育理念和实践模式。对于这样一种花费高昂、实施条件严苛的教学制度，牛津人表现出极大的宽容和义无反顾的坚持，究其原因，这种深厚的情感来自牛津人对导师制教育价值的认可和信任。

在牛津大学，教育职能是首位的。对于牛津大学的导师而言，培养一个人才要比完成一部学术著作更加重要。导师制无疑能够最大限度地实现大学和学院的教育职能，牛津大学的导师致力于将学生培养成具有独立思考能力、能够适应未来社会需要、引领社会发展的精英人才。在导师教学的各个环节，学生的能力和发展都是导师关注的重点。

在牛津大学的导师制中,学生每周要完成一篇导师课论文。它是牛津大学导师教学最基本的一个构成要素,也是导师教学的重要依托。通常情况下,学生在每次导师课上都会获得一个下次导师课要递交的论文题目,在下次上课之前,学生需要在查阅大量文献资料的基础上完成论文。导师会引导学生将其在大学的讲座等教学过程中获得的知识运用到论文写作之中。学生在论文中要对某个观点展开尽可能系统的论证,而不仅仅是对所查信息的整理和再现,或是对教材内容的重复和模仿。每周一次的论文,促使学生在一个学科的某个领域中就特定问题进行深入探讨。导师不会告诉学生从哪里获得完成论文所需的知识,更不会给予学生对某一具体问题的回答,而是鼓励学生大量查阅资料并仔细研读、深入思考之后,形成自己对于问题的解释,这在导师眼中才是真正有价值的学习。1997年《诺斯报告》指出,牛津大学的本科生将大量时间用于导师课的准备工作,平均每次为导师课准备的时间为12.64小时,从一年级理科专业学生的6.67小时到四年级文科本科生的16.28小时不等。随着导师课上学生数量的增多,导师很多情况下已无法保证每位学生都能够有足够的时间去朗读自己的论文,这促使出现了很多其他形式的作业,例如学生提交的对某个问题思考的汇报、论文的摘要、针对某个问题的解决方法等作业形式。导师通过布置作业的形式去引导学生学会独立学习、独立思考探究的初衷并没有发生任何改变。导师在对学生论文进行评价时并不给出明确的分数,而是写出具有针对性的评语,鼓励学生形成研究性的学习观念和学习方式。

牛津大学圣约翰学院院士威尔·摩尔(Will Morre)对导师制教育价值的评价为:"导师制的教学方法归根到底是一种质疑的方法,一种让人去提问、探寻和审视的方法。它的最终目的不在于某种权威的独断,而在于批判、理论、分析和比较。它崇尚相对的而非绝对的、试探性的而非武断的、学术札记的风格而非专题性论文的风格……它并不为现在的年轻人提供希望得到的肯定回答,一个实行导师制的大学不可能为社会绘制一个蓝图,或带着权威的口吻去演讲、纠正、决定、宣誓、制裁和谴责。相反,一所大学应该是社会上一个可以探究但不一定追求结果、有理论碰撞和观点相左的辩证而非教条的地方。"

牛津大学导师制不仅专注于对学生独立思考能力的培养,而且关注对学生人格的塑造和兴趣的培养。它呈现出家庭教育和大学教育相结合的特点,既对学生身心健康发展给予了充分关注,又立足于培养学生主动学习、独立思考、勇于创新的能力，激发每一个学生的学习潜能。对于每一位牛津学子而言，导师制为他提供的是一种充满诱惑、令人憧憬的独特的学习经历。当然，这种学习的过程完成并不容易，甚至是十分艰难和具有挑战性的。

1.3 本科生导师制与高等教育发展

2021年4月19日,习近平总书记在清华大学考察时指出,当代中国青年是与新时代同向同行、共同前进的一代,生逢盛世,肩负重任。广大青年要爱国爱民,从党史学习中激发信仰、获得启发、汲取力量,不断坚定"四个自信",不断增强做中国人的志气、骨气、底气,树立为祖国为人民永久奋斗、赤诚奉献的坚定理想。要锤炼品德,自觉树立和践行社会主义核心价值观,自觉用中华优秀传统文化、革命文化、社会主义先进文化培根铸魂、启智润心,加强道德修养,明辨是非曲直,增强自我定力,矢志追求更有高度、更有境界、更有品位的人生。要勇于创新,深刻理解把握时代潮流和国家需要,敢为人先、敢于突破,以聪明才智贡献国家,以开拓进取服务社会。要实学实干,脚踏实地、埋头苦干,孜孜不倦、如饥似渴,在攀登知识高峰中追求卓越,在肩负时代重任时行胜于言,在真刀真枪的实干中成就一番事业。

习近平总书记强调,教师是教育工作的中坚力量,没有高水平的师资队伍,就很难培养出高水平的创新人才,也很难产生高水平的创新成果。大学教师对学生承担着传授知识、培养能力、塑造正确人生观的职责。教师要成为大先生,做学生为学、为事、为人的示范,促进学生成长为全面发展的人。要研究真问题,着眼世界学术前沿和国家重大需求,致力于解决实际问题,善于学习新知识、新技术、新理论。要坚定信念,始终同党和人民站在一起,自觉做中国特色社会主义的坚定信仰者和忠实实践者[6]。

习近平总书记在中国政法大学考察时强调要深入研究为谁教、教什么、教给谁、怎样教的问题，不仅要提高学生的知识水平，而且要培养学生的思想道德素养。为适应国家和社会发展需要，遵循教育规律和人才成长规律，落实立德树人根本任务，教育部出台了多个文件，要求不断深化教学改革，优化人才培养过程，创新人才培养模式，探索多种培养方式，推进导师制，不断探索人才培养模式。

2010年，《国家中长期教育改革和发展规划纲要（2010—2020）》指出，要把育人为本作为教育工作的根本要求，要以学生为主体，以教师为主导，充分发挥学生的主动性，把促进学生健康成长作为学校一切工作的出发点和落脚点。关心每个学生，促进每个学生主动地、生动活泼地发展，尊重教育规律和学生身心发展规律，为每个学生提供适合的教育。关注学生不同特点和个性差异，发展每一个学生的优势潜能。推进分层教学、走班制、学分制、导师制等教学管理制度改革。

2012年，教育部出台的《关于全面提高高等教育质量的若干意见》指出，推进试点学院改革，探索以创新人才培养体制为核心、以学院为基本实施单位的综合性改革，改革人才培养模式，实行导师制、小班教学。

2017年9月，中共中央办公厅、国务院办公厅印发了《关于深化教育体制机制改革的意见》，作为新时期党中央、国务院推进教育综合改革的又一纲领性文件，进一步明确提出要"健全全员育人、全过程育人、全方位育人的体制机制"。要求各类学校注重培养支撑终身发展、适应时代要求的关键能力。在培养学生基础知识和基本技能的过程中，强化学生关键能力培养。培养认知能力，引导学生具备独立思考、逻辑推理、信息加工、学会学习、语言表达和文字写作的素养，养成终身学习的意识和能力。培养合作能力，引导学生学会自我管理，学会与他人合作，学会过集体生活，学会处理好个人与社会的关系，遵守、履行道德准则和行为规范。培养创新能力，激发学生好奇心、想象力和创新思维，养成创新人格，鼓励学生勇于探索、大胆尝试、创新创造。培养职业能力，引导学生适应社会需求，树立爱岗敬业、精益求精的职业精神，践行知行合一，积极动手实践和解决实际问题。要建立促进学生身心健康、全面发展的长效机制，强调要创新人才培养机制，要求高等学校要把人才培养作为中心工作，全面提高人才培养能力。要求各类高等学校都要探索适应自身特点的培养模式，完善学分制，实施灵活的学习制度，鼓励教师创新教学方法。深入推进协同育人，促进协同培养人才制度化。

2018年6月，在新时代全国高等学校本科教育工作会议上，教育部部长陈宝生强调要坚持"以本为本"、推进"四个回归"，加快建设高水平本科教育、全面提高人才培养能力，造就堪当民族复兴大任的时代新人。把本科教育放在人才培养的核心地位，把人才培养的质量和效果作为检验一切工作的根本标准。

2019年10月，教育部发布《深化本科教育教学改革　全面提高人才培养质量的意见》，指出支持高校进一步完善学分制，扩大学生学习自主权、选择权。建立健全本科生学业导师制度，安排符合条件的教师指导学生学习，制订个性化培养方案和学业生涯规划。

1.4 本科生导师制与大学人才培养

1.4.1 育人模式

2017年2月，中共中央和国务院提出的坚持"三全育人"要求，对指导我国当前的高等教育发展具有重要意义。2018年10月，教育部发布的《关于加快建设高水平本科教育 全面提高人才培养能力的意见》强调，要紧紧围绕全面提高人才培养能力这个核心点，加快形成高水平人才培养体系，从学生全面发展的高度提出了新的要求。本科生导师制注重学生个体差异，注重培养学生多层次能力，包括学生的价值观、创新意识和创新能力等，注重从学生入学到毕业的全过程培养，注重动员全员参与，包括导师、辅导员和班主任等。因此，本科生导师制是全过程、全层次、全方位的人才培养模式，是落实"三全育人"要求的一种有效人才培养模式。

1.4.2 教学模式

基于本科生导师制因材施教的特点，导师与学生的教与学没有固定的时空要求，导师可随时解决学生遇到的问题。费巩先生反思他在牛津大学求学的经历时认为，"导师制教法，重博览群书，重思想见解。导师与二三学子，时常相聚一堂，或坐斗室相对论学，或集诸子共处茶点小饮于导师之家，剖析疑难以外，并得指示学生修养之法，解答学生个人问题"[7]。因此，相比于课堂教学，本科生导师制使导师能够深入了解学生，准确掌握学生的情况、个性需求等，引导学生求真学问，重视培养学生的独立思考和独立判断能力。本科生导师制有利于专业知识教育和思想政治教育有机融合，促进教育回归初心，有利于实现课堂教学与课后指导的有效衔接，并对课堂教学进行有效补充。本科生导师制体现了自由教育的大学教育理念，强调学生的自主学习、自我教育、同伴效应与导师的启发和引领有机结合，从而实现追求卓越的目标。注重学生的全面发展，充分体现因材施教的原则，基于自由教育理念，通过师生的交流与合作实现教学相长的目标。在这一点上，西方的理念与中国古代书院教育传统不谋而合。

因此，引入本科生导师制是当前高等教育大众化背景下，创新本科教育教学模式、提高人才培养质量的重要举措，也是对国家深化教育体制机制改革政策的积极回应。导师制的实施，不仅有利于提高人才培养质量，有助于学生的身份认同和学业成功，更好地实现大学教育的目标，也有利于增强导师的归属感和责任心，端正导师工作价值取向，培育更多事业型导师。导师制通过挖掘学生的潜能实现师生优势互补，从而实现高等教育资源的优化配置，提高人力资源配置效率。

2 探索与发展

2.1 背景与意义

2.1.1 提出背景

2014年5月,习近平总书记在北京大学师生座谈会上指出,"大师,既是学问之师,又是品行之师。教师要时刻铭记教书育人的使命,甘当人梯,甘当铺路石,以人格魅力引导学生心灵,以学术造诣开启学生的智慧之门"。教书育人是教师的根本职责,但是仅通过班级授课和课堂教学,教师和学生接触交流的机会有限,教师的育人功能难以充分发挥,不同程度上表现出"教书"和"育人"相脱节的现象,本科生导师制有力地弥补了这一环。

随着我国高等教育进入大众化阶段,研究生规模越来越大,特别是在研究型大学中,研究生所占比例越来越高。学生成分的多样化形成了一种独特的"智力生态环境",在这种智力生态环境下,研究生和高年级本科生的成长经验对低年级本科生极具参考意义。如何充分发挥研究生特别是博士生对本科生教育的作用,使研究生与本科生、高年级本科生与低年级本科生之间形成良好的"传帮带"育人效应,这既需要完善机制,更需要积极加以引导。《教育部关于做好研究生担任助研、助教、助管和学生辅导员工作的意见》和中共北京市委教育工作委员会、北京市教育委员会《关于全面推进北京高校学业辅导工作的意见》,进一步为中国矿业大学(北京)实施本科生全程导师制提供了方法和路径指导。

本科生全程导师制是服务大学生健康成长的一种互动式育人模式,旨在对全体大学生从入学到毕业进行全程指导。导师要根据学生的不同学习阶段分别制定指导计划,从基础课、专业课的学习到科研训练,以及在生活、思想、考研、就业等各个环节给予直接的指导和引导。它要求导师对学生的指导不仅包括知识层面的辅导，还包括道德层面的引导及心理层面的疏导；它强调导师要发挥学识魅力和人格魅力的综合影响，强调对学生的个性化指导，强调传道、授业和解惑的统一；它以因材施教为主要原则，以个别指导、师生互动为主要特征；它可以有效弥补"学分制""班建制"的不足，消除"齐步走""一锅煮"的模式化弊端，有效利用研究生教育资源。

2.1.2 实施意义

本科生全程导师制的全面实施对开创人才培养工作新局面、促进人才培养质量进一步提高意义深远。本科生全程导师制是深化本科教学改革、提升人才培养质量的重要举措。

（1）**本科生导师制是改革人才培养模式、提高大学生创新能力的有力抓手**。通过导师的引导，让大学生在掌握专业知识和技能的同时，拓展知识面，尽早进入真实的创新训练项目情境，在完成项目的真实体验过程中更易产生创新意识和创新思维。本科生全程导师制的实施，将教师由传授型转为指导型，从机制上保证了教师对学生学业和创新能力的指导。遵循导师制个性化培养的原则，通过导师的个别指导和言传身教，借助创新训练项目，将学生由被动接受验证转为主动参与探索，逐步提高学生分析问题、解决问题的能力，培养学生勇于探索的精神和独立思考的能力，提高学生创新能力。

（2）**本科生导师制是学校不断完善能源工业精英教育教学体系，追求"一流本科教学"的改革突破口**。为贯彻落实精英教育教学理念，整合优质教育教学资源，培养高水平人才，学校从2011级本科生开始，实施了以本科生导师制为教学组织方式的创新教学，十年间，在人才培养方面取得了显著成效。学生问卷调查结果显示，导师制受到普遍认可，学生对学校创设的科研环境、导师指导效果、自身能力提升和专业学习效果等方面给予了高度肯定。作为学校追求"一流本科教学"的人才培养模式改革的基础性工程，本科生全程导师制在培养学生创新能力方面具有无可比拟的优势。

2.2 发展与演化

2.2.1 旨在创新教育的本科生导师制

学校从2012年（2011级本科生）实施旨在创新教学的本科生导师制，以创新训练项目为依托，引导学生开展研究性学习与实践，培养学生科学精神，激发探索欲望和学习热情，实现教书育人理念与教师教学实践能力融合。

2.2.2 试点本科生全程导师制

学校从2014级开始在原资源与安全工程学院（目前分成能源与矿业学院、应急管理与安全工程学院）、力学与建筑工程学院开始试点本科生全程导师制，面向全校范围的2015级本科生进行了试点推广。探索将"本科生导师"从高年级扩展到大学教育全过程，进一步促进教书与育人、教学与科研、本科生教育与研究生教育的融合。

2.2.3 全面实施本科生全程导师制

学校从2016级起全面推行本科生全程导师制，新生入校便配备导师。构建起以导师为主导、研究生协助、高年级优秀本科生参与的学习科研团队，针对学生的学业、创新创业等开展个性化指导，引导本科生早入实验室、早入研究团队，促进教研融合、师生相长。

2016年5月17日，学校组织召开了本科生全程导师制工作会（图2-1），深入挖掘全程导师制内涵，全面推动人才培养模式改革。2017年，学校分别于2月和4

月召开了推进本科生全程导师制调研工作座谈会、本科生导师代表思想政治工作座谈会,进一步明确本科生全程导师制"全方位服务学生健康成长"这一基本定位,强化思想政治教育重要功能。学校教师针对本科生全程导师制发表了论文,如图2-2所示。

图2-1　2016年学校召开本科生全程导师制工作会

图2-2 本科生全程导师制论文集

2016年，学校全面修订本科人才培养方案，进一步减少课堂教学学时，构建以学生为中心、主动探索式的育人环境，探索融合教师课堂讲授、课程研讨和学生自主学习的教学新模式，为本科生全程导师制实施提供了保障。进一步强化创新创业教育改革，完善从基本训练、初步体验到实践锻炼的创新创业教学体系，为导师指导学生学业和创新创业提供了实践平台。

2020年修订的本科人才培养方案（图2-3），坚持用习近平新时代中国特色社会主义思想铸魂育人，以立德树人为根本任务，推进全员、全过程、全方位育人，深化课程思政内涵建设，促进价值引领与知识传授、能力培养的有机融合。明确进一步实施好本科生全程导师制，不断加强导师在立德树人、学业指导、创新训练、素质提升等方面的作用。

图2-3 本科培养方案

2.3 价值及功能

2.3.1 以德育人

坚持立德树人,首先教育者要以德育人,用好的品德来影响学生,教导学生要修身养性,行为合乎礼教,诚挚待友。以德育人是儒家一直倡导的教育理念。孔子提出"仁者,人也",表明儒家将道德作为评价一个人的标准。中国古代的四大书院(岳麓书院、白鹿洞书院、崇阳书院和应天书院)也都将以德育人作为教育准则。

2.3.2 以生为本

以生为本,就是要发挥学生的主体性作用,让学生有机会得到各方面的可持续发展。方大春等指出本科生导师应发挥言传身教的导向功能、适时引导的导学功能和情感交流的导心功能[8]。教师启发学生发现问题、提出问题并帮助学生"释疑答难"。实施导师制就是要确立以学生为中心的教育教学理念,加强师生交流,更好因材施教,促进学生个性发展,培养具有创新精神和实践能力的高素质人才。导师制可以为学生独立思考、自主学习提供一种有效的教学模式,学生如有疑问,导师随时做出解答、指导。

抛弃精英教育理念,本科生导师制将失去灵魂。英国本科导师制发源于绅士文化,与具有贵族色彩的绅士教育观紧密结合。经过几百年的演替发展,本科生导师制的教育内涵发生了很大改变,但培养优秀公民和社会精英的教育目标不曾改变,精英教育思想始终引领着本科生导师制的发展。本科生导师制的精英教育观,就是要立足于学生的未来发展、服务于人的全面发展,培育有责任感的精英人才,但这并不意味着本科生导师制只能成为少部分人享有的制度。精英教育理念是以追求卓越、培育精英为目标的教育理念，以受教育者未来成长成才为长远导向，这是任何一个教育活动都追求的终极目标。着眼于精英教育的育人导向，实践精英教育理念，可通过为全体学生提供最优的教育资源和环境，在全面发展教育的基础上促使具有发展潜质的学生脱颖而出，尽早尽可能地成长为英才。精英教育表现为一种全面的"质"的教育。

2.3.3 培育共识

教育旨在实现学术自由的教育。牛津大学的导师制是通过反思性学习以及深层次学习，使学生逐渐形成终身受用的批判性思维能力，进而形成理性思维和创新思维。纽曼认为"培养领悟力、独立思考、独立研究的能力以及对事物追本溯源的习惯是好的或自由教育的主要组成部分"[9]。自由教育可以训练人的心智，最大限度培养学生的批判思维。

"学会求知、学会做事、学会做人、学会共处"是联合国教科文组织提出的教育四大支柱。何齐宗等指出，本科生导师制的现实起点是教育共识，也就是通过自由教育培养学生批判性思维素养的思想共识，至少包括自由教育共识、通识课程共识和启发教学共识[10]。王东芳等指出，美国文理学院本科生导师制的精神内涵是博雅教育理念[11]。

培养充满智慧和理性的、全面的、具有责任担当的英才是牛津大学等一流高校本科生导师制始终坚守的责任要义。全面发展、高素质、创新性是具有精英潜质人才的核心特征，也是未来社会对高等教育人才的质量要求。高素质创新型人才应具备综合、立体、动态的知识结构，体现宽厚性、专业性、交叉性，能适时地将不同的知识经过系统化、网络化来重新组合、交叉渗透；具备多元复合的能力结构，实现知识学习、分析综合、工程实践、创新能力的内在整合；具备驱动创新的意识、视野、素质和精神。本科生导师制作为培养高素质创新型人才的重要制度，也必然要适应这一改革需要，在培养学生知识结构宽厚性和学科交叉性，强化学习能力、实践能力和创新能力的多元复合等方面发挥其独特作用，引导学生将知识、技能内化为更具发展力的科学素养和创新精神，从而保证学生在今后具体的岗位实践上更好更快地成长、成才。提供优质环境、挖掘学生潜能、开展个性指导、促进全面发展是本科生导师制的核心任务，也是优势所在。

2.4 内涵与实质

中国矿业大学（北京）本科生全程导师制是依托本科专业，以提高本科生的创新精神和实践能力为目标，为每名本科新生配备导师，在品德素养、学业规划、学习过程以及科研探索等方面给予全方位辅导的一种互动式培养制度。它以学生全面发展的现实需要为基础，关注每个学生个体的知识、能力、素质协调发展，通过导师的个别指导和言传身教，培养学生勇于探索的精神和独立思考的能力。遵循导师制个性化培养原则，结合研究性教学的特点组织实施教学，锻炼学生创新能力，培养有责任感的能源行业精英。本科生全程导师制突破了班级授课制以单向传授为主的模式，实现了教书育人理念与教师教学实践的融合，赋予了本科生导师制新的内涵[12]。

2.4.1 以培养创新意识和创新能力为核心

在学生掌握专业知识和技能的基础上，激发学生对科学研究探索的兴趣，充分发挥学生在科研探索中的主动性，培养学生的创新能力是本科生全程导师制的核心内容。通过导师的探索精神、研究方法及理论思维的熏陶，本科生能较早做好开展科学研究的思想准备，初步熟悉从事科研活动的基本方法。一年级，导师着力引导学生了解本学科本专业，激发学生对本专业的学习兴趣，使其在潜移默化中形成创新意识。二年级，学生开始学习专业理论知识，这是进入科学研究大门、掌握专业基础知识的重要阶段，导师要创造机会让学生参与到科学研究的辅助性工作中，培养学生的创新精神。三年级，学生在掌握专业基础知识和专业知识的同时，接触科学研究的基础工作，导师要根据学生的个体特点，与学生共同制定有针对性的研究能力培养计划，结合创新训练项目、学科竞赛等，引导学生选择合适的研究课题，并就研究内容提出具体的分阶段目标。导师要创造机会让学生参与到科学研究工作中，以提高学生的创新思维。四年级，通过具体学科竞赛、毕业设计（论文）等活动，鼓励学生运用所学的知识探索科研课题，进入真实的科学研究情境中，对科学研究工作的全貌有更加全面深刻的认识，以提高学生的创新能力。

2.4.2 实现教书与育人的制度性结合

本科生导师制是基于人文关怀产生的，教师直接面对学生，不仅传授知识和技能，还以自己的师德和人品影响学生，既教书又育人。本科生全程导师制在教师和学生之间搭建起一个平等、激励、互动的学习空间，在这个空间里师生共同学习，探讨专业问题，导师教会学生提出问题、思考问题、表达自己的观点和见解，学生将专业知识内化为自己知识体系中的一部分，实现融会贯通。同时，导师的治学态度、为人处世方式、职业精神都在学习辅导、日常沟通交流中潜移默化地影响学生品格和个性的发展，启迪着学生思想，陶冶着学生情操。导师帮助学生学会学习、学会研究、学会做人，实现教书与育人的制度性结合。

2.4.3 因材施教

高等教育大众化时代的本科教学是以班级授课制为主的教学模式，这种批量化的培养很难顾及每个学生的知识获取能力和知识掌握程度。本科生全程导师制建立了良性的师生沟通机制。导师能够不局限于课堂之上，可在课堂之外针对学生知识体系、专业结构的优势和不足有的放矢地予以辅导，并根据学生的兴趣爱好、现实水平和能力以及导师个人的学术专长，帮助每个学生明确努力方向和制定符合自身特点的学习计划，激发学生的学习动力，让学生的学习更加主动而有成效。这种更加趋于个性化的教育方式，弥补了本科生课堂批量化教学的不足，关注了学生的个体差异，实现了因材施教。

2.5 特征与特性

本科生导师制要落实育人理念，开展研究型的教与学，实现学生能力、素质提升的教育目标，需要师生双方共同努力。在一个持续的互动式指导过程中，教师和学生各自的个性特点和行为模式，决定了本科生导师制在实践过程中的独有特征[13]。

2.5.1 教育主体的整体性

大学中，教师群体以学科为基础，学生群体以专业为基础。教师与学生的接触，在一定意义上是学科与专业两者的接触，是教师学科知识向学生专业知识的传递，集中体现为课程教学。但这只是知识的单向流动，是一种表层的接触，学科研究与专业学习间存在的知识维度鸿沟限制了师生间的深度接触。然而，实施本科生导师制却要求教师与学生必须跨越这个鸿沟。一方面，学生要能够与教师自如地进行学术研讨、交流、汇报等，需要熟悉导师所在学科的知识体系和研究方式，必要时还需参与一定的研究工作。另一方面，教师如希望有效指导学生的专业学习，就必须主动介入学生的学习过程、熟悉学生的学习方式，并指导学生围绕某一方向进行更多的深度学习。教师与学生的深度接触，自然要求师生成为教学共同体。实施本科生导师制，必须将师生作为一个教学共同体来考虑，而不能孤立考虑教师和学生。

2.5.2 教育过程的互动性

传统的师生交流主要围绕课程教学展开，课程结束也就意味着师生交流的结束，师生间缺少稳定的互动平台，一定程度上降低了师生互动的积极性。本科生导师制的实施，要求教师和学生必须在指导内容、研究计划、实践过程、成果实现等方面达成一致，这迫使教师和学生必须主动与对方接触，在频繁的交流、研讨中达成共识，并形成各自的责任与义务，即教师对学生的教育责任与指导义务，学生对教师的学习责任和服从义务。作为教学共同体，双方必须朝着同一个教育目标前行，缺少互动交流的师生自然无法同向同行，更无法碰撞出思想火花。如果师生间缺乏理解，引发不信任，则无从谈起有效学习与指导。师生互动是本科生导师制的基本要求，其活跃程度是衡量本科生导师制实施成效的标准之一。

2.5.3 教育评价的差异性

本科生导师制，不同于一般的课外学业指导，更多地定位于对学生能力和素质的引导性培养，其评价既要考虑培养目标的达成度，也要考虑教师指导过程的有效性。对培养目标的达成度评价不能单纯比较学生能力素质的高低，更多地要比较学生能力素质的提高程度，包含学生自我的纵向比较和学生间的横向比较。这种差异性会影响对教师的考核，因此既要对教师的指导质量进行考核，也要因指导学生的差异而做适当的调整，在实践中侧重对教师投入的考核。无论是对教师还是学生，本科生导师制都需要体现过程和目标考核，考核结果需要综合考虑学生的个体差异和教师的总体投入。

2.6 融合与特色

2016年12月，习近平总书记在全国高校思想政治工作会议上强调，要坚持把立德树人作为中心环节，把思想政治工作贯穿教育教学全过程，实现全程育人、全方位育人。2020年5月，教育部印发《高等学校课程思政建设指导纲要》文件指出，让所有教师都承担好育人责任，守好一段渠、种好责任田，将显性教育和隐性教育相统一，形成协同效应，构建全员全程全方位育人大格局。

学校实施本科生全程导师制，强化导师全程指导育人责任，是落实课程思政的重要举措。学校出台《中国矿业大学（北京）课程思政建设实施方案》明确指出，要突出本科生全程导师制"全方位服务学生健康成长"的核心定位，强化导师在立德树人、学业指导、创新训练、素质提升等方面的责任要求；充分发挥导师的德育功能，结合党史教育、课程思政、社会实践等探索导师思想领航新路径，构建以学生成长成才为核心的导师考核评价体系。

实施本科生全程导师制，要促进教书与育人融合、教学与科研融合、研究生教育与本科生教育融合，逐步形成"教育教学理念精英化、教育引领进程全程化、人才培养举措立体化、科研创新团队梯队化、导师人文关怀个性化、实践创新训练定制化"的培养特色。

2.6.1 教育教学理念精英化

以实施本科生全程导师制为契机，强化教师精英教育教学理念，通过提供优质的教学资源和教育环境，深度挖掘学生潜能，开展个性化精准指导，促进学生全面发展，着力培养具有战略思维、世界眼光、创新精神和实践能力的精英人才，提高人才培养质量，为构建能源工业精英教育教学体系，培养行业精英人才提供保证。

2.6.2 教育引领进程全程化

将本科生全程导师制覆盖本科教育的全过程，通过"立德树人、指导规划、指导学习、指导研究、促进发展"的教育引领进程，实现课堂教学、自主学习、实践创新、指导帮扶、思想引领融为一体，促进学生潜质的有效开发，保证学生在各个阶段都能平稳健康成长，实现知识、能力、素质协调发展。

2.6.3 人才培养举措立体化

将本科生由授课教师、辅导员、班主任教育与管理，转变为由授课教师、辅导员、班主任和导师及其指导的研究生和高年级本科生共同参与的多维立体化教育与管理，强化不同岗位教师在服务培养、服务教学、服务学生中的职责定位，促进本科教学、研究生培养、学生管理等工作有机衔接、协调配合。

2.6.4 科研创新团队梯队化

构建导师、博士生、硕士生、本科生梯队化"传帮带"机制，引导本科生加入团队、走进实验室、早入课题，营造互帮互带的学术氛围，形成本科生教育与研究生培养互动机制。加强研究生助研、助教、助管职责，鼓励研究生担任导师助理，协助导师对本科生进行深入指导，加强交流和沟通，发挥智力生态的育人效应。

2.6.5 导师人文关怀个性化

充分尊重学生的主体地位和个性差异。导师依据本科教育总体要求，结合学生实际状况，分层次设计目标要求，既为团队提供共性指导，又为学有所长的学生开辟个性化培养途径，努力为每个学生创造发挥聪明才智的环境，并以良好的师德修养和学识风范影响学生，打造校园仁爱文化。

2.6.6 实践创新训练定制化

在实现创新创业教育课程和创新实践活动融入人才培养方案的基础上，导师依据专业定位和培养目标，以"兴趣驱动、自主实践、重在过程、结合专业"为基本原则，为学生制定个性化的实践能力提升和创新创业训练方案，通过意识培养、能力提升、环境认知、实践模拟等途径，加强"一对一"的指导和训练，促进每一个学生的发展。

3 运行与保障

3.1 运行机制

3.1.1 成立校院两级组织机构

中国矿业大学（北京）成立了本科生全程导师制工作领导小组，由校长任组长，负责本科生全程导师制实施过程中的组织领导和相关协调工作。在学院成立本科生全程导师制工作小组，由学院党政主要领导任组长，教学院长、各系负责人、教学秘书等担任成员，统筹协调，负责落实学院导师工作的计划安排、组织实施、考核评价、经验交流等。学院结合实际制定具体的实施办法和工作细则，明确导师各项工作的细则和方案，加强过程管理和质量保障。学校党委书记徐孝民、校长葛世荣（图3-1）对本科生全程导师制工作作出重要部署。

学校党委书记徐孝民强调，学校要坚持立德树人根本任务，构建德智体美劳全面培养的综合育人体系，要全面巩固人才培养中心地位，把本科教育放在人才培养的核心地位、教育教学的基础地位、新时代教育发展的前沿地位。要充分发挥本科

图3-1 学校党委书记徐孝民、校长葛世荣

生全程导师制的育人功能，做到因材施教。

校长葛世荣指出，加快建设世界一流能源科技大学步伐，开展研究型本科生教育，需要一流的专业体系、一流的课程体系、一流的教学模式、一流的教师能力和一流的育人环境，需要发挥本科生全程导师制的作用，以推动一流本科人才的培养。

3.1.2 多方联动的组织管理模式

出台《中国矿业大学（北京）关于加强本科生全程导师制工作体系建设的意见》（中矿大京字〔2018〕19号），充分发挥导师主导作用和学生主体作用，构建"授课教师、班主任、辅导员"和"导师、研究生、高年级本科生"相结合的"3+3"立体化工作体系。按照"学校引导、院系探索、导师落实、班主任和辅导员辅助、研究生协助、高年级本科生参与"的组织管理模式（图3-2），学校负责本科生全程导师制的顶层设计，通过开展教育思想讨论和经验交流研讨

图3-2 多方联动的本科生全程导师制组织管理模式

工作，进一步统一思想、凝聚共识；下移管理中心，发挥学院工作积极性和创造性；学院负责本科生全程导师制的具体实施，探索实现形式，创新工作模式，细化导师工作要求，完善导师选聘、考核、评价等制度，加强师生管理；导师按照工作职责指导学生，根据学生特点和自身情况确定指导方式，明确指导计划，开展创造性指导；班主任、辅导员与导师从不同角度、采取多种方式开展学生工作；研究生、高年级本科生协助导师开展辅导，发挥助研、助教、助管作用。各方共同作用于本科生的成长、成才，相互结合、相辅相成，形成全员育人的合力。

3.1.3 以导师为核心的圈层结构

本科生全程导师制构筑以导师为核心，所辅导的低年级学生为内围，博士生、硕士生、高年级本科生为支撑的圈层结构。导师与学生定期见面，职责包括立德树

人、指导规划、指导学习、指导研究。导师根据学生的知识水平、能力特长和发展方向，与学生共同制定大学各阶段的成长计划，使学生明确发展路径；围绕学生的学习生活，以上"指导课"为主，指导学生选修课程、落实实践教学和创新教学环节，培养学生自主学习意识、创新精神和实践能力；指导学生参与科研实践，开展创新实践活动，做好研究性本科毕业设计（论文），增强学生创新能力；率先垂范、以身作则，从大处着眼、细处着手，全程育人，做学生的人生导师，为学生素质提高与人格发展构建稳固的内在格局。外围支撑层的高年级本科生特别是研究生，按照导师的要求，负责学生的日常联系、交流和沟通，发挥智力生态的育人效应。

学校在职在岗的两院院士、知名教授均担任本科生导师（图3-3和图3-4）。彭苏萍院士、何满潮院士和武强院士根据本科生特点，提出了一些非常有效的指导方式。彭苏萍院士对本科生提出了以高精尖人才为目标的培养理念，鼓励学生每个月写读书报告，多读期刊、跨学科文献资料。对于高年级的本科生，强调依托大学生创新训练项目、煤炭资源与安全开采国家重点实验室的大学生科技创新计划资助项目开展针对性研究，提升学生的动手能力和科研能力。何满潮院士以培养科技创

（a）彭苏萍院士与学生合影　　　　　　（b）何满潮院士指导学生

（c）武强院士与学生合影

图3-3　院士指导学生

（a）程久龙教授面谈指导

（b）程红教授面谈指导

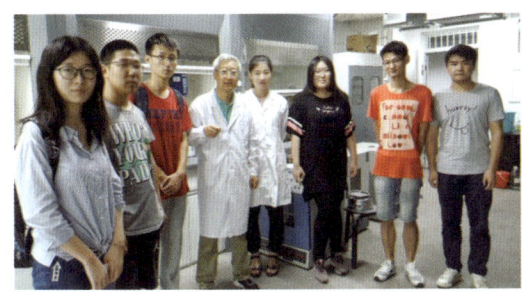
（c）王栋民教授现场指导

（d）单仁亮教授进餐时指导

图3-4　导师指导学生

新型人才为目标，帮助学生树立正确的世界观和价值观，培养学生热爱祖国、热爱学校的情怀。注重方法论，通过指导学生发现问题、分析问题和解决问题，来实现学生创造性思维的培养。鼓励学生积极开展大学生创新训练项目，积极参与深部岩土力学与地下工程国家重点实验室的科学研究，培养科研兴趣和提升科研创新能力。武强院士以培养创新型高素质人才为目标，以学以致用为导向，鼓励本科生积极参与创新训练的"全过程"，多查阅国内外文献期刊，定期进行研讨。特别是依托大学生创新训练项目，培养大学生的创新思维能力，提高团队协作能力和解决实际问题的能力，激发学生的求知欲和创新潜能。

3.1.4 健全导师工作激励机制

研究出台《本科生全程导师制考核办法（试行）》（图3-5），细化完善导师考核指标体系，落实本科生全程导师制专项政策经费，根据指导工作量和考核评价结果，统筹发放导师工作津贴。

研究出台《中国矿业大学（北京）优秀本科生导师奖评选办法（试行）》，组

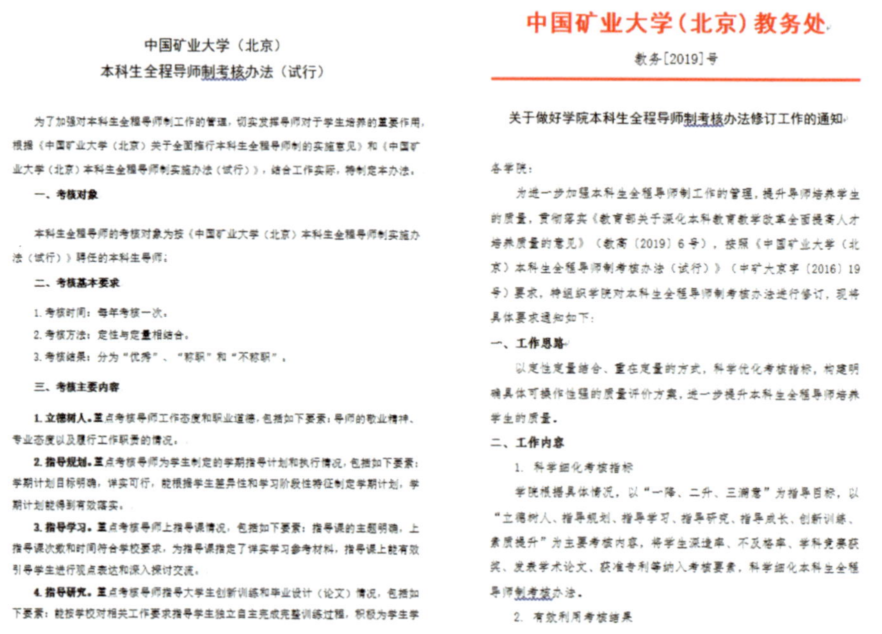

中国矿业大学（北京）
本科生全程导师制考核办法（试行）

为了加强对本科生全程导师制工作的管理，切实发挥导师对于学生培养的重要作用，根据《中国矿业大学（北京）关于全面推行本科生全程导师制的实施意见》和《中国矿业大学（北京）本科生全程导师制实施办法（试行）》，结合工作实际，特制定本办法。

一、考核对象

本科生全程导师的考核对象为按《中国矿业大学（北京）本科生全程导师制实施办法（试行）》聘任的本科生导师；

二、考核基本要求

1. 考核时间：每年考核一次。
2. 考核方法：定性与定量相结合。
3. 考核结果：分为“优秀”、“称职”和“不称职”。

三、考核主要内容

1. 立德树人。重点考核导师工作态度和职业道德，包括如下要素：导师的敬业精神、专业态度以及履行工作职责的情况。

2. 指导规划。重点考核导师为学生制定的学期指导计划和执行情况，包括如下要素：学期计划目标明确，详实可行，能根据学生差异性和学习阶段性特征制定学期计划，学期计划能得到有效落实。

3. 指导学习。重点考核导师上指导课情况，包括如下要素：指导课的主题明确，上指导课次数和时间符合学校要求，为指导课指定了详实学习参考材料，指导课上能有效引导学生进行观点表达和深入探讨交流。

4. 指导研究。重点考核导师指导大学生创新训练和毕业设计（论文）情况，包括如下要素：能按学校对相关工作要求指导学生独立自主完成完整训练过程，积极为学生学

中国矿业大学（北京）教务处

教务[2019]号

关于做好学院本科生全程导师制考核办法修订工作的通知

各学院：

为进一步加强本科生全程导师制工作的管理，提升导师培养学生的质量，贯彻落实《教育部关于深化本科教育教学改革全面提高人才培养质量的意见》（教高〔2019〕6号），按照《中国矿业大学（北京）本科生全程导师制考核办法（试行）》（中矿大京字〔2016〕19号）要求，特组织学院对本科生全程导师制考核办法进行修订，现将具体要求通知如下：

一、工作思路

以定性定量结合、重在定量的方式，科学优化考核指标，构建明确具体可操作性强的质量评价方案，进一步提升本科生全程导师培养学生的质量。

二、工作内容

1. 科学细化考核指标

学院根据具体情况，以“一降、二升、三满意”为指导目标，以“立德树人、指导规划、指导学习、指导研究、指导成长、创新训练、素质提升”为主要考核内容，将学生深造率、不及格率、学科竞赛获奖、发表学术论文、获准专利等纳入考核要素，科学细化本科生全程导师制考核办法。

2. 有效利用考核结果

图3–5　导师制考核办法

织开展优秀本科生全程导师奖评选，对指导成效显著、学生满意度高的优秀本科生全程导师进行表彰和奖励。2017—2020年优秀本科生导师职称统计如图3–6所示。

完善教师教学考核机制，明确将担任本科生全程导师、指导本科生创新创业作为教师尤其是教授的基本责任，构建定性与定量评价相结合的评价工作方案，考核结果作为教师年度考核、职称晋升、岗位聘任的重要依据。

完善工作质量评价与持续改进机制，积极推行同行督导和学生评教，定期评价导师指导和创新教学工作质量，形成自我诊断、持续改进的管理机制。

学院结合自身情况和特点，在学校总体要求下，积极寻求有效的激励机制。如化学与环境工程学院组织全院教职工及学生代表参加导师制经验交流会暨优秀导师评选会，评选和表彰优秀导师，激励和带动全院教师更多更自觉地投入导师指导工作。力学与建筑工程学院出台院级本科生导师制优秀导师评选办法，详细规定优秀导师参评条件，并根据导师指导的学生成绩排名、进步情况、升学（含出国深造）就业情况、导师与学生面谈次数等综合评选优秀导师。

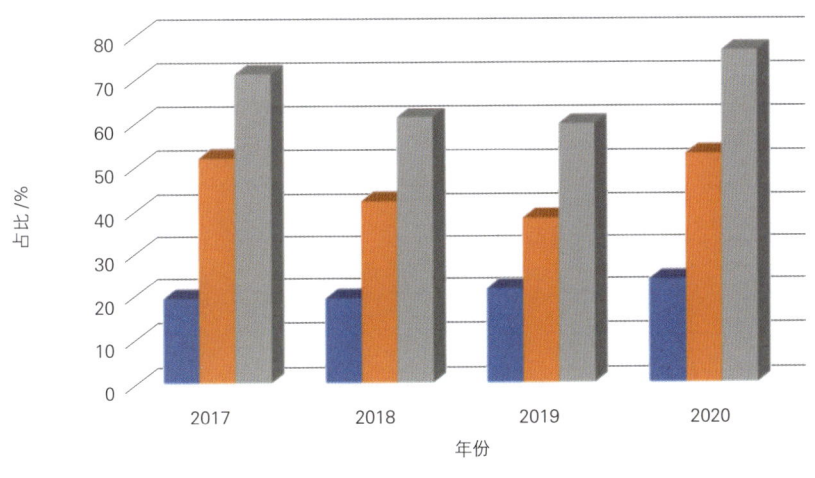

图3-6 2017—2020年优秀本科生导师职称统计

3.2 保障措施

3.2.1 健全管理办法

自实施本科生全程导师制以来，学校研究出台了以下管理办法，为推进本科生全程导师制工作提供了制度保障：

《中国矿业大学（北京）关于全面推行本科生全程导师制的实施意见》（中矿大京字〔2016〕17号）；

《中国矿业大学（北京）本科生全程导师制实施办法（试行）》（中矿大京字〔2016〕18号）；

《中国矿业大学（北京）本科生全程导师制考核办法（试行）》（中矿大京字〔2016〕19号）；

《中国矿业大学（北京）优秀本科生导师奖评选办法（试行）》（中矿大京教学〔2017〕20号）；

《中国矿业大学（北京）关于加强本科生全程导师制工作体系建设的意见》（中矿大京字〔2018〕19号）。

3.2.2 与教学环节融合

1）写入培养方案

2016版和2020版培养方案均明确了本科生全程导师制在人才培养中的作用，要求坚持以学生为中心，以立德树人为根本任务，因材施教，推进全员、全过程、全方位育人，强化导师在立德树人、学业指导、创新训练、素质提升等方面的指导与作用。

2）结合专业特点分类推进

理学、工学类专业：提高学生正确认识问题、分析问题和解决问题的能力。理学类专业要注重培养学生探索未知、勇攀科学高峰的责任感和使命感。工学类专业要注重培养学生精益求精的大国工匠精神。

经济学、管理学、法学类专业：帮助学生了解相关专业和行业领域的国家战略、法律法规和相关政策，培养学生诚信服务、德法兼修的职业素养，以及分析问题和解决问题的能力。

教育学类专业：培养学生传道情怀、分析问题和解决问题的能力。

体育类专业：培养学生顽强拼搏、奋斗有我的信念，注重爱国主义教育和传统文化教育。

3）结合导师科研深入推进

深入挖掘科研中的育人功能，充分发挥导师、研究生和高年级本科生的合力，结合本科生全程导师制，进一步发挥科教融合作用。利用科学研究平台，坚持科学研究"四个面向"，加强基础科学，加强导师对学生的指导研究、指导学习，着重培养学生分析问题和解决问题的能力。

4）结合创新环节扎实推进

大学生创新训练项目旨在培养学生的创新能力。学校实行大学生创新训练项目全覆盖，是推进本科生全程导师制的有力抓手。为实现学校一流本科人才的培养目标，需要切实提升大学生创新训练项目与本科生全程导师制的契合度，深化学生的创新能力培养，进而有效体现导师指导学习、指导研究的作用。

5）结合理论课程逐步推进

加强本科生全程导师制与课程思政、通识课程、专业课程的有效结合，发挥导师制在教师和学生之间的桥梁作用，拓宽学生视野，做好立德树人，潜移默化提升学生的素质。导师答疑解惑，指导学习，不断提升学生的知识水平。

6）结合实践环节拓展推进

在毕业设计（论文）、实习等实践教学环节，充分发挥本科生全程导师制的作用，力促产生同频共振效果，为学生素质、能力培养打通"最后一公里"。

3.2.3 把关导师选配工作

新生入校后即组织导师选配工作。学校严格按照《中国矿业大学(北京)本科生全程导师制实施办法(试行)》指导各学院进行导师的合理选聘。学院结合自身特点组织导师选聘与配备。如能源与矿业学院在导师配备时,充分综合考虑学生成绩、民族差异、性格特点等因素,合理搭配分组。地球科学与测绘工程学院在新生导师配备时兼顾学生的地域差异、性别差异、成绩差异、民族特点等。2015—2020年本科生导师职称统计如图3-7所示。

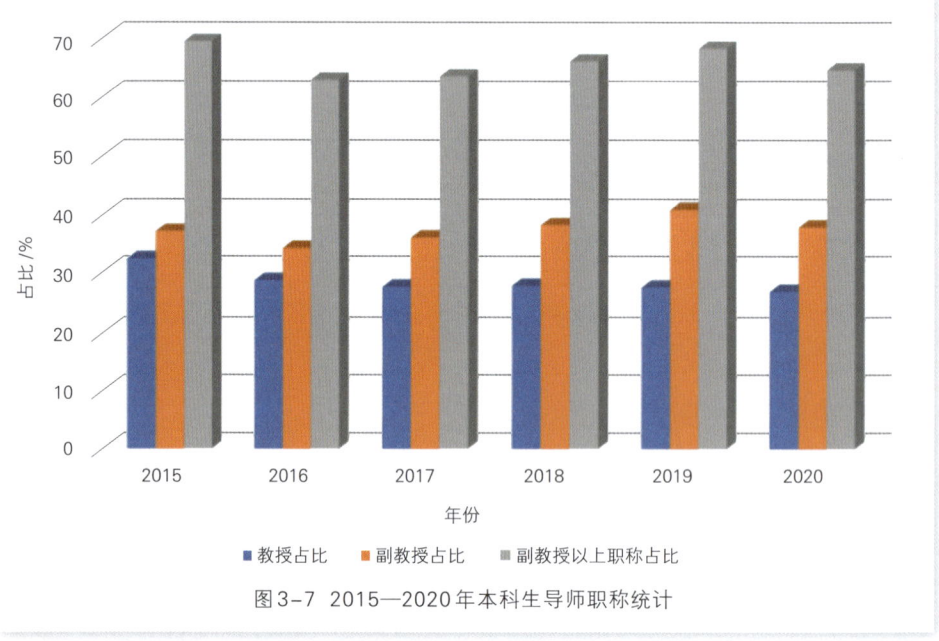

图3-7 2015—2020年本科生导师职称统计

3.2.4 完善导师指导工作方式

贯彻习近平总书记在全国高校思想政治工作会议上的讲话精神,在实施本科生全程导师制的过程中,"坚持教书与育人相统一,坚持言传与身教相统一",赋予本科生导师制更丰富、更全面的内容,强化本科生导师的思想引领和价值导向,为学生解疑释惑,不断提高学生思想水平、政治觉悟、道德品质、文化素养,让学生成为德才兼备、全面发展的人才。

在学校总体要求框架内,学院结合自身特点,积极探索导师指导工作方式,使其不断丰富化、差异化。能源与矿业学院根据不同阶段不同层次学生的学习、生活、思想等情况，帮助学生完成角色定位、学业规划和职业生涯规划，指导学生顺利完成学业。应急管理与安全工程学院、机电与信息工程学院根据不同年级学生特点，细化导师职能，在全程指导的前提下，对于低年级学生，侧重于指导其顺利完成角色转换、制定学习规划、开展研究性学习等；对于高年级学生，侧重于帮助学生确定发展方向、培养创新思维和能力、设计深造或就业规划等。图3-8所示为导师采用不同工作方式指导学生。

（a）能源与矿业学院周宏伟院长指导本科生

（b）地球科学与测绘工程学院代世峰院长指导本科生

（c）机电与信息工程学院邹甲导师带领学生参加2019年全国大学生电子设计竞赛

（d）应急管理与安全工程学院解北京导师指导2018级、2019级学生学习Tirz理论

（e）化学与环境工程学院朱学帅导师指导学生参加"互联网+"大学生创新创业大赛

（f）管理学院陈平泽导师给学生做专题指导

（g）力学与建筑工程学院左建平院长指导学生　　（h）理学院刘兰冬导师与2016级本科生

（i）文法学院李彬导师指导本科生

图3-8　导师采用不同工作方式指导学生

3.2.5 加强导师指导能力建设

明确导师指导要求，依托课程教学、校外实习、创新创业训练、学科竞赛、毕业设计（论文）等活动，紧扣专业培养要求和教学进程，制定阶段性指导计划和学生学习目标，对学生的专业发展、能力培养、创新创业等进行全程化、个性化、精细化指导。化学与环境工程学院结合教改课题项目，积极探索全程导师制下的教学改革，明确新模式下教学和指导的职责要求，注重提高导师的教学水平、指导能力和育人成效。学院将教师科研项目同实践教学环节无缝连接，如暑期实践、选题训练、大学生创新训练、学科竞赛、发表论文、申请专利、参加各种竞赛以及毕业设计（论文），真正将指导导师的科研和专业优势转变成学生的创新优势。理学院明确导师应该导什么以及如何去导，根据学生的年级段、学业特点等进行个性化、针对性的指导，确保指导成效。文法学院依托专业优势，打破专业壁垒，探索采用

"行管+英语"双导师模式,实现"1+1>2"的协同指导效应。法学专业探索"多名导师关联指导多个小组"模式,不仅促进学生开阔思维、打开视野和良性竞争,也利于导师互相交流、彼此监督和共同进步。导师制与教学各环节的关系如图3-9所示。

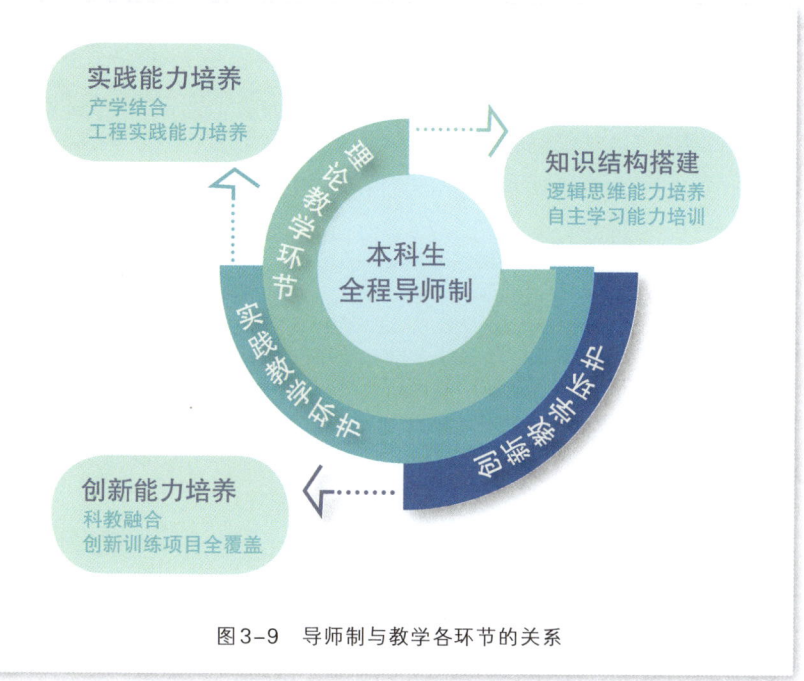

图3-9 导师制与教学各环节的关系

3.2.6 强化导师工作过程管理

通过实施本科生全程导师制实施办法和考核办法,严格导师选配,明确导师工作职责,细化导师指导要求,从制度上强化导师过程管理,并通过定期教学检查和组织学院开展导师考核工作,确保导师指导成效。编制"本科教学教师工作手册",教师人手一册,为教师开展本科教学和导师指导工作提供可靠依据。力学与建筑工程学院充分发挥试点学院领航作用,在全校率先编制了"本科生导师制学生成长手册",学生人手一册,解决了"导师不找学生、学生不见导师"的问题,实现了导师制培养过程的参与留痕,真正将导师制落到实处,取得效果。地球科学与测绘工程学院定期给全体指导教师发纸质通知或电子邮件,明确学期工作重点,提醒教师与学生经常联系、关注学生学习动态、定期指导并做好记录等,每学期由专人对导师记录情况进行检查和统计，并通过组织本科生导师制问卷调查，及时了解学生对导师指导的意见和建议，促进导师有效改进工作。管理学院细化导师工作内容，明确学生职责，以短信、微信等方式，经常督促导师及时进行指导，并在学生组选配组长，负责与导师及时沟通联系。同时，明确规定成长手册填写要求，并要求每月提交一次导师指导记录和学生学习记录，由专人负责整理、检查和督促，并由教学院长、教学秘书、辅导员、班主任组成检查小组每学期抽查一次，合格的加盖学院公章，不合格的整改后下月继续检查，并将检查结果公布，作为评定发放导师指导津贴的依据。总之，各学院均结合自身特色编制了导师工作指导手册和学生成长手册（图3-10），记录导师指导情况和学生成长历程，成为师生教学相长的见证。

图 3-10　导师制工作手册

3.2.7 完善导师工作交流平台

为配合本科生全程导师制工作开展，在教学信息服务 APP 平台（cumtb 教务）中开发了导师制工作模块，为导师指导和学生交流学习提供良好平台。各学院均已通过建微信群、QQ 群等方式建立导师与学生沟通平台。地球科学与测绘工程学院通过开设导师系列课、学生走进实验室、参加导师团队的研讨会、师生共同参加比赛等多种形式开展指导工作，潜移默化中提高指导与交流效果。机电与信息工程学院启动"本科生全程导师制交流月"，在全院师生范围内进行不同层次、不同范围的全程导师制主题交流活动。力学与建筑工程学院通过见面会、读书会、科研小组活动、小组集体参观等多种形式学习交流、共同提高。文法学院探索导师指导的"学习圈模式""学术社团模式"，为学生和导师提供更多相互交流和学习的平台，使导师的学术研究可以反馈于教学，让学生参与到导师的科研项目中，从而形成良性互动。

3.2.8 加大教学工作投入

学校在继续落实每年本科教学专项经费基础上，设立专项经费支持学院推行本科生全程导师制，并在教学经费投入、教学改革研究、实践教学条件等方面给予导师支持。加强本科生全程导师制信息化服务与管理。学院统筹安排教学、实验和行政用房等资源，尽可能开辟专门场地，满足经常性的师生会面需求；通过举办导师见面会、师生交流会等，建设师生互动公共空间和平台，丰富师生交流渠道，增加师生互动；借助微博、微信等社交媒体，建立导师工作交流网络平台，实现工作信息互通、指导资源共享。

3.2.9 营造教书育人良好氛围

发挥优秀导师引领作用，通过微信公众号（图3-11）、校园网等持续推送优秀导师的经验交流分享，大力宣传优秀导师典型，及时总结推广好经验、好做法，营造教书育人、立德树人的氛围。

图3-11　通过微信公众号推送进行宣传

4 实效与展望

中国矿业大学（北京）于1998年恢复本科招生，本科教育历史短，底子薄。作为我国煤炭行业历史最悠久和最具影响力的高等学府，如何继承中国矿业大学百年传统，在短时间内形成中国矿业大学（北京）这样一所先有研究生教育、后有本科教育的特殊发展形式的学校所应有的办学理念和办学模式，实现世界一流能源科技大学的建设目标，是我们面临的重大问题。为此，学校从深入研究国内外重点大学先进办学理念与模式入手，不断探索人才培养模式改革，力争用最短时间奋起直追，实现跨越式发展，形成自身特色和办学优势。结合学校本科招生人数少、教师学术科研能力强的特点，学校自2011级本科生开始实施基于创新教育的导师制，2014年试点扩展到本科教育全过程的本科生全程导师制，2015年全面实施本科生全程导师制。

随着本科生全程导师制在实践和探索中不断完善发展，学校本科教育形成了"教育理念精英化、教育引领全程化、人才培养立体化、科研创新梯队化、人文关怀个性化、创新训练定制化"的育人特色，教育教学成果丰硕，学生综合素质有效提升，人才培育成效获得社会广泛认可。近年来，参加中国国际"互联网+"大学生创新创业大赛和"挑战杯"中国大学生创业计划竞赛获1金3银5铜，4项成果获中国"互联网+"大学生创新创业大赛北京赛区一等奖。1篇论文获全国大学生创新创业年会"十佳优秀论文"。2014—2018届本科生平均每6名学生发表1篇学术论文，平均每4名学生中就有1名在省部级及以上学科竞赛中获奖；2014年以来，学校获国家级教学成果奖1项，北京市教学成果奖25项，入选北京市教学名师9人、青年教学名师3人。获批北京市教改立项28项，其中重点项目3项。7门课程入选国家级一流本科课程，8本课程入选北京市优质本科课程建设。8门教材课件入选北京市优质教材课件建设。22本教材被评为全国煤炭行业优秀教材，其中2本获得特等奖，8本获一等奖。

4.1 积极探索逐步完善,导师制育人特色初步形成

本科生全程导师制是学校在适应煤炭行业对人才的迫切需求,构建能源工业精英教育教学体系的背景下,不断创新人才培养机制,深化教育教学改革所做出的制度创新。本科生全程导师制秉承学校精英化的教育教学理念,以全程化的教育引领进程为纲,构建立体化的人才培养结构,搭建梯队化的科研创新团队,形成个性化的导师人文关怀,实现定制化的实践创新训练。其框架如图4-1所示。

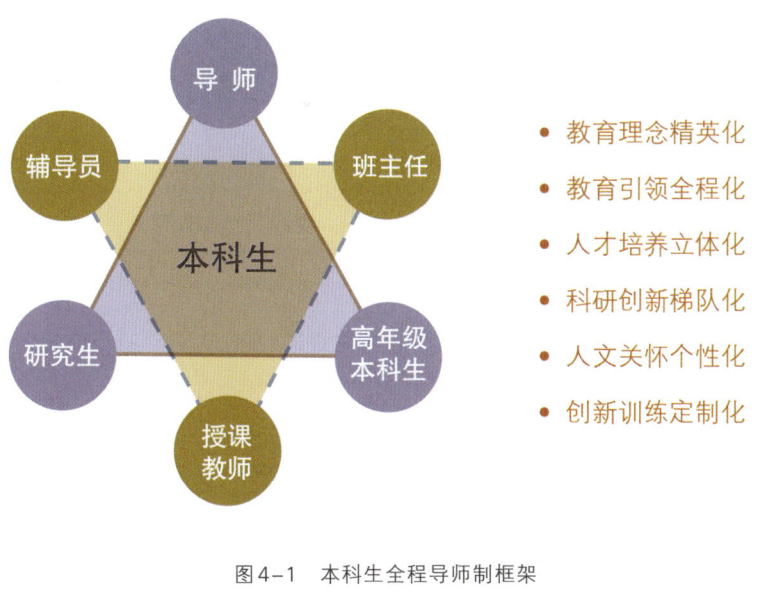

图4-1 本科生全程导师制框架

4.1.1 精英化的教育教学理念

学校坚持构建能源工业精英教育教学体系，强调根据社会对高层次人才的需求和学生身心潜质发展的需要，为全体学生提供优质的教学资源和教育环境，在全面发展、个性化培养的基础上，促使学生的创新能力获得提升，尽早尽可能地成长为英才，特别是能源工业的精英人才。这一理念强调要为学生创造个性发展的空间，提供更多与教师交流的机会，教学从单纯追求知识掌握的"传承导向"转为注重创新能力培养的"探究导向"。教师要注重教学过程的互动性，引导和鼓励学生在探究的基础上参与教学，即进行以学生为主体、师生互动的参与式教学，让学生逐步实现对知识的自我选择、判断、体验、反思，进而促进学生的创新精神和创新能力培养，体现因材施教的精英教育理念。

4.1.2 全程化的教育引领进程

学校根据社会发展、特色优势、学生水平等制定培养方案。依据培养方案，导师从学生入学之初就开始进行专业引导、学科入门、学校生活等全方位的辅导，并在学生学习的不同阶段进行针对性的指导。本科生全程导师制最显著的特色是导师的培养覆盖学生整个本科学习的全过程，从入学之初的专业启蒙，到科研选题训练、创新训练项目等，再到本科阶段的专业实习和毕业论文（设计）的选题、撰写等环节，均由导师进行指导，保证学生在各个阶段都能平稳健康发展，确保学生大学四年在学业成绩、沟通能力、创新精神等方面都取得显著进步，实现对学生的教育引领。

4.1.3 立体化的人才培养结构

传统的人才培养结构是辅导员和班主任以关注学生思想教育为主，授课教师以知识传授为主、思想教育为辅，二者相对独立，对学生的培养被分成了不同的部分，学生的完整性教育有所欠缺。本科生全程导师制力图构建立体完整的人才培养结构，由导师全面负责学生的培养工作，与辅导员和班主任建立起三维立体化的人才培养结构，实现对学生的个性化培养。在大学阶段，学校整体培养与各门课程任课教师、导师有针对性的指导有机结合，导师与学校、任课教师密切配合，形成立体化的培养结构，更有利于学生成长。

4.1.4 梯队化的科研创新团队

导师将本科生纳入自己的科研团队中，本科生从本科阶段开始感受科学研究氛围、接触科学研究，到实际进入科学研究领域、掌握研究方法、树立科学研究态度，都与导师团队密切相关。本科生全程导师制的目标之一是培养学生的创新能力和科学研究素质，构建一支以导师为主，博士生、硕士生、本科生共同参与的科研创新梯队。已经具有一定专业知识和科研能力的硕士生和博士生，对于课题研究所需的理论知识较为熟悉，能较好地对本科生进行学业指导。同时由于年龄差距不大，硕士生和博士生在学习和生活等方面都能够给予本科生帮助，这能增强团队的凝聚力和向心力，更有利于科研创新工作。

4.1.5 个性化的导师人文关怀

导师制是基于人文关怀而产生的，旨在培养学生自由、自主、自立的精神品格。导师不仅传授知识和技能，还要以自己良好的师德和人品影响学生。在实际培养过程中，导师尊重学生的个性化发展，依据创新教学总体要求，结合学生实际情况，分层次设计目标要求，既为团队提供共性指导，又为学有所长的学生提供个性化指导。导师不仅是学生的学业导师，更是学生的人生导师。不同学科的科研团队，同一学科不同方向的科研团队，不同气质的导师，都能给予学生个性化的培养体验。

4.1.6 定制化的实践创新训练

本科生全程导师制的目的在于通过师生间直接、平等、频繁的互动交流，培养学生独立思考和判断的能力，增强学生创新意识、创业意识和创新创业能力，从整体上提升人才培养质量。导师根据学生个体差异，从选课、选择专业发展方向、设计学习方法和规划职业生涯等方面对学生进行指导，为学生制定个性化创新训练计划。关注每个学生在学习过程中的接受程度、能力提升方式等，对学生进行持续性、针对性、一对一指导和训练。充分发挥学校已有的学科和导师优势，以"兴趣驱动、自主实践、重在过程、结合专业"为基本原则，将各种形式的创新活动合理地融入人才培养方案中。

4.2
服务成才助力成功，导师制培养人才成效显著

本科生全程导师制以服务学生健康成长为根本目的。学校切实提高教师责任感、增强学生归属感，贯彻"面向全体、贯穿全程、培育全人"的核心要求，完善工作组织、师生互动、教学考核、教育研究等关键环节，落实"立德树人、指导规划、指导学习、指导研究、促进发展"的基本内容，细化导师制指导方案，发挥学院各自特点与优势，本科生全程导师制工作稳步推进。十年磨一剑。本科生全程导师制实施成效显著，具体体现在以下几个方面：

4.2.1 德育功能充分显现

学校将实施本科生全程导师制作为构建"三全育人"体系的重要环节，切实发挥思想政治工作引领作用，把思想政治工作作为导师指导学生的重要职责，明确把教书育人作为遴选导师的必要条件，把政治标准放在教师队伍建设首位，健全师德建设长效机制，加强本科生全程导师制工作体系建设工作，强化本科生全程导师德育功能，落实立德树人的根本任务。

作为导师，要完成立德树人的使命，最重要的就是言传身教，以言感化，以身树德，通过自身品行修养实现对学生的感染熏陶。学校充分发挥骨干教师的示范引领作用，明确教授、副教授均应担任全程导师，把立德树人理念融进教师教学科研中。2015—2020年，本科生全程导师中副教授以上职称占66%，其中教授占28.5%。学校在职在岗的两院院士、长江学者均担任导师。

"学高为师，身正为范。"本科生全程导师制实施以来，学校导师严于律己，言传身教，以自身的人格魅力和道德情操引导学生树立正确的世界观、人生观和价值

观，注重对学生的人文关怀，培养学生的家国情怀，导师制的德育功能凸显。应急管理与安全工程学院陆新晓导师教育学生做事先做人、做人先立德，培养学生健全的人格品行及道德情操。在对学生的道德教育过程中，坚持实时融入国家形势发展的思政元素，培养学生的爱国情怀，提升民族自豪感。地球与测绘工程学院李晶导师坚持"滴灌式"深耕，将思想政治教育融入知识技能传授、生活和发展问题交流中。管理学院宋梅导师与学生建立良好的互动关系，做学生最好的听众，与学生以心交心，建立起师生互信，引导学生早立志、立大志。

4.2.2 学生综合素质明显提高

授业解惑是教师的基本职责。本科生全程导师制要求导师以"立德树人、指导规划、指导学习、指导研究、促进发展"为主要内容，依托课程教学、创新训练、学科竞赛、毕业设计（论文）等活动，对学生进行全程化、个性化、精细化指导。加强导师与学生的交流和沟通，构筑起以导师为核心，所辅导低年级学生为内围，博士生、硕士生、高年级本科生为支撑的圈层结构，形成独特的"智力生态环境"，为学生成长提供更好发展平台，这有效提升了学生的学业水平和可持续发展能力，学生在学习、升学、就业等方面取得长足进展。

导师结合专业特点和学生个性，积极探索适用于不同学生的独特指导方式。能源与矿业学院王兵导师建立了以"乐学""爱学""想学""必学"的四学引导贯穿式和学年关键节点制为基础的学业指导机制，让学生乐于学习、爱于学习、共同学习，引导学生勤奋好学，为国家和社会发展贡献自己的青春与力量。力学与建筑工程学院左建平导师针对不同年级学生因材施教，督促低年级的学生夯实基础，培养高年级学生综合素质和创新能力。采取多种方式激发学生学习科研兴趣，如邀请学生进入实验室观察、辅助实验；结合一些工程实际问题开展教学，引导学生学以致用。理学院乔舰导师为更好地引导学生做好人生各种规划，主动了解学生的家庭情况、生活习惯、脾气性格、学习能力、就业倾向等，把握学生各个时期的发展特点，分析学生各阶段可能出现的问题，经常与辅导员、班主任、任课教师交流沟通。帮助学生制定四年整体规划，结合学生自身特点及每学期的表现，及时调整规划，并与学生充分沟通交流，引导学生制定明确的、可操作的、阶段性的生涯规划和个人专业修习计划等，并督促学生积极落实。文法学院李彬导师尊重和相信学生，在指导过程中侧重引导和建议，充分调动学生的主观能动性，培养学生边读书边思考的习惯和主动发现问题的能力，鼓励学生独立思考形成自己的观点，在平等、激励、互动的学习氛围下师生共同进步。

导师个性化、精细化的指导方式，能够引导和帮助学生做好发展规划，促进学生学业发展和综合素质提高。实施导师制以来，课程通过率明显改善。以高等数学课程为例，在导师指导下，学生的学习态度积极、学习能力得到提升，大一新生第二学期的通过率比第一学期明显提高。本科毕业生深造率（含出国）逐年提高，近5年始终保持在50%以上，学生考研率在985、211高校排名前列。在2017—2020届本科毕业生教学情况调研中，学生对教师开展的专业指导和学习指导的满意度达98%。毕业生受到用人单位和社会的广泛赞誉，近年来用人单位整体满意度始终保持在95%以上。2020年第三方评价机构本科毕业生质量评价显示，学校毕业生质量全国排名第24位。2021年的毕业生质量全国排名第23位。

4.2.3 学生创新能力大幅提升

本科生全程导师制贯穿于创新训练全过程。通过建立良性的师生沟通机制，让更具专业素养的教师能根据学生个体差异，对学科竞赛、创新训练等进行指导，实现了对学生参与研究和创新的有效激励。机电与信息工程学院邹甲导师积极探索本科生导师制和研究生助管助教方式，总结出"指导教师+优秀研究生"的可持续的竞赛培训指导模式，通过组织大学生参加全国大学生电子设计竞赛、北京市大学生电子设计竞赛、全国大学生智能汽车竞赛等，构建了系列化、多层次、全方位的电子竞赛组织培训实施体系。化学与环境工程学院张香兰导师将指导竞赛与所授课程知识有机结合起来，引导学生在思考、讨论的基础上掌握知识，激发学生的求知欲和创新潜能，培养学生团结协作和吃苦耐劳的精神，使学生更有自信、更有激情并且勇于承担责任。在指导竞赛中坚持学科竞赛的主体是学生，通过参赛培养学生的独立性、学术诚信。理学院郭晓玲导师将专业课程与专业竞赛有效结合，根据数学建模竞赛需要不同专业优势的学生分工协作的特点，鼓励跨学院、跨年级组队，发挥"传帮带"作用，让学生在竞赛过程中收获更多知识和能力。同时，开设全校性的数学建模通选课，通过课堂讲授、课后研讨拓展、论文指导改进，为组建竞赛团队打下良好基础。

本科生全程导师制引导学生早入实验室，早入研究团队，通过导师专业化、定制化指导，创新教育成效显著，催生了大量成果。2018—2020届毕业生平均每7名本科生发表1篇学术论文，平均每4名本科生有1名获得省部级及其以上学科竞赛奖，60%的本科生获得创新学分优秀证书。形成突出个性化培养和研究性学习的创新人才培养机制，进一步增强了学生参与学科竞赛的积极性，参赛规模及获奖数量逐年提高。

2017年以来，学校1690余个项目获得各级各类学科竞赛奖励，3000余人次获奖。2015—2020年，获得国家级、北京市级和行业协会级奖的人数逐步增多，获得国家级奖的人数增加了1.5倍，获得北京市级的人数增加了1.4倍，获得行业协会级的人数增加了83%。近3年来，5个项目获中国国际"互联网+"大学生创新创业大赛国家级奖项，其中金奖1个、银奖2个、铜奖2个，4个项目获中国国际"互联网+"大学生创新创业大赛北京赛区一等奖，1项创新成果荣获北京市大学生科技创新作品与专利成果展示推介会"创新金奖"，13个项目晋级全国大学生创新创业年会，其中1篇论文获年会"十佳优秀论文"。"互联网+"大学生创新创业大赛全国总决赛获奖证书如图4-2所示。

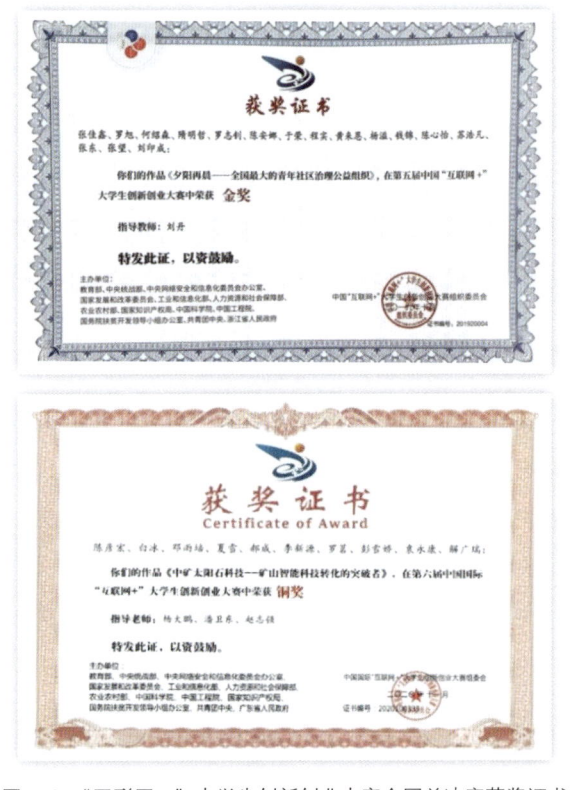

图4-2 "互联网+"大学生创新创业大赛全国总决赛获奖证书

截至2020年，学校连续第十次晋级全国大学生化工设计竞赛全国总决赛，是北京地区唯一连续十年晋级全国大学生化工设计竞赛全国总决赛的高校，连续第九次夺得全国一等奖。全国大学生化工设计竞赛荣誉证书如图4-3所示。

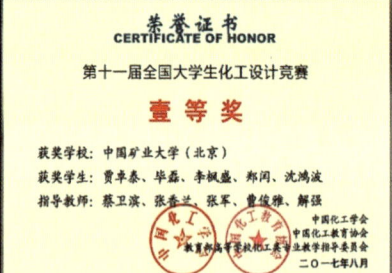
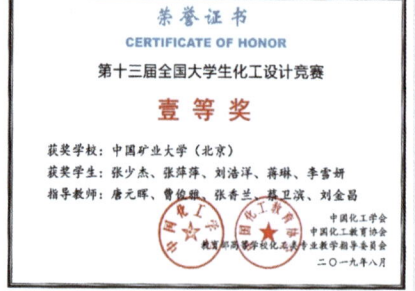
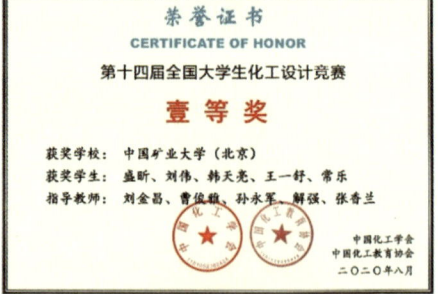

图4-3　全国大学生化工设计竞赛荣誉证书

eVolo 摩天大楼建筑设计竞赛是世界上最负盛名的高层建筑竞赛之一。该竞赛由 eVolo 杂志于2006年发起，致力于持续激发全球各地设计师的想象力，通过实施新技术、材料、程序、美学和空间组织，以及对全球化、灵活性、适应性和数字革命的研究，来重新界定摩天大楼设计的创意想法。在 eVolo 杂志主办的2020年摩天大楼竞赛获奖名单中，力学与建筑工程学院建筑系大四学生蒋东霖、麻新悦所在队伍作品"Blooming Tulou Skyscraper"获荣誉奖。获奖作品如图4-4所示。

4.2.4　教师教学能力逐步增强

本科生全程导师制有效促进了导师和学生的联系，推动全校教师投入创新人才培养模式改革的实践中。导师在指导学生成长过程中，也不断提升自身的教学改革

图4-4 eVolo摩天大楼建筑设计竞赛获奖作品

创新能力等。2015年以来,全校教师在国内外期刊上发表教学研究论文900多篇,研究文章《本科生全程导师制:内涵、运行模式和制度保障》《本科生全程导师制的探索与实践》分别发表在《中国高等教育》和《北京教育》上,如图4-5所示。教师主持的校级教学改革与研究项目增加了1.3倍。新增北京市教学名师9名,北京市青年教学名师3名,中国煤炭工业协会名师2名。

图4-5　在《中国高等教育》和《北京教育》发表的文章

4.2.5 教育教学成果显著

建立以本科生全程导师制为核心的全员全程育人体系是学校面对社会对人才的迫切需求,不断创新人才培养模式,深化教育教学改革进行的制度创新,是学校推进教育教学改革的重要举措。经过几年的实践与探索,取得可喜成果:获得国家级教学成果奖1项;北京市教学成果奖25项,其中一等奖11项;获得煤炭行业教育教学成果奖76项,含特等奖5项;评选校级教学成果奖147项;7门课程入选国家级一流本科课程;8本课程入选北京市高校优质本科课程;8门教材课件入选北京市优质教材课件建设;1部教材入选第一批"十二五"普通高等教育本科国家级规划教材;34部教材入选高等学校(矿业)规划教材建设;11部教材获评全国煤炭行业优秀教材,其中1部获特等奖。相关荣誉证书如图4-6所示。

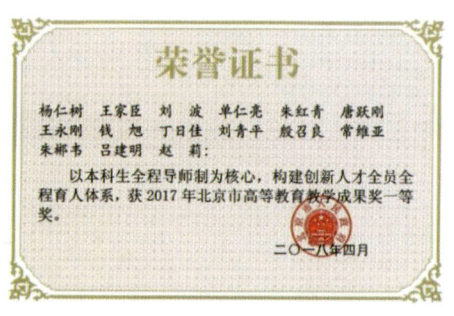

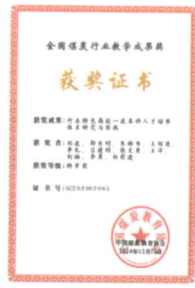

2017年获北京市教育教学成果一等奖　　2020年获全国煤炭行业教学成果特等奖

图4-6　相关荣誉证书

4.2.6 学生获得感大幅增强

为掌握学生对本科生全程导师制实施的满意程度,设计了调查问卷,对全校本科生进行调查。调查问卷总体上分为学生对本科生全程导师制的整体体验和专项收获两个方面,涵盖个人成长、人生指引、科学研究、创新能力等。

1)提高方面(多选题)

包括综合素质、学习成绩、科学研究和创新能力四个方面,学生可以从中多选。调查结果表明,85%左右的学生认为综合素质得到了大幅提高,接近60%的学生认为在科学研究方面有明显提高,在学习成绩和创新能力方面各有45%左右的学生认为有非常显著的提高,如图4-7所示。

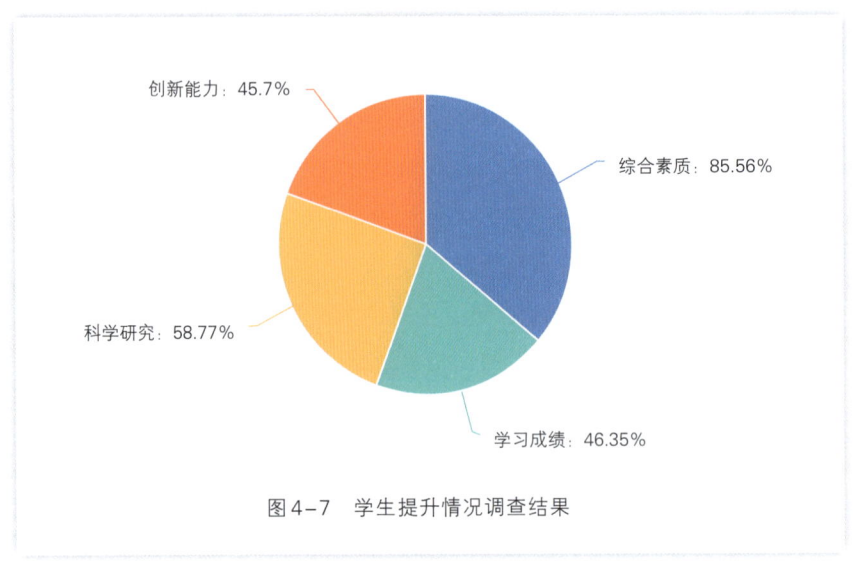

图4-7 学生提升情况调查结果

2)学生成长

调查结果(图4-8)显示,97%左右的学生认为本科生全程导师制对自己有帮助,只是帮助的程度不同,80%左右的学生认为本科生全程导师制有很大和较大帮助,体现了本科生全程导师制在学生能力培养方面的成效。

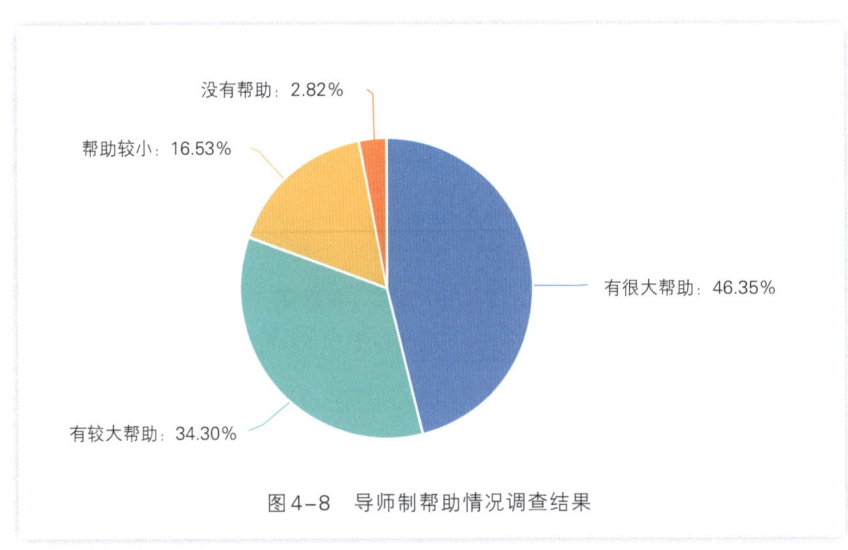

图4-8 导师制帮助情况调查结果

3）对学校导师制的实施满意度情况

调查结果（图4-9）显示，80%左右的学生对本科生全程导师制的实施感到满意，18%左右的学生为一般满意，3%左右的学生认为不满意。这说明了本科生全程导师制能够帮助学生提升综合素质，能够提升育人作用。但因学生个性需求、学校资源等原因，本科生全程导师制还需要进一步完善。

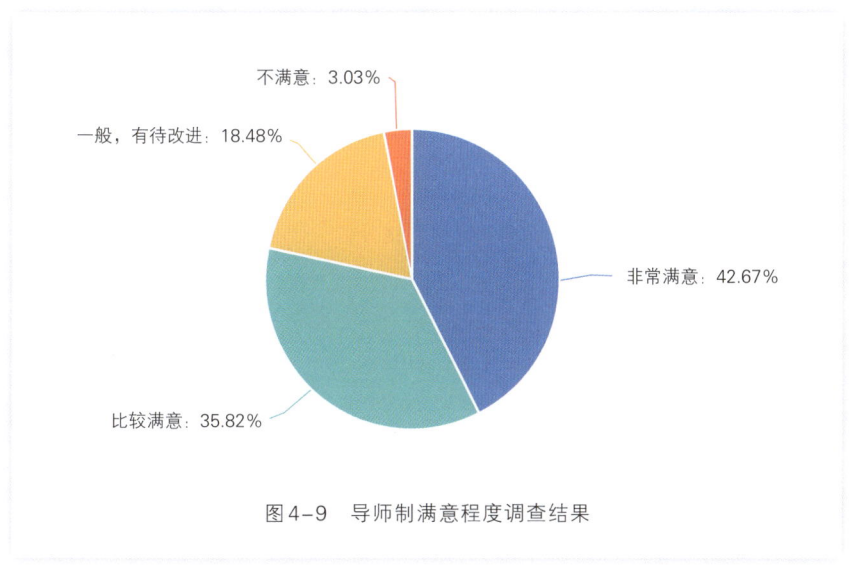

图4-9 导师制满意程度调查结果

4）学生专项收获

包括本科生全程导师制对学生人生指引、学业进步、科学研究和创新能力的帮助。调查结果（图4-10）显示，97%的学生认为本科生全程导师制对自己的人生指引有帮助，超过80%的学生认为有很大、较大帮助，能够让自己快速地融入大学生活。在学业进步方面，96%左右的学生认为有帮助，70%左右的认为有很大、较大帮助，有的学生表示，在大一入学之初，对数学、物理等课程存在害怕的心理，经过与导师沟通交流，消除了害怕心理，顺利地通过了数学、物理等课程的考试。在科学研究方面，96%左右的学生认为有帮助，75%以上的学生认为帮助较大，能够加深自己对科学研究步骤、素质、能力等方面的理解，有利于加强自己的设计实验。在创新能力方面，95%左右的学生认为有帮助，75%以上的学生认为帮助较大，能够结合学校的大学生创新训练项目、学科竞赛等环节培养自己的设计兴趣和创新思维，提升创新能力。

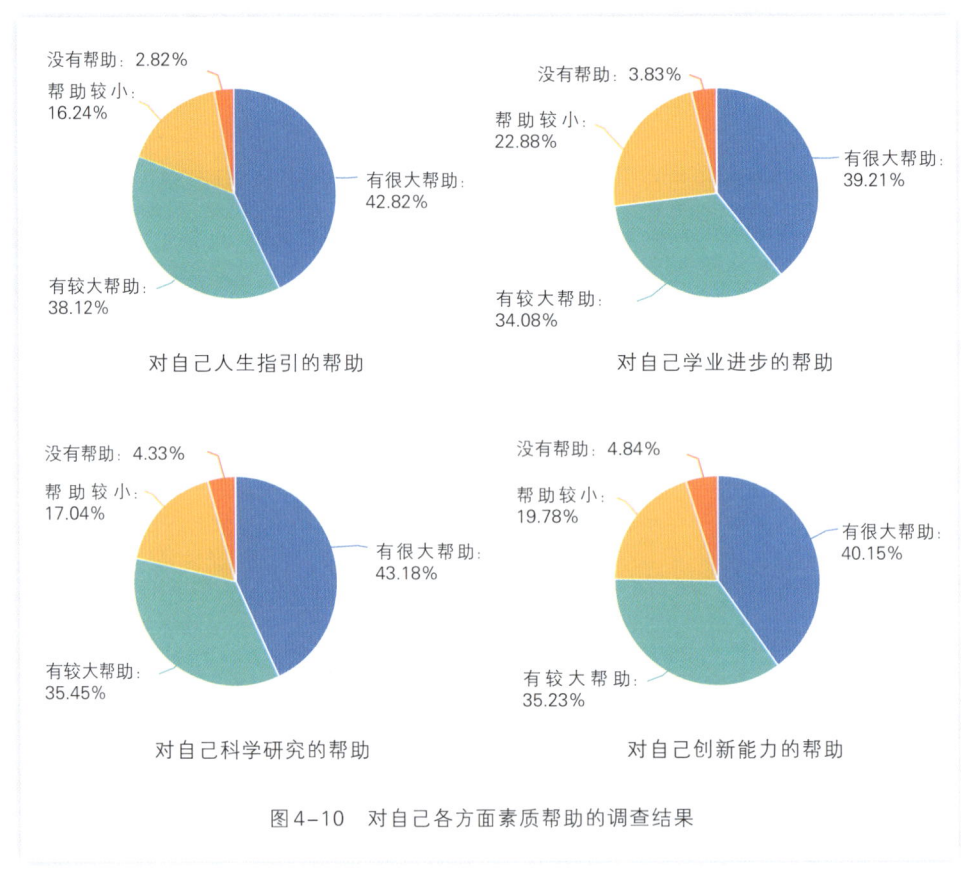

图4-10 对自己各方面素质帮助的调查结果

本科生全程导师制使学生获得感增强。能源与矿业学院采矿工程专业本科生郑志学深情地说:"很庆幸能参与到本科生导师制中,它对我们个人成长的指点是我们受用终身的财富,也将伴随我们,在未来走出自己的精彩人生!"

4.2.7 育人成效获多方认可

教育部新闻办两次对学校本科生全程导师制进行了专题报道。2016年3月,教育部以《中国矿业大学(北京):本科生导师制 全方位服务学生成长》为题,报道了学校实施本科生导师制情况,指出"学校实行全程本科生导师制,希望对全体大学生从入学到毕业进行全程指导,不仅包括知识层面的辅导,还包括道德层面的引导及心理层面的疏导,强调发挥师者人格魅力和知识素养的综合影响,强调导师对学生的亲和性引导,强调传道、授业和解惑的统一",如图4-11所示。

祝捷老师与她指导的本科生在探讨问题（郭东明/摄）

"你的导师是谁？"在中国矿业大学（北京），这是大部分刚入校大一新生们的问候语。因为，在矿大（北京）导师已不是硕士生博士生的"专利"。学校实行全程本科生导师制，希望对全体大学生从入学到毕业进行全程指导，不仅包括知识层面的辅导，还包括道德层面的引导及心理层面的疏导，强调发挥师者人格魅力和知识素养的综合影响，强调导师对学生的亲和性引导，强调传道、授业和解惑的统一。

在试点学院，第一次担任本科生导师的祝捷老师在首次与学生见面时坦诚地说："导师制是个新鲜事物。我们的第一个任务就是调研什么是导师制。"一周之后，同学们有的提交了导师制起源的总结报告，有的把北京大学等33所大学实施导师制的调研结果做成Excel表格发到了祝捷的邮箱，再次见面时，同学们你一言，我一语，从此，祝捷与同学们每半个月进行一次深入探讨，内容涉及专业、社会问题、人生理想等，从未间断。

图4-11 教育部专题报道（1）

来源：http://www.moe.gov.cn/jyb_xwfb/xw_zt/moe_357/jyzt_2016nztzl/2016_zt03/16zt03_zxlb/201603/t20160315_233682.html

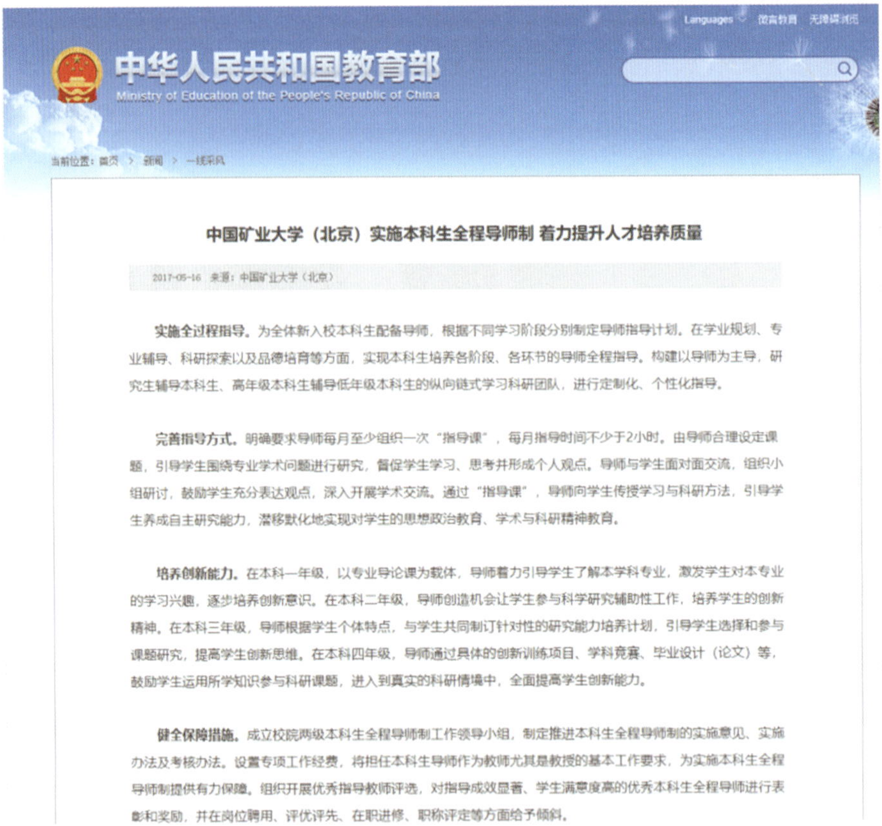

Languages 微言教育 无障碍浏览

中华人民共和国教育部

Ministry of Education of the People's Republic of China

当前位置：首页 > 新闻 > 一线采风

中国矿业大学（北京）实施本科生全程导师制 着力提升人才培养质量

2017-05-16 来源：中国矿业大学（北京）

实施全过程指导。为全体新入校本科生配备导师，根据不同学习阶段分别制定导师指导计划。在学业规划、专业辅导、科研探索以及品德培育等方面，实现本科生培养各阶段、各环节的导师全程指导。构建以导师为主导，研究生辅导本科生、高年级本科生辅导低年级本科生的纵向链式学习科研团队，进行定制化、个性化指导。

完善指导方式。明确要求导师每月至少组织一次“指导课”，每月指导时间不少于2小时。由导师合理设定课题，引导学生围绕专业学术问题进行研究，督促学生学习、思考并形成个人观点。导师与学生面对面交流，组织小组研讨，鼓励学生充分表达观点，深入开展学术交流。通过“指导课”，导师向学生传授学习与科研方法，引导学生养成自主研究能力，潜移默化地实现对学生的思想政治教育、学术与科研精神教育。

培养创新能力。在本科一年级，以专业导论课为载体，导师着力引导学生了解本学科专业，激发学生对本专业的学习兴趣，逐步培养创新意识。在本科二年级，导师创造机会让学生参与科学研究辅助性工作，培养学生的创新精神。在本科三年级，导师根据学生个体特点，与学生共同制订针对性的研究能力培养计划，引导学生选择和参与课题研究，提高学生创新思维。在本科四年级，导师通过具体的创新训练项目、学科竞赛、毕业设计（论文）等，鼓励学生运用所学知识参与科研课题，进入到真实的科研情境中，全面提高学生创新能力。

健全保障措施。成立校院两级本科生全程导师制工作领导小组，制定推进本科生全程导师制的实施意见、实施办法及考核办法。设置专项工作经费，将担任本科生导师作为教师尤其是教授的基本工作要求，为实施本科生全程导师制提供有力保障。组织开展优秀指导教师评选，对指导成效显著、学生满意度高的优秀本科生全程导师进行表彰和奖励，并在岗位聘用、评优评先、在职进修、职称评定等方面给予倾斜。

图4-12 教育部专题报道（2）

来源：http://www.moe.gov.cn/jyb_xwfb/s6192/s133/s183/201705/t20170516_304703.html

2017年5月，教育部以《“中国矿业大学（北京）实施本科生全程导师制 着力提升人才培养质量》为题，从实施全过程指导、完善指导方式、培养创新能力、健全保障措施四个方面进行了报道，如图4-12所示。

2019年11月6日，在学校学习贯彻党的十九届四中全会精神、扎实开展“不忘初心、牢记使命”主题教育之际，教育部党组书记、部长陈宝生来校调研指导工作。陈宝生在考察大学生科技创新中心时，听取了学校本科人才培养的汇报，观看了大学生科技创新作品展示，认为学校实施本科生全程导师制和大学生科技创新有特色、有成效，如图4-13所示。

图4-13　2019年11月6日，教育部党组书记、部长陈宝生考察学校大学生科技创新中心

学校本科生全程导师制的探索和做法引起了兄弟院校的关注。同济大学、北京科技大学等高校先后到校就本科生全程导师制实施情况进行了深入交流。学校教务处介绍了本科生全程导师制实施的意义，详细阐述了本科生全程导师制的内涵、运行机制和管理措施，并结合各学院情况，系统介绍了各学院本科生全程导师制实施情况和人才培养效果。

4.3 着力优化扎实提升，推进导师制工作持续发展

作为人才培养模式的改革探索，本科生全程导师制建设是一项长期的系统工程。导师制的实施受诸多内外因素影响，如何更好地优化导师管理机制、强化导师主体责任、发挥导师积极性，持续推进导师制工作成效，需要学校在实践中不断研究、总结、改善和探索。学校将始终以立德树人为根本任务，秉承"学生中心、产出导向、持续改进"的改革理念，以培养一流本科人才为目标，继续强化本科生全程导师德育功能，加强导师指导质量要求和规范建设，完善导师制工作机制和体系，优化导师指导激励考核机制，加大导师投入力度，将导师制工作进一步做实做好。

4.3.1 持续加强导师指导内涵建设

优化多方联动的组织管理模式，进一步完善"学校引导、院系探索、导师落实、班主任和辅导员辅助、研究生协助、高年级本科生参与"的工作模式，形成全员育人的合力，共同助力学生的成长、成才。

严格本科生全程导师选配制度。坚持能力与责任并重，兼顾专业特点和学生个性需求，采用双向选择和组织调配相结合的方式，聘请热心本科人才培养工作、恪守教师职业道德、认真履行导师职责的教师担任本科生全程导师。加强对导师指导资格的审核，建立动态管理的导师信息库。

强化导师指导要求。依托课程教学、校外实习、创新创业训练、学科竞赛、毕业设计（论文）等平台，紧扣专业培养要求和教学进程，制定阶段性指导计划和学生学习目标，对学生的专业发展、能力培养、创新创业等进行全程化、个性化、精

细化指导，与学生保持一定频率的直接指导。

深入推进全程化的教育引领进程。将课堂教学、自主学习、实践创新、指导帮扶、思想引领融为一体，促进学生潜质的有效开发，实现知识、能力、素质协调发展。

进一步完善立体化的人才培养举措。在授课教师、辅导员、班主任和导师及其指导的研究生和高年级本科生共同参与的多维立体化教育与管理结构的基础上，不断完善导师、博士生、硕士生、本科生梯队化"传帮带"机制，营造互帮互带、共同进步的学术氛围，发挥智力生态的育人效应。

强化个性化的导师人文关怀。为每个学生创造发挥聪明才智的环境，促进学生个性、才智和潜能的充分发挥，并以良好的师德修养和学识风范影响学生，打造校园仁爱文化。进一步增强定制化的实践创新训练，通过意识培养、能力提升、环境认知、实践模拟等途径，加强"一对一"的指导和训练，促进每一个学生发展。

提升导师专业素养和指导能力。有计划地开展教育培训、经验交流等活动，不断提升导师专业知识素养和教育教学能力，持续不断地改进指导效果，增强育人为本的教学责任观，提高导师的积极性和主动性。

4.3.2 强化导师激励保障机制建设

提升导师工作的精细化水平。引导学院进一步细化本科生全程导师制的工作机制和实施办法，健全本科生全程导师工作制度，完善本科生全程导师制与教学管理、学生管理协同机制，形成导师工作交流研讨机制，探索导师工作质量评价与持续改进机制。

完善激励和约束机制。结合新时代对教师的要求，强化教师担任本科生导师的责任。学院落实好有关教师教学业绩考核的要求，对指导成效显著、学生满意度高的优秀本科生全程导师进行表彰，可适当加大奖励力度。

加大导师经费保障。强化对学院推行本科生全程导师制的专项经费支持，并加大经费筹措力度，使其覆盖教学改革研究、实践教学条件等教学环节。

4.3.3 优化导师与学生的深度匹配

关于推进本科生导师制改革创新的举措，《我国本科生导师制演进发展的新时代要求及其实践创新》指出，要注重导师与学生的优化匹配。导师制在因材施教、个性化指导与发展方面有很重要的作用。要通过导师制的实施发挥"师徒制"指导帮扶的功能，双向选择是关键。师生在相互选择的过程中要寻求相互认同最大化，在愿景、性情、方式方法等认同上尽可能"求'理解'最大公约数""画'共情'最大同心圆"，尽可能互选到心中的"理想人选"。

5 教师指导案例

5.1 立德树人篇

立德树人　润物无声

导师 / 王家臣

在实施本科生全程导师制过程中，我用自己的言行为学生树立良好榜样，将严谨的治学态度、爱国爱校的精神品质和主动担当奉献的大局观念传导至每一个学生，真正发挥立德树人、润物无声的引领作用。

1. 基本做法

1）立德树人

言传身教，润物无声。从本科生入校分配导师以来，导师团队定期通过线下或线上方式对每个学生的思想情况、学习情况、生活情况进行深入了解。鼓励学生增加知识的广度，培养学生多学科交叉的视角，希望学生能为采矿专业注入新的思想。鼓励学生多与导师团队交流学习，不要将知识拘泥于课本，要理论联系实际，从实践中找问题，在问题里学知识，用知识去指导实践。鼓励学生加强体育锻炼，时常与学生一起打球踢球，和学生亦师亦友，希望学生能以强健的体魄为祖国健康工作。通过言传身教，引导学生树立良好的人格品质。

2）学业指导

在课程学习上予以一定指导，鼓励学生接触专业前沿知识，积极邀请本科生参加国内外高水平学术讲座或报告会，鼓励学生参加导师团队的学术汇报交流，给学生安排专门的研究生进行学习指导，帮助学生学好专业知识、用好专业知识，培养学生的专业思维。和学生交流时会经常提到最近的收获，向学生传授学习、生活经验。同时，鼓励学生分享各自在学习、生活中的感受和启发，也可以诉说近期遇

图 5-1 导师指导学生场景

到的挫折和烦闷。通过共享心得构建良好的师生关系，通过相互交流培养学生勤思考、多总结的好习惯。导师指导学生的场景如图 5-1 所示。

3）指导规划

在首次师生交流时，深入了解每个学生的学科特长、兴趣爱好，向学生讲解采矿行业涉及的各项专业知识、采矿行业的发展现状和未来展望。鼓励学生在发挥特长爱好的同时尝试与采矿学科进行融合交汇，带着爱好和兴趣高效学习。针对学生对采矿行业认识不深问题，从个人经历出发讲解采矿行业的发展历程，培养学生对采矿前辈艰苦奋斗精神的尊重意识，同时也树立起对采矿行业前景和发展的信心。帮助学生树立大学四年的学习目标，并制定学习和发展计划，真正为每个同学实现理想保驾护航。

4）指导研究

从思想层面入手，培养学生的学科思维与逻辑分析能力。鼓励学生多学习新知识、新方法，多参加学术会议、科研讲座，带着兴趣学习、带着问题学习，在培养兴趣爱好的同时，提高自己的学术能力，为采矿学科注入新的活力。鼓励学生积极参加科技创新活动，主动加入导师团队的科研项目中，在实践中锻炼学习能力、科研能力。教导学生在面对问题时不要给自己设限，要直面挑战，把压力转化为不断学习进步、攀登科研高峰的动力。

2. 指导成效

通过与导师团队的互动学习，指导学生积极参加科研活动，培养学生的科研兴趣，指导学生获得全国高等学校采矿工程专业学生实践作品大赛三等奖 2 项；依托大学生创新训练项目，指导学生申请并获得国家专利 1 项，大学生创新训练项目获

图5-2 学生获奖及专利证书

评校级优秀,如图5-2所示;2016—2017级8人中有6人进入高校继续深造。

3. 个人体会

本科生全程导师制能让学生在导师的指导下树立起正确的人生观、价值观,在积极发挥学生主观能动性的同时,培养学生的学术思想和科研能力,为学生以后的科研道路奠定坚实的基础。通过学校—导师—家长三方联动,能对学生的学习和生活进行及时有效的指导,不辜负家长对学校、对老师的信任,保证学生综合素质全面健康发展。在导师指导下,学生能够快速度过刚刚入学时的迷茫期,迅速找到正确的学习目标、人生目标。因此,导师的言传身教对学生今后的学业发展、人生规划将起极大的指导作用。

4. 教师风采

王家臣,教授,博士生导师,中共党员。全国优秀教师、全国教材建设先进个人、北京市高等学校教学名师、北京市创先争优优秀共产党员。第八届国务院学位委员会矿业工程/石油与天然气工程学科评议组成员、秘书长,教育部高等学校矿业类教学指导委员会副主任委员,全国科学技术名词审定委员会委员,国家重点研

发计划项目负责人。主要从事厚煤层开采、矿山压力与岩层控制以及露天矿边坡方面的教学与科研工作，获孙越崎能源大奖，入选国家百千万人才工程、国家有突出贡献中青年专家，享受国务院政府特殊津贴。获国家级教学成果二等奖1项（排名第一），国家科技进步奖一等奖1项（排名第七）、二等奖3项（分别排名第一、第一、第九）。出版学术著作4部，主编教材3本，在国内外学术刊物发表论文160余篇，入选爱思唯尔2020中国高被引学者榜单。

做学生人生路上的启明灯

导师 / 代世峰

1. 基本做法

1）立德树人

立德树人是高等教育的根本任务。充分认识和贯彻落实育人为本、德育为先的理念，是每一名高校教师的重要职责。导师要做学生人生路上的启明灯。指导学生工作，要细心观察，用心发现，了解不同学生的性格特征；要善于捕捉学生身上的闪光点，并给予鼓励，激发学生的潜力。帮助学生建立自信，尤其当学生遇到困难时，导师的一句鼓励、一个建议就是一束光。导师要认真听取学生的意见和建议，及时帮助学生解决学习、生活及思想等方面的问题，引导学生树立正确的人生观、价值观。

2）学业指导

带领低年级学生参观煤炭资源与安全开采国家重点实验室的仪器设备，增进他们对学校的了解，培养对专业的兴趣；对高年级的学生，开展实验安全及实验操作指导，培养学生主动学习的意识和能力，训练其科学思维，为以后的科学研究奠定基础。帮助学生选择研究课题，持续跟进学生的研究进展，提供学习方法、强化理论知识，锻炼学生的文献阅读能力，培养学生的逻辑思维。

3）指导规划

定期与学生见面，及时了解学生的学习、生活状况，关注学生的思想动态，给予积极的引导，保持师生交流常态化，如图5-3所示。引导新生适应大学生活，养成良好的生活和学习习惯，关注每位学生的思想动态，帮助学生保持健康的心态和积极的生活学习状态。发挥学生的个性特长，与学生一起制定有针对性的学术成长

图5-3 与2017级学生在一起

方案。教导学生珍惜时间，增强时间观念，充分利用大学时光，全面发展自己。

4）创新能力

培养具有创新能力的大学生是时代的要求，也是高校工作的重要任务。从创新精神、创新实践、创新机制方面入手，通过日常交流、实习指导等方式，培养学生的创新能力。为学生提供优质的学习资源，让学生有更多的渠道了解前沿学术动态，鼓励学生参加国内外学者的学术报告会，了解本学科前沿的研究进展，鼓励学生主动提问，用好奇心督促自己发现问题、提出问题，并及时与学者交流，勤于思考，探索解决问题的方法，积极成长。

5）指导研究

依据学生对地质专业的认识和兴趣点，推荐相关专业书籍，推送行业内优质公众号的科普文章，丰富学生的学习渠道，帮助学生选取优质的学习资源，并及时进行读后交流，解答学生的疑问。鼓励学生主动参与科研工作，培养学生发现问题、提出问题以及解决问题的能力。

6）学科竞赛

指导学生组成"奇迹再现"队，参加地测学院专业素质能力竞赛。学生积极

图5-4 地测学院专业素质能力竞赛颁奖现场

备战,在参赛的60支队伍中,成功晋级决赛(6支队伍晋级),并获得三等奖,如图5-4所示。通过参赛,学生的团结合作意识明显增强,对学校的发展历史更加了解,对学校的感情更加深厚,对专业知识的学习兴趣有了明显提升,对学好本专业更加有信心。

2. 指导成效

2016级多名学生进入中国科学院或在本校继续攻读研究生,2017级1名学生在本校直接攻读博士。学生参加的"伟大的变革——庆祝改革开放40周年"大型展览、"用心扶贫,用行济困,情系募捐,爱心永驻"的扶贫日募捐等志愿活动,培养了服务社会的意识。学生制作的《维护盲人行道》《帮助盲人平安出行》《帮助摔倒路人》等系列短片,培养了公益心,丰富了大学生活,促进了自身全面发展。

3. 个人体会

"师者,传道授业解惑也。"刚入大学校门的学生,对于地质专业懵懂无知或是一知半解,导师要给予积极指导,并及时解答学生关于专业学习的疑惑,引导学生树立正确的世界观、人生观和价值观。以博爱之心、责任意识去对待学生,做学生的良师益友。

4. 教师风采

代世峰,教授,博士生导师。在学术刊物上发表论文100余篇,他引10000余次。入选"全球高被引学者"(地球科学领域)"中国高被引学者"(地球和行星科学领域)榜单。长江学者特聘教授,国家杰出青年科学基金获得者,国家"973"项目首席科学家,能源领域期刊《International Journal of Coal Geology》主编,北京市教育创新标兵。获教育部自然科学奖一等奖2项(均排名第一)。

因人而育　用好"三心"

导师 / 陈平泽

2018年仲夏，一位本科毕业生离校后发的朋友圈（图5-5），字里行间的感恩之情触动了我。那一刻，作为本科生导师的丝丝幸福感从我心底涌起。

"真的是幸运的人，大学遇到这么好的导师……陈导师对学生的关心不是通过言语表达出来的，真的是把学生当作自己的孩子，那种厚望是能真真切切体会到的。两年的导师，人生的恩师。"

发朋友圈的这位毕业生是王馨苑，她是国家奖学金获得者、"校园十佳歌手"，2018年毕业时进入北京交通大学、北京国家会计学院等单位的保研录取名单，是我指导的第二届本科生中的优秀一员。

> 真的是幸运的人，大学遇到这么好的导师。
>
> 学院刚给分配完的时候，记下了导师名字后也没去在意，好奇的室友们去搜了导师名字后激动地跟我说，天呐！你的导师超级厉害！听到这句话，很高兴但又担心会不会是个很凶很严厉的老师。
>
> 经过几次大创指导以后，心里想的是感谢学院，感谢随机缘分让我遇到了这么好的导师。明明特别厉害却一点架子都没有，亲切温柔还特别负责，会耐心地为学生指点迷津，学习之外的事情也都能热心地给予指点。
>
> 许多次，我找不到正确方向或面对困境的时候，老师的一句"没事，没多大问题，相信你可以的"都像一根定海神针，让人觉得踏实。
>
> 陈老师对学生的关心不是通过言语表达出来的，真的是把学生当作自己的孩子，那种厚望是能真真切切体会到的。
>
> 两年的导师，人生的恩师🎉

图5-5　朋友圈截屏

1. 基本做法

自2017年成为一位本科生导师以来，对于学生的指导体会是在不断学习、不断摸索、不断尝试过程中积累的。我也曾受到与学生存在代沟、指导形式单一、与学生深度交流困难等问题的困扰。从时间维度看，每个学生在大学四年中都是在不断成长的，他们在每个阶段的成长需求是不一样的；从空间维度看，每个学生都有自己的特质，即使处在同一年级的他们面临共同的问题，但更多关注的是自身发展。所以，需要根据学生的成长周期和个性特质这两个特点，以品德教育为根本，以思想教育为桥梁，以专业教育为主线，因时而导、因人而育、因材而教，分阶段、有差别、多方法地指导学生，做到"三心"。

1）在指导内容上用心

根据学生的成长规律和专业培养要求，按学生成长阶段更新指导重点，有的放矢。对于大一新生，引导学生立德为先，加强政治理论学习和思想品德塑造，用讲故事的方式给学生讲解自己成长路上遇到的优秀共产党员的事迹，向学生推荐革命史和中国古典文学等书籍；指导学生培育"财经视野、会计思维"，推荐《推开宏观之窗》《王二经济学》等经济学通俗教材，定期组织学生开展"中国制造2025""大数据战略""中美贸易摩擦"等专题学习，让学生先收集资料发表见解，再运用财经知识逐一点评，启发学生思考；同时为避免大一新生产生考上大学"松口气"的思想，还要提早帮助他们确立考研的目标。对于大二、大三的会计学生，加强对财务会计、财务分析等方面的专业引导，帮助学生在银行会计、政府会计、注册会计师审计等方面拓展专业技能，推荐《手把手教你读报表》《四大那些事》等优质书籍，开展大学生创新训练。对于大四学生，进行保研、考研和考公务员及就业辅导，推荐学生参加名校的夏令营，逐字逐句修改学生的毕业设计论文。给学生做专题指导的场景如图5-6所示。

2）在指导方式上交心

在日常指导中，每次见面指导时间都近一小时，详细回答学生的各种提问。对于学生的迷茫和疑惑，做细思想工作，传递正能量，向学生提出"善良为本，增长见识，提高综合能力"的要求，鼓励其成长为一个自强、自信的人。同时邀请已考上研究生和获得国家奖学金的高年级学生共同参与本科生答疑，拉近与学生的距离，活跃交流气氛。平时，对于学生遇到的专业学习上的难题、科研中的阻碍、实

图 5-6　给学生做专题指导

习选择的困惑、考研路途中的退缩、毕业设计的难点，都会逐一解答，提供帮助。

3）在指导形式上走心

除了定期见面指导，导师日常的言传身教也很重要。为指导的各年级本科生建立一个名为"梧桐树旁"的微信群（寓意梧桐引来金凤凰，希望学生都能成为金凤凰），一方面方便学生之间交流，另一方面在微信群中对学生提出阅读、写作等要求，向学生推荐专业方面的优秀公众号，并及时将正能量文章和一些财经、会计、审计的知识分享到群里，让学生接触财经前沿知识。组织学生参投会计、审计领域的全国性学术会议征文活动，并带领论文入选的学生参加学术会议，让学生接触专业前沿知识。给指导的学生做如"大学生活正确的打开方式""学术论文写作注意点""2019年诺贝尔经济学奖研究方法带给我们的启示"等讲座，寓教于日常，寓教于专题，在潜移默化的教育和有针对性的指导中促进学生提高，如图5-7所示。

2. 指导成效

"守望教育，静待花开。"指导的2014级4名本科生，2名保研成功、1名考研成功；2015级5名本科生、1名保研成功、1名考研成功、1名考上北京市公务员；2016级5名本科生，2名分别保研、考研到"985"高校。

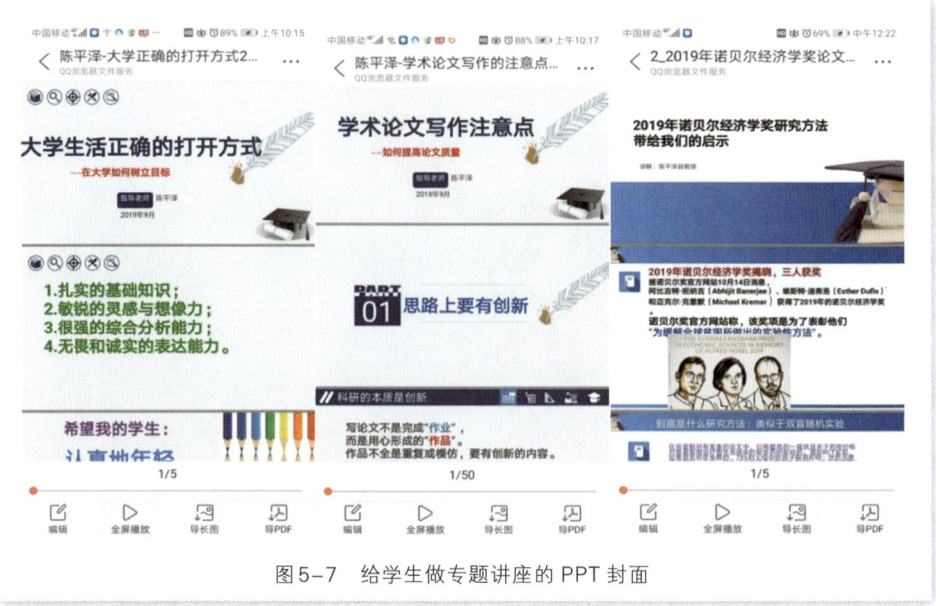

图 5-7　给学生做专题讲座的 PPT 封面

3. 个人体会

学生进入大学学习和生活，由于面临新的环境和新的生活方式，很容易迷茫与纠结。本科生导师通过一对一地指导，不仅能够帮助学生塑造正确的人生观和世界观，使其形成对人生的深度理解，还能帮助其掌握专业本领，增长知识、拓宽视野、提升个人能力。导师的作用在于将思想教育、成长教育与专业教育相结合，以平等的姿态与学生交流，尊重学生、爱护学生、关心学生，让学生快速通过迷茫与纠结期，为进入社会发展赢得先机。

4. 教师风采

陈平泽，男，管理学院会计学副教授，硕士研究生导师。中国审计学会理事，财政部政府会计准则委员会咨询专家，中央国家机关会计领军人才（第一期），审计署优秀审计博士学位论文获得者（第一期），入选财政部组织的第一期全国大中型企事业单位总会计师培养（高端班）。曾获学校优秀教学质量奖一等奖、优秀班主任奖。

面对面 心连心

导师 / 宋梅

我认真履行本科生全程导师职责，坚持集中指导与个别指导相结合。18—22岁是个体价值观形成的关键时期，为确保指导效果，除每月集中指导外，还通过与学生面对面交谈、微信联系、邀请本科生参加研究生科研组会等方式，及时掌握学生在校期间的思想动态、学习和生活情况，帮助学生解决学习和生活中遇到的各种问题，如学习方法、校内兼职、考研、就业等，取得了一定的成效。

1. 基本做法

1）立德树人

以心交心，明确目标。刚步入大学的学生，初次远离父母，这一时期的他们渴望得到亲人般的关心，导师的首要任务是与之交心。师生互信，有助于学生较快地适应大学生活，也有利于导师尽早发现问题并解决。不定期组织已保研的本科生、在校研究生以及优秀毕业生与本科生举行联谊活动，为低年级本科生答疑解惑，帮助他们明确上大学的意义，早立志，立大志。

真心付出，因人而异。有的学生因不能成为理想中的自己而自责，他们需要倾诉，我认为导师就是他们最好的听众。以我指导的两个学生为例，以下简称学生甲、学生乙，目前均已顺利毕业。学生甲已是日本某大学的在读研究生，而刚入学时的他不愿上课，也不愿与同学交流。我向辅导员了解了该生的基本情况后，通过与他单独沟通，向其说明上大学对个人发展、对父母家庭所产生的影响，从社会视角使其认识到与人交往的必要性。学生乙，因家庭原因入校即有厌世倾向，不愿与

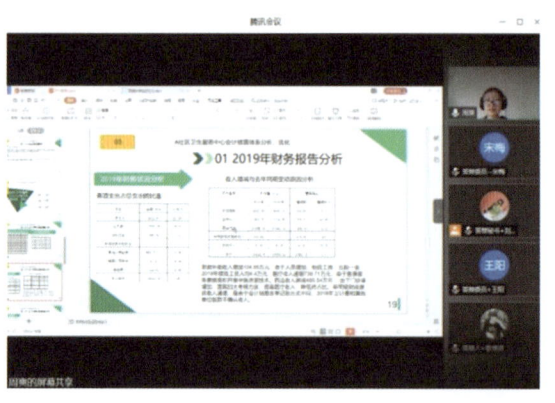

图5-8 发送给学生乙的答辩截屏

同学沟通。我得知情况后,主动与其联系,每次均根据她的时间安排对其进行单独指导,话题涉及对社会、对家庭和对人生的理解。课堂上鼓励她大胆发言,有一点小的进步就公开表扬,帮助她在班级中找到温暖和自信。我观察到她在不断地调整、改变,从大二开始她逐步走出了自我封闭的圈子,开始与同学交流,学习成绩也在不断提高。2020年新冠肺炎疫情防控期间给予她特别关照,毕业设计(论文)期间通过微信与她随时保持联系,最终她按时提交了论文,并于2020年6月完成答辩,顺利毕业。答辩完成后,我将线上答辩情况及时发送给她(图5-8),这既是对她本科学习的肯定,也是鼓励其大胆开始新的生活。

2)学业指导

在对学生的指导过程中,始终关注学生的学业进展(图5-9)。帮助新生分析大学阶段通识课程和专业课程等各类课程的异同点与作用,使学生了解不同课程学习的意义,避免学生盲目、被动地学习。

注重培养学生的创新能力。在大学生创新训练项目中,结合学生专业和导师科研项目进行选题,安排本科生与研究生一起参加每周的科研例会,通过深入交流研讨,培养学生的创新能力。鼓励学生参加学科竞赛,提升自己的创新能力。

鼓励学生多参加课外活动。鼓励学生积极参与学校、学院组织的公益性活动,提升协作和组织管理能力,以此激发学生的学习热情,增强荣誉感。

图5-9 师生见面（沙河校区）

发挥学生教学评教作用。多次向学生了解思政、数学、英语等通识课程以及专业课程教师的授课情况，认真记录学生对教学的意见和建议，鼓励学生发挥教学评教作用，让学生参与其中，间接调动学生的学习积极性。

2. 指导成效

2017级学生王丽作为主要成员参加的三下乡之"爱之翼"支教团暑期社会实践项目，获评团中央学校部、人民网、中国青年报社授予的"最具影响好项目""百佳创意短视频"称号，同时获学校大学生暑期社会实践一等奖；2018级学生郑雨捷获2019运动会方阵"优秀组织者"称号；2015级学生郭姜原获"优秀学生团干部"称号和"校级一等奖学金"。学生获奖证书如图5-10所示。依托2012级大学生创新训练项目，所指导的本科生发表论文3篇，大学生创新训练项目成果获校级"优秀大学生创新训练项目"，并被选拔参加第三届北京市大学生创新创业教育成果展示与经验交流会。相关情况如图5-11、图5-12所示。

图 5-10　学生获奖证书

3. 个人体会

本科生全程导师制和大学生创新训练项目相结合，对培养学生的创新能力至关重要。导师根据本科生的不同特点，将本科生与导师指导的研究生组成大学生创新训练项目小组，在导师指导下围绕某一个方向选题，通过一对一指导和定期组会方式，为学生创造"导师—本科生—研究生"多维度交流机会，可最大限度挖掘和培养本科生的科研潜力。

4. 教师风采

宋梅，教授，博士生导师，主要从事能源经济与低碳发展、资源型地区转型、

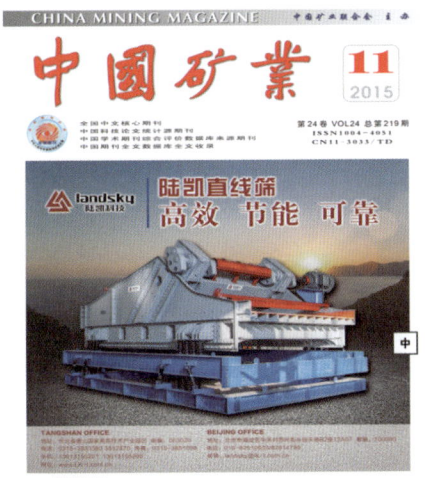

图5-11　大学生创新训练项目成果论文发表在《中国矿业》期刊上

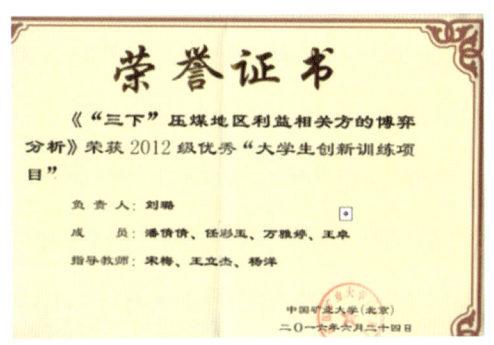

图5-12　大学生创新训练项目参加第三届北京市大学生创新创业教育成果展示与经验交流会

能源产业政策、企业战略、项目评价等领域的教学和研究工作。入选教育部新世纪优秀人才支持计划。出版校级越崎教材1部、专著3部，发表教改论文6篇、学术论文40余篇，获省部级奖励3项。主讲的本科生课程"企业战略管理"获2016年度、2020年度校级优秀课程，"品牌与新产品管理"获2016年度校级优秀课程。曾获中国矿业大学（北京）教学成果一等奖、优秀教学质量奖、优秀本科生全程导师奖。

言传身教　润物无声

导师 / 王晓川

参与本科生导师制教学以来,面对几届性格特点各异的本科生,我真心羡慕他们能有导师护航。在接过家长的接力棒后,我更暗自庆幸自己能见证学生的成长,成为他们进入社会的摆渡人。

1. 基本做法

1）立德树人

人因德而立,德因魂而高,立德的根本在于铸魂。立德树人就是要引导青年学生做到"明大德、守公德、严私德"。学生在大学阶段,政治素养与心理健康的养成尤为重要,为此,我设计了很多相关环节。

（1）爱护学生,关心学生心理动向,走进他们的生活,尽力成为除了父母之外他们的心理依靠,呵护其情感与发展的动力。

（2）开放式交流、朋友式谈心,不时组织生活、工作、恋爱、心理专题答疑。

（3）给学生推荐红色经典、国学精粹、名人传记等阅读材料,激发学生的美学意识。

（4）给学生分享主流公众号和媒体的相关文章,开阔并提升学生的眼界,引导学生加强思辨、谨慎独处、追求仁义,厚植家国情怀。

（5）鼓励培养兴趣爱好、提高美学素养,比如茶艺、琴棋书画、中医、礼仪和各种鉴赏等,助力学生跃迁素质层次。

（6）拓展学生思考的广度和深度,锻炼文字书写、口语表达与待人接物能力。

（7）鼓励每位学生在疫情状态下经济低迷、网红经济改变传统业态、就业形势严峻等多重"不确定性"冲击下，努力做一个"确定的自己"：感恩修身，敬畏自律，担当共情，修炼从容不惊、不骄不躁的心理品质。

我深刻体会到，作为"补位家长"的角色，导师在"问题学生、学生问题"两方面花费的时间和精力会更多，注入的关心和爱护也要更多。尤其是对于一些成绩不理想的同学，指导方式要多样化，严格要求之外更多的是鼓励和陪伴，并为之倾注更多的心血。

2）指导规划

不囿于书本，不桎于课堂，教书育人源于书本和课堂，但不能局限于书本和课堂。为了全面提升学生素质，我采取了一系列措施。

（1）依据年级阶段和学生不同特点，为他们制定阶段性个性化培养计划。

（2）参与学生考研咨询、出国深造、就业辅导、生活答疑等场景，实施全周期全过程陪学指导。

（3）每学期定期（一般为学期伊始和假期前）推荐各种专业读物，开阔学生视野，让学生有效率地扩充知识储备。

（4）依学缘建立起自由的学术沙龙，以导师为核心引领者，由高年级学生和优秀学生传递经验，学生之间互相启发和引导。每月定期设置课题专题，引导学生精准提出问题、开展文献检索综述、研究并形成个人观点，鼓励学生积极写作学术论文。

（5）推荐学生查阅典型性的观点文章，关注国务院发展研究中心、中国经济50人论坛、"长安讲坛"、东方财经、参考消息等主流媒体公众号，通过阅读经典来获得对"大问题"的思考；引导学生聚焦国际时政热点，查阅历史资料和各智库统计数据，进行分析，提升专业素养和解决实际问题的综合能力。

在这个过程中，我深刻体会到自己身上承担的责任。导师制是双核心主题，为了打造教与学的"双重协奏曲"，要时刻注意提高学生的接受度和积极性。学生入校时都是青涩的孩子，导师需要精心设计各个环节，才能引导学生画出属于自己的最美蓝图。

2. 指导成效

在多年努力导学、精心呵护之下，学生个个品学兼优、通文达艺，大有"今莘莘学子，明国之栋梁"之态势。①成绩奖励：1名学生获国家励志奖学金1次，校级特等奖学金1次；其他人多次获二、三等奖学金。②科研成果：指导学生发表论文8篇，其中1名学生发表CSSCI核心期刊论文2篇，1名学生发表中国人文社科院核心期刊论文1篇。③大学生创新训练荣誉：1次国家级大学生创新训练规划项目、2次北京市大学生创新训练重点项目、2次校级优秀大学生创新训练项目、2次大学生创新训练优秀指导教师奖。④竞赛获奖：1名学生获全国英语竞赛一等奖1次、二等奖1次；1名学生获全国大学生数学竞赛二等奖、北京市数学竞赛二等奖、北京市高校马克思主义学术论文比赛二等奖、北京市心理知识竞赛个人优胜奖；1名学生获北京市辩论赛八强；1名学生获学校女子800米冠军（图5-13），1名学生获学校羽毛球大赛二等奖等。⑤干部工作：有学生担任校学生会副主席、女生部部长、文艺部副部长、大学生曲艺社副社长、大学生科协网络部副部长、管院组织部副部长，多人荣获校级优秀团员、优秀班干部、优秀志愿者。⑥课外活动：成为世界公众素质促进大会志愿者，参加央视小年夜晚会、北京希望马拉松、校内纸桥大赛、营销策划大赛、英语竞赛、党史知识竞赛、摄影比赛、一二九合唱比赛等。⑦毕业深造：指导的4名学生毕业论文被评为优秀，其中1名学生获得学校优秀毕业论文二等奖；1名学生获得北京市优秀毕业生（图5-13）称号，1名学生获得学校优秀毕业生称号；1名学生保研北京理工大学，1名学生保研北京科技大学，1名

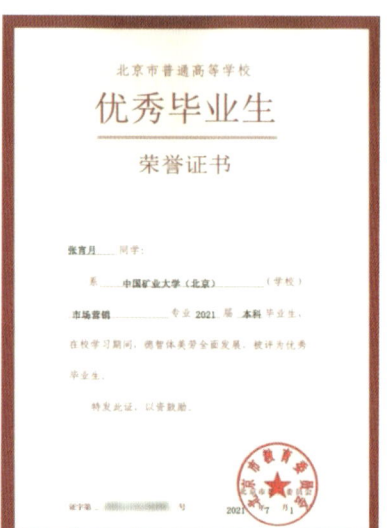

图5-13　荣誉证书

学生成功申请普渡大学，1名学生成功申请香港大学，2名学生在本校读研深造。

3. 个人体会

一系列落细、落小、落实的"润物无声"举动，引导学生在浮沉中获得去伪存真的洞察力、去掉功利与浮躁、学会感恩与自省、懂得宽容与自律、立志做时代匠人。本科生全程导师是用自己的学术作风、人格魅力影响学生，对他们晓之以理、动之以情、导之以行、持之以恒。导师就像一棵树的根系，只有自己强壮了才能为学生的未来注入开花散叶的能量。我愿做这棵树，强壮自己，照亮学生。

4. 教师风采

王晓川，管理学院管理科学与工程系副教授，管理科学与工程专业，研究方向为质量管理。2013年博士毕业留校任教，2017年在清华大学做国内访问学者。主讲管理学和宏观经济学两门本科生课程。主持1个教改项目，1个课程思政项目。2018年获校级优秀教学质量奖，2019年获本科学术成果奖；指导学生两次分获国家级和北京市大学生创新训练重点项目；2018年、2019年两次获校级"优秀大学生创新训练项目"，连续两届获"优秀大学生创新训练项目优秀指导教师奖"；2018年、2019年连续两年获学院"本科生全程导师制优秀导师"称号。

把职业当作事业

导师 / 赵靓

本科生导师工作是一门艺术,是一门研究每个学生以促使其全面健康发展的艺术,导师要付出精力和时间去研究每一个学生,以便因材施教。学生的差异决定了导师需要因人因时因事采取不同的方法去教育和引导学生,以便产生最佳的教育效果。

1. 基本做法

1）立德树人

基础教育是立德树人的事业,要旗帜鲜明加强思想政治教育、品德教育,加强社会主义核心价值观教育,引导学生自尊自信自立自强。

教育是一个以人格塑造人格的事业。导师是学生学习的榜样,"要求别人做的事情,自己首先要做到",这是对导师"德"方面最基本的要求。导师不但要用语言说服学生,更要做到言行一致。语言和行为是相互强化的,当它们一致时,同一信息重复出现,其强度就增大了。而当语言和行为所表达的信息不一致甚至相互矛盾时,就会引起学生思想上的混乱。导师要求学生做的事,自己必须率先做好示范。因为只有这样才能使学生相信导师的行为是正确的、合理的、可信的和可行的。

要关爱学生。学生在适应大学生活的过程中,有时比较脆弱也容易迷失自我,遇到困难容易退却,这就需要导师给予关爱,使学生有战胜困难的决心和勇气。无论是学习还是生活,导师都应时常关心、照顾学生,哪怕是一句话,都会在学生心里产生很大的作用。导师应充分利用这一点,及时发现那些需要关爱的同学,献上一片真诚，那将是对学生最好的鼓励，会使他们产生强烈的信任感，也将有利于双方今后更深入的交流和沟通。

要研究心理。学生刚进入大学，无论是心理还是生理都处于不成熟时期，有些问题处理不妥当，就有可能造成心理上的困惑和障碍。导师在与学生交流的过程中，要多站在学生的角度考虑学生的心理，从实际出发解决问题。尤其是面对那些心理比较脆弱和敏感的学生应格外注意，区别对待，有的放矢。在与学生交流过程中，导师应平易近人、平等待人，当发现某些学生有心理困惑时，要及时了解学生的实际困难，予以指导。新冠肺炎疫情期间与学生视频交流如图5-14所示。

图5-14　新冠肺炎疫情期间与学生视频交流

要严于律己。本科教育是国民教育体系中的中流砥柱，承担着培养高素质人才和促进科学技术创新发展的双重使命。而导师是本科生学术研究、价值观塑造的重要引路人。导师应当以身作则，在方方面面起到表率作用。导师的一言一行会给学生带来很大影响，保持严于律己的态度能给导师制工作带来事半功倍的效果。

综上所述，导学关系的持久性、密切性决定了导师对本科生的影响效果。理想的导学关系中，导师既要做学业导师，又要做人生导师。

2）学业指导

指导学生端正学习态度，学会规划自己的学习安排，掌握科学有效的学习方法，提高学习效率，培养终身学习的习惯。通过分析学生的学习状况，优化他们的学习动机和学习主动性，引导其养成良好习惯，增强学习信心。作为一名大学物理导师，我及时了解学生对大学物理的学习情况，对学生学习中存在的问题及时予以解答，进行专业辅导，激发他们的学习兴趣。

平时我采取宿舍见面、QQ语音、食堂聚餐、教学楼聊天等方式与学生沟通，逐步了解每一个学生的特点。为了尊重和保护学生的个人隐私，除集体聚餐外，我尽量与学生单独会面，让学生更充分地反映自己在学习和生活中遇到的困难与困惑。

参加学科竞赛，不仅可以丰富学生的知识、激发学生的兴趣，还能提升学生的技能和解决问题的能力。因此，我经常鼓励学生参加大学生物理实验竞赛（图5-15），以循序渐进地培养学生的思考能力、动手能力。学科竞赛具有良好的带动作用，有利于形成"你追我赶、奋勇争先"的学习氛围，从而大大提升指导效果。

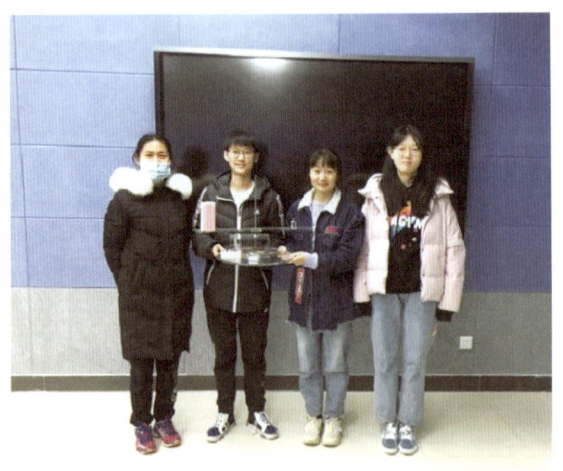

图5-15　学生参加北京市第十三届大学生物理实验竞赛并获奖

2. 指导成效

2019级4名学生中，3人获得奖学金。2016级的5名学生，唐樱琪保送浙江大学读研，王欣迪保送本校读研，薛圣慈本校读研，岳璞洁考研至北京科技大学，秦雨丝申请至香港大学读研。这5个女孩通过自己的努力和不懈坚持都实现了自己继续学术深造的梦想。学生获得的奖状及证书如图5-16所示。

3. 个人体会

"热爱学生，教书育人"是体现导师作用的关键和核心。爱的力量是伟大的。

图 5-16 学生获得的奖状及证书

崇高的师爱体现在新型的师生关系上:导师和学生在教育过程中扮演着不同的角色,必须完成不同的职责,学生是学习的主导者,导师是学习的辅导者。同时,导师和学生在人格上是平等的,必须互相尊重。新型的师生关系是师生角色差异与人格平等的统一。导师应当把职业当作事业,做到对学生全身心地投入——投入理想、信念,投入人格、情感,投入个性、热情。

4. 教师风采

赵靓,讲师,凝聚态物理专业,博士毕业于中国科学院物理研究所。主持国家自然科学基金1项,主要讲授"大学物理""大学物理实验"2门课程。获校级优秀教学质量奖二等奖、优秀本科全程导师奖,获"北京市第十三届大学生物理实验竞赛优秀指导教师"等荣誉称号。

5.2 指导规划篇

不忘初心　积极践行本科生全程导师制

导师 / 赵志强

1. 基本做法

1）立德树人

立人先立德，树人先树品。作为一名教师，在教育活动中以身作则，遵守道德规范和行为准则，将思政教育贯穿授课过程之中；将煤炭行业影响力大、代表性强的案例融入课堂教学；将煤炭人"特别能吃苦、特别能战斗、特别能奉献"的精神融入与学生的交流之中。久而久之，道德品格和精神力量便会在学生心中生根发芽。将学术道德放到突出位置，特别强调"要像爱护自己的眼睛一样爱护自己的学术声誉"，使学生在进入正式科研工作前感受和领悟科研工作的神圣。

2）指导规划

第一时间和新入学的本科生见面（图5-17），在详细了解每名学生的基础、兴趣、志向和打算的基础上，充满热情地向他们介绍学校、学科、专业、导师的特色优势和学生的未来发展，在轻松的环境中聊聊矿山行业的逸闻趣事、矿业大学的前世今生、矿大学子的煤炭情缘、采矿学子的就业方向以及自己的成长、求学和工作经历，让学生对学校和学科建立信心，为师生彼此熟悉、信任奠定基础。与学生采取多种形式的沟通方式，建立导师本科生微信群、QQ群等，便于随时联系沟通和解决问题。

利用主题会议、谈话、项目实践等环节，指导学生熟悉本专业的培养目标、教学计划等相关文件。根据学生的知识能力水平和发展方向，与学生共同制定学习计

图5-17 与新入学的本科生见面合影

划,增进专业认知,增强学习兴趣和动力;强化学生的职业规划和就业指导,使学生在学习、就业等方面树立正确的价值观,促进学生的学业发展。在低年级阶段,注重培养学生的学习兴趣和专业意识,培育创新意识和创新思维;在高年级阶段,引导学生参与实践与创新活动,在创新训练项目、学科竞赛、毕业设计(论文)等环节,为学生提供研究条件和实践情境,训练学生的研究技能,提升创新能力,提高科学素养。

结合导师科研团队,成立导师、研究生、本科生全员参加的联合指导小组,博士、硕士研究生参与对本科生的具体指导工作,研究生与本科生"一对一"结对,直接参与指导本科生学习、科研活动,比如本科生的实验与实习、大学生创新训练项目、毕业设计(论文)等;高年级本科生与低年级本科生结对,对低年级本科生的学业发展进行直接帮扶和个性化指导。同时,安排本科生自主选择和参与导师科研课题、研究生科研例会、科研实验。本科生身处良好的学术氛围,长期耳濡目染,可激发自身参与科学研究、锻炼创新能力的主动性。

针对采矿工程专业特点和实际,坚持不懈对学生进行专业教育,引导学生树立正确的专业思想,通过多种形式向学生讲解煤炭行业发展形势(图5-18),介绍采矿工程专业毕业生就业情况及动态,"摆事实、讲数据",给学生做"心理按摩",培养学生的专业认同感。邀请学生参加学术讨论如图5-19所示。学生参加中国国际"互联网+"大学生创新创业大赛如图5-20所示。

图5-18　与本科生畅谈煤炭行业发展形势

图5-19　邀请学生参加学术讨论

图 5-20　学生参加中国国际"互联网+"大学生创新创业大赛

2. 指导成效

指导的学生获全国采矿工程专业实践作品大赛一等奖 2 项，北京市高校优秀本科毕业设计 1 项，中国国际"互联网+"大学生创新创业大赛全国铜奖 1 项、北京赛区一等奖 1 项，"挑战杯"全国大学生创新创业大赛全国铜奖 1 项、北京赛区金奖 1 项。多名本科生德才兼备、成绩优异，被保送至多所高校继续深造。

3. 个人体会

本科生全程导师制的最大特点是师生关系密切。它在师生之间建立了一种"导学"关系，导师不仅要指导学生的学习，还要指导学生的生活。导师制尊重学生个性，注重学生个体综合素质和技能的培养，真正践行了教书育人、教学相长的教学理念。本科生在导师的指导下参与研究，大大提高了他们对某一学科的兴趣及学习动力。看到学生在导师的帮助下成长，认真地完成一件件科技作品、突破一点点认知局限、增加一丝丝社会认知，是一件极其幸福的事情。另外，教师与学生交流的过程，也是一个进步的过程，学生的蓬勃朝气和求学精神也影响着教师的进取攀登！

4. 教师风采

赵志强，副教授，博士生导师，越崎青年学者，现任巷道支护与灾害防治煤炭行业工程研究中心总工程师。主要从事巷道矿压理论与灾害防治的教学和研究工作。获国家科技进步二等奖1项、省部级一等奖2项及二等奖5项，中国国际"互联网+"大学生创新创业大赛优秀指导教师、北京市本科毕业设计（论文）优秀指导教师、学校优秀班主任等称号，并获就业创业工作突出贡献奖、优秀本科生全程导师奖。

做学生成长成才的支持者和引路人

导师 / 李晶

作为地测学院本科生全程导师制的主要制定者之一，同时也兼任一名本科生导师，我经历了早期学校部分导师自发指导、学校实施大学生创新训练项目全覆盖、部分学院试点实施本科生导师制、本科生全程导师制确立的整个历程，对这一制度有着相当深刻的感悟。

1. 基本做法

当代著名的心理学家和教育学家皮亚杰认为，"学习从属于发展"，"教育是从属于受教育者的发展水平的"。遵循这一理念，我以引导和促进每位学生发展为根本任务，尊重学生认知和个性等的差异性，因人、因时而异地扎实开展本科生全程导师制工作。

1）立德树人

学高为师，身正为范，身教胜于言传。教师个人的家国情怀、责任感和使命感，在与学生交流过程中会对他们产生影响。我坚持"滴灌式"深耕，将思想政治教育融入知识技能传授、生活和发展问题交流中：一是严于律己；二是以国家战略和典型人物、身边榜样和先进事例引导学生，激发学生的自信心和集体自豪感，鼓励学生主动向党组织靠拢，自觉学习知识，主动增长才干；三是充分发挥校外高水平专家的协同指导作用，为学生参加社会实践、拓宽国际视野、了解行业发展创造条件，提升学生在复杂国际国内形势下的辨别力、领悟力和判断力，使其更加坚定理想信念和学习奋斗的目标与方向。

2）指导规划

为让学生知晓实现自己目标的路径，我主要从以下四个方面开展工作：①职业规划。入学初期与学院及专业入学教育相衔接，向一年级学生介绍我熟知的优秀校友、行业领军人物、身边榜样和自身经历，介绍最近几年毕业学生去向，以及就业、读研、留学深造、支教、服务基层及参军等相关政策，有时也安排优秀毕业生介绍他们的成长经历，以生动事例激发新生的学习愿望，鼓励其关心国际事务，培养其参与国际竞争的意识，明确个人发展方向。在潜移默化中培养学生的学习兴趣，端正专业思想和学习态度，引导学生树立正确的大学"学习观"，明确自身学习目的和成才目标。②学业规划。使学生明白大学的阶段性特征，合理安排大学生活。将大学四年8个学期分为2个阶段，低年级阶段（1—4学期）——学生和导师的共同任务是学好基础课程，提升数学、物理、计算机、英语、电工电子等课程成绩和实践运用技能，坚持这一原则不动摇；高年级阶段（5—8学期）——学好专业课程，培养专业技能、创新创业能力和解决复杂工程实践问题的能力，以创新训练项目和专业技能比赛、毕业论文（设计）结合科研等为抓手，培养学生的探索精神、创新思维、科研素养，提升竞争能力。大学四年，分阶段确定学业目标，除学好基础和专业课程外，通过1~2项（英语、计算机）等级考试，参加至少1项专业或学科比赛，取得1项以上创新创业成果，在参与过程中增强获得感、成就感、耐挫力，并逐渐养成总结经验和追求成功的习惯。③综合能力提升规划。鼓励学生坚持体育锻炼，培养和坚持1项体育爱好，保持身心健康；坚持阅读和分享交流；在学有余力的情况下积极参加学生会、班级或社团工作以及志愿服务活动等，力争做成一件有价值和有意义的事；积极参与或组织文体竞赛或其他团体活动，培养沟通力、组织力和执行力等。④实现规划目标的措施。我始终坚持以调动和激发学生主观能动性为根本法则，坚持以榜样激励学生，发现学生身上的闪光点，增强学生的自信心和自豪感，提升学生追求卓越的意识，培养阳光向上的心态和自我管理的能力。少批评、多鼓励，少说教、多帮助，始终以支持者的身份在学生需要时给予帮助，晓之以理，动之以情，和学生谈心交心。因人、因时、因事，合理安排和调整导师本人、研究生或高年级本科生的指导分工，提升指导效率和指导成效。

3）指导研究和指导就业

大二下学期开始，我安排本科学生进入我的科研团队，期间我会指定1~2名有能力、有责任心的博士生、硕士生协助我指导，从选题、设计实验方案、开展调研和数据采集、数据分析处理到形成初步结论、进行验证、完成项目报告和论文等标志性成果，团队分工合作，大家一起交流讨论。时间和精力允许时，我也会亲自指导本科生修改项目报告和研究论文。

从大三下学期期末开始，在结合科研项目指导毕业论文（设计）的同时，对学生就业、深造和未来发展等问题，我力所能及地给予支持和帮助。学生在填报志愿、选择导师、准备复试、联系调剂时，经常会主动联系我，而我也根据自己对学生、学校和科研院所、用人单位的了解，指导学生挖掘自身优势，更充分地准备面试材料，提升就业、考研面试时的个人竞争力。如2020年5月末，我指导学生结合大学生创新训练成果准备考研调剂复试，最后该生如愿被北京大学录取。

2. 指导成效

导师制的实施，使学生呈现出健康、阳光、善学的状态，学生获奖率、升学率、毕业论文（设计）优秀率始终保持较高水平，连续三年零挂科。2016级的4名本科生全部读研深造，其中武汉大学1人、北京大学1人、中国矿业大学（北京）2人。依托大学生创新训练项目，在中文核心期刊发表论文1篇。1篇论文获北京市普通高校优秀本科毕业设计（论文）。

3. 个人体会

毕业生与在校生谈起导师制时曾说："与导师的第一次交流，让我了解了测绘学科对本科人才培养的计划安排，明白了要学到哪些课程以及每门课程的意义，后续的学习目标更加明确也更有成效。导师关心我的日常生活和学习，也让我更快地融入了全新的大学环境，对我后续成长帮助特别大。特别想告诉师弟师妹，一定要用好学校实施的导师制，学有余力时好好在导师课题组参与项目，依靠但不依赖导师，尽快成长。"学生的评价，让我从另一个角度看到了导师制工作的意义，同时，"依靠不依赖"也正是我心中对于学生与导师关系的正确诠释。与学生的合影如图5-21所示。

4. 教师风采

李晶，教授，博士生导师。现任地测学院党委书记，兼任中国自然资源学会理事，资源大数据分会和政策专委会委员，中俄友好、和平与发展委员会生态理事会

图 5-21 与学生合影

中方委员,矿山生态安全教育部工程研究中心副主任。曾在捷克、德国、美国等国家开展访问交流及开展合作研究。承担教育部新工科研究与实践项目1项、北京市教学改革项目1项、校级教改和课程建设项目4项。获省部级及行业协会教学成果奖7项、科技进步奖6项,校级教学成果奖2项;曾获"北京市师德先进个人""校级青年教学名师"等北京市及校级荣誉称号与奖励10余项。公开发表论文60余篇,出版专著及教材7部,获授权发明专利3项。主讲本科生课程2门,主要研究方向为土地复垦与生态重建、生态遥感与3S集成应用、国土空间规划。

坚守初心 做学生亦师亦友的同行人

导师 / 袁德宝

1. 基本做法

1）立德树人

十年树木，百年树人。作为一名本科生导师，于己立德、育人树人是最基本要求。本科生导师制中导师二字尤为重要，导师不单单是指导，更多的是教导、引导。作为导师，自己的德行、操守达到了标准，教导别人才有资格和说服力。做事先做人，做人先有德。无论是在今后的学习还是生活，都需要秉持初心，坚守自己心中的美好和善良。

2）学业指导

学业对于学生而言无疑是头等大事。学生都希望自己的学业顺遂，但有时偏偏事与愿违。对于还在校园未出社会的学生来说，遇上了某些事就像海上的船遭遇了暴风雨，迷失在了大海的惊涛骇浪中，失去了最初的方向，此刻他们需要的是一座指引方向的灯塔，指引他们走出迷茫。学生往往会一叶障目，陷于自己建立的牢笼，我们要做的就是教他们如何从笼中走出，继续他们未完的旅途。

3）指导规划

学生年级的不同，决定了导师工作重点的不同。对于大一学生而言，初入学校，不了解学科，导师需要告诉他们自己眼里的学科是什么，其他导师眼里的学科是什么。尽管是同一个学科，但不同导师的研究方向、人生阅历不尽相同。我会给学生讲一些有关测绘的故事，如作为带队导师参加全国大学生测绘大赛、抱着学习的心态参加全国遥感大会等。有了基础的认知，就可以继续讲述测绘学科的前沿知识，激发他们的好奇心，加深对学科学习的兴趣。对于大二学生来说，我关心他们有无关于未来的计划，又有什么具体安排，和他们一起分析其中的利弊，并结合每个学生的情况给出相应的建议，引导他们思考自己的未来。对于基础好的学生，建议多看前沿文献；对于基础不好的学生，鼓励多看专业书籍。对于大三学生，建议做好科研选题和大学生创新训练项目，通过这个项目学生可以提前感受科研的魅力，主动思考这条路是否适合自己。

4）学科竞赛

对于学生而言，理论与实践两手都要抓，良好的理论知识有助于快速提高实践能力，良好的实践能力又有助于理解理论知识。学科竞赛可以让象牙塔里的学生走出去，接触更多的知识，并将其吸收借鉴为己所用。2009—2019年，我每年带领学生参加京津冀高等学校测绘技能大赛，都取得了优异成绩。带领学生参加全国大学生测绘技能大赛，其中在第五届全国大学生测绘技能大赛中，获得数字测图特等奖和团体总成绩一等奖的优异成绩，如图5-22和图5-23所示。

图5-22 荣誉证书

2. 指导成效

指导的本科生多人保研或考研到中国科学院等院校。2009—2019年指导学生参加测绘技能大赛，每年都有多人获得一等奖或特等奖。我也在第二、三、四、五、六、七届北京市普通高等学校大学生测绘实践创新能力大赛中获"优秀指导教师"称号，这将激励我后续更好地指导比赛。

3. 个人体会

导师与学生是一个共同体，我们给学生讲述我们的故事，也听学生的故事。"他山之石可以攻玉"，通过这样输入与输出的结合，我们从学生身上也看到了自身的不足以及改进的方向。同时我们召开由多位导师及多组学生共同参加的座谈会，有助于大家了解多样化的指导理念和指导方式，进而起到加强交流、相互借鉴的作用。

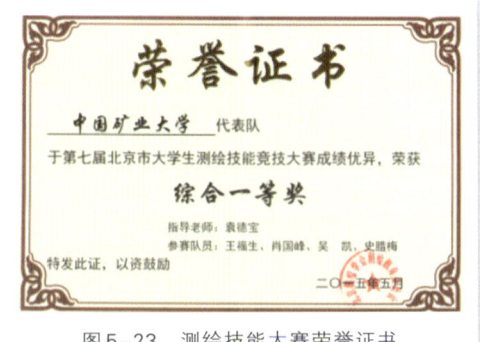

图5-23 测绘技能大赛荣誉证书

4. 教师风采

袁德宝，副教授，硕士生导师，测绘系主任。出版学术专著1部，主编参编教材各1部。在国内外期刊和国际会议上发表学术论文40余篇，申请专利2项。参与完成国家自然科学基金项目2项、"973"计划子课题1项。获北京市高等教育教学成果二等奖1项，地理信息科技进步二等奖1项，煤炭行业教育教学成果二等奖2项，北京市测绘学科青年教师讲课比赛三等奖1项。获第二、三、四、五、六、七届北京市普通高等学校大学生测绘实践创新能力大赛"优秀指导教师"称号。

在关键时间节点上重点指导

导师 / 刘兰冬

1. 基本做法

2015年，我开始担任本科生全程导师，从一开始排斥、茫然而不知所措到现在接受、喜欢，与学生形成了亦师亦友的关系。我定期与学生见面聊天，了解他们的学习与生活情况，提醒他们考进大学只是人生一个阶段的胜利，是另一个新阶段的起点，要及时制定学习目标，进行学习和职业规划。在学生的关键时间节点上进行重点指导，比如期末考试前进行复习提醒、对保研学生进行心理疏导、为考研学生提供建议以及为有课程不及格的学生开展一对一指导。

1）立德树人

我十分重视引导学生树立正确的人生观、价值观。学习成绩固然重要，但优秀的道德品质才是培养学生的最高目标。我鼓励学生积极参加有意义的社团活动，积极融入集体生活，保持乐观向上的学习态度，在学习和生活上遇到任何困难都要勇敢地面对，积极解决。

2014级学生曹朗炜服完兵役回校后，分到我的2016级导师组。针对他离开校园两年时间的情况，我鼓励他积极克服有些知识有所遗忘的困难，对于上课听不懂的知识点督促其及时找任课教师解答，并尽快融入新的班集体。经过一年的调整，他很快再次融入大学学习生活，并发挥摄影特长帮助其他同学，还与同学建立了融洽的关系。2020年他考研成绩出来后，我主动帮助他修改简历、模拟线上面试，最后他顺利被中国科学院大学计算机技术专业录取。

信息与计算科学专业2019级4名学生在沙河校区学习，恰好那年我秋季学期都在学院路校区上课，所以见他们不像前两届那么方便。我提前和他们约好见面的时间，专门去沙河校区与他们见面。由于他们是大一的新生，因此我主要给他们强调要及早适应大学外松内紧的学习生活，调整学习方式，积极参加校园集体活动。平时不见面时主要在微信群里沟通，及时了解他们的学习生活情况。第一学期下来，我感到这几位新生适应得还不错，其中李景烨同学加入了学校的志愿者社团，为学校和社会做了很多志愿服务工作，并在2020年疫情最严重的时期主动联系家乡的社区做志愿服务。

2）学业指导

在平时的指导工作中，与有课程不及格的同学一对一谈心，提醒他们以学业为主，静下心来学习专业课。我每周检查他们的学习情况。对于学习刻苦努力的学生，提醒他们劳逸结合，积极参加集体活动。2015级学生毛淑平成绩优异，并且是校辩论队的骨干成员，在大四时，她的这些优势都凸显出来，不但有能力把一个专业问题理解到位，而且还能把一些枯燥的知识讲解得非常清楚透彻，在2019年被推免到中国科学院大学攻读密码学专业硕士研究生。

3）指导规划

根据学生的自身情况和兴趣意愿，我帮助他们制订人生规划，引导学生确定努力方向，落实当前的学习任务，并合理安排时间进行与未来发展有关的科目学习。在他们面临专业方向选择时，及时给予他们合理的建议与帮助。

平时我们可能会重点关注学习有困难、成绩落后的学生，但实际上学习成绩优秀的学生也十分需要关心和指导。每年9月份是保研名单确定的时间，也是成绩优秀的学生思想负担最重的时期，因为专业排名相差0.1分保研资格就有可能拿不到，所以对这部分学生的心理素质是一个严峻的考验，调整不好很容易情绪低落抑郁。因此我一般6月份就开始给大四有可能拿到保研资格的学生"打预防针"，提醒他们做好两手准备，推免不成功就自己考研，及时调整并降低心理预期。2015级毛淑平同学和2016级邱若曦同学都平稳度过最煎熬的9月份，并且顺利拿到保研资格。尤其是邱若曦同学，据后来她自己说，保研资格没确定的那几天，她感觉像"坐过山车"，还好6月份她已经做好推免不成自己考研的心理准备。所以，学业固然重要，但是学生的心理健康更为重要。

我们知道大四无论是对找工作的学生还是考研的学生都是非常关键的时期。信息与计算科学专业2015级4名学生和2016级5名学生在大三的时候都表示要攻读硕士研究生,其中2016级4名学生都是女孩子,集体见面聊天她们大都不好意思发言,所以一般开学初次见面时我都采用一对一形式,了解她们的学习

图5-24 指导学生的场景

情况,提醒她们尽早制定考研或者找工作的计划,给她们一些建设性意见。在学生考研复习阶段,我经常在微信上鼓励他们。为了不耽误学生的复习时间,我跟学生约在学校食堂见面,边吃边聊,在轻松愉快的氛围下与学生沟通交流,提醒他们劳逸结合,以平常心备考。考研结束后提醒学生不能掉以轻心,要积极准备研究生复试。对于未上国家线的学生,提醒他们调整职业规划,早点投入找工作或考研复习中。指导学生的场景如图5-24所示。

4)创新能力

2017年我指导大学生创新训练项目"应用密码学算法探讨与实现",毛淑平和缪庭两名学生再一次选择我作他们的大学生创新训练指导教师,他俩和其他3位学生一起顺利完成了大学生创新训练实践环节的学习,取得了校级优秀的好成绩。2019年毕业时大学生创新训练小组5名学生中有4名继续攻读研究生,1位留学澳大利亚国立大学攻读研究生。

2. 指导成效

2015级和2016级的9名学生,6名继续攻读硕士研究生,其中信息与计算科学专业2015级毛淑平被推荐至中国科学院大学学习密码学专业,缪庭考上东南大学量子物理专业研究生,袁天乐到美国俄勒冈州立大学学习计算机科学专业,王桑梓去了英国玛丽女王学院,邱若曦被推荐保研至首都经贸大学学习应用统计学专业,曹朗炜考上中国科学院大学计算机技术专业研究生。另外,杨力到中国人民解放军信息工程大学从事教学管理工作。

3. 个人体会

经过几年的摸索，我积累了一些经验。本科生导师制工作给了我和学生很多收获与快乐，我帮助学生顺利渡过大学生活，同时也享受着学生带给我的快乐。从开始见面的陌生到慢慢熟悉，再到4年后的亦师亦友，我感觉陪伴学生从青涩走向成熟是一件十分有意义的事情。与毕业生合影留念如图5-25所示。

图5-25 与毕业生合影留念

4. 教师风采

刘兰冬，女，副教授，硕士研究生导师，计算数学专业。主讲本科生课程"数值分析""矩阵计算""计算方法"等，研究生课程"应用数值代数""现代数学方法（科学计算部分）"。指导本科生毕业设计（论文）共计30余人。参与科研项目3项。发表学术论文10余篇、教学论文10余篇，出版教辅书2部。曾获中国煤炭教育协会优秀教学成果二等奖（排名第三）、中国煤炭教育协会优秀教学成果三等奖（排名第四）、中国矿业大学（北京）优秀本科生全程导师奖等荣誉。

互相学习 共同进步

导师 / 乔舰

1. 基本做法

1）立德树人

立德树人是中国特色社会主义教育的本质。作为本科生全程指导导师，我下大力气培养大学生的良好品德和健全人格，切实提高大学生的综合素质。基于大学生的特点，积极引导他们树立正确的人生观和社会观，加强思想道德修养，养成良好行为习惯，促进学生德智体美劳全面发展。在与大学生日常交流中以学生为本，将大学生当成自己的朋友，注重个性化培养，亲近、了解、关心、爱护他们。

2）指导规划

大学生的规划指导工作是重中之重，规划范围可涵盖每学期、每学年的学业规划、生活规划、心理素质提升规划，也包括职业生涯规划、未来规划、综合素质提高规划等。导师为帮助学生制定合理的规划，需要了解每个学生的家庭背景、生活习惯、个性特征、学习能力、就业倾向等情况，还需要与辅导员、班主任、任课教师经常沟通交流。导师在给学生制定一个四年整体规划的基础上，还要结合学生每学期表现做相应调整，并督促学生积极落实。同时要经常检查规划和目标落实情况，每学期末逐条对照检查各项任务的完成情况，指导学生做好学期总结。

3）学业指导

（1）与大学生沟通交流时，在确保每学期给每个学生一次单独指导的同时，尽可能找机会让多个年级的学生坐在一起进行座谈。这种座谈可以让低年级的学生从高年级学生甚至同一导师的研究生那里学到更多生活、学习上的经验，如图5-26所示。

（2）分阶段有针对性指导。那句"大一不知道自己不知道，大二知道自己不知道，大三不知道自己知道，大四知道自己知道"的顺口溜，是对大学生在校各阶段学业特点的真实写照。对于大一学生，要强调学业的重要性；对于大二学生，要多传授课程学习的技巧，多讲专业知识的应用前景；对于大三学生，鼓励他们多参加学科竞赛，尝试进行实践活动；对于大四学生，要积极指导他们考研冲刺、就业实习。

（3）交流形式多样化。可以通过微信、QQ等社交工具，也可以在课堂、食堂、操场等场所进行交流。多样化的沟通交流拉近了学生与导师的距离，使指导更加顺畅有效，真正对学生产生实质性的影响。图5-26所示为与学生座谈交流。

图5-26　与学生座谈交流

（4）发挥榜样力量。90后的大学生普遍不喜欢说教，更喜欢亲身感受，相信自己亲眼看到的、亲耳听到的，所以积极树立榜样，这对本科生导师制的高效开展至关重要。首先导师自身要做到言传身教、为人表率，同时也要在自己所指导的学生中树立典型，经常宣传其榜样事迹，这样的过程往往会比说教十几次让学生获益更多、成长更多。

4）创新能力

我十分重视大学生创新能力的培养，主要从三个方面开展：一是高度重视大学生大一、大二两学年中数学、英语、计算机等公共基础知识的学习。基础知识的学习对大学生创新起着至关重要的作用。对于相应课程的学习，要求学生每学期初书面给出学习计划及目标，期末对照给出总结并积极查缺补漏。二是重视专业课、实

图5-27 指导创新

验课及相关课程延伸知识的学习，专业课和实验课是实现大学生创新的敲门砖。对于相应课程的学习，一定要让学生看到前景，多给学生展示相应课程的社会及经济价值。三是鼓励学生通过各种平台积极参与大学生创新的各项活动，鼓励跨院跨校参与创新训练项目、学科竞赛、高校科研志愿团队等，如图5-27所示。创新能力的培养要一步一个脚印慢慢来，只有打好基础才能创新成功。

5）指导研究

大学生创新训练项目和毕业设计（论文）是指导大学生进行学术研究的有效载体。我指导的四届大学生创新训练项目分别围绕统计学前沿课题如广义线性模型、分层线性模型、生存分析、空间统计分析等展开。在指导大学生从事创新训练项目时，从学生目前所学相应课程知识开始，慢慢过渡到课题，这样既有利于巩固学生的专业知识，又有利于课题切入；对于课题研究，既强调理论基础，又重视实践应用，这样既有利于学生学懂学会，又有利于提高学生的学习兴趣；课题开展主要以讨论班的形式进行，既可避免导师一言堂，又可充分调动学生参与的积极性。在指导毕业设计（论文）期间，注重以学生为本，注重学生的职业规划。对于考研学生，毕业设计（论文）题目尽可能与他们将来的专业相关；对于就业学生，毕业设计（论文）题目尽可能侧重实践应用。

2. 指导成效

指导的学生多人荣获校级二等、三等奖学金；2014—2016级多名学生选择出

 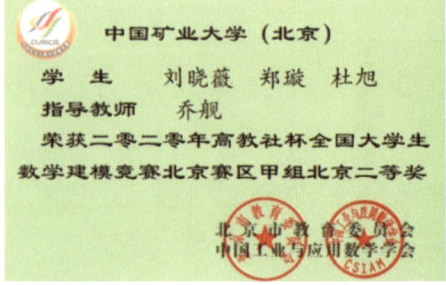

图 5-28 获奖情况

国深造，2 名选择在国内高校深造。2 名学生的毕业设计（论文）分获校级优秀毕业设计（论文）一、二等奖。指导的学生获得全国大学生数学建模竞赛北京赛区甲组二等奖。相关获奖情况如图 5-28 所示。

3. 个人体会

导师制不是导师对学生单向输出的过程，而是一个相互沟通、相互促进、共同进步的过程。在指导过程中，我往往根据自己的人生阅历对学生碰到的问题给出合理建议，让学生少走弯路，健康成长。其实每次和学生交流，我的收获也是满满的，年轻人的思想、观点影响着我，和他们在一起，我也变得年轻了。

4. 教师风采

乔舰，副教授，理学院计算数学与统计系副主任。主要从事基础数学课程教学。曾获北京市高校优秀辅导员、校级优秀辅导员、优秀共产党员、本科生导师制优秀指导教师、大学生创新训练项目优秀指导教师等称号，2017 年荣获校级优秀教学质量二等奖。

5.3 指导学习篇

把爱贯彻到本科生全程导师制教育的始终

导师 / 王栋民

1. 基本做法

1）立德树人

教师最重要的工作就是教书育人。在与学生第一次见面时，我就与学生倾心交谈，教育学生要树立远大人生目标和志向，要有家国情怀，要爱党、爱国、爱人民、爱社会、爱家庭、爱集体，要把个人的专业学习、事业发展与国家命运、人类福祉紧密结合起来，打好基础，健康成长，将来为国家为社会做出突出贡献。这种教育思想将贯穿学生大学四年的始终，并会结合各种学习和知识的传授不断深化和升华。

2）指导学习

本科生导师制是打通"中等教育—高等教育—科研"联系的一个重要手段，是高层次人才培养的重要一环。对于本科生的培养，要实行"厚基础、宽口径"，要从长远与宽度两方面着力指导和培养本科生，为培养学科领军人才奠基。本科生未来的发展机会很多，空间很大。作为导师，我们要培养他们树立远大的目标，打好扎实的基础。

（1）用热情、激情、爱心培养、造就全新的大学生。以饱满的热情和激情，充满爱心和耐心地与学生打交道、做朋友。第一时间和学生见面，了解每个人的情况（基础、兴趣、志向和打算等），向他们介绍大学学习生活、专业优势和未来前途，指明努力方向，帮助他们建立信心。告诉学生校园的有限不能限制思维、创造力的无限，鼓励学生拥抱美好的世界和未来；建立导师和本科生的微信群，以便于随时联系、交流和沟通，也便于导师给本科生推送学习参考资料；成立指导小组（研究生协助），协助导师共同且更加具体地、现身说法地指导本科生的学业和生活；运用蒙氏教育，召集不同年级的学生在一起开会、学习、交流、讨论，让学生相互熟悉、相互学习、共同进步。学生发挥各自作用、相互激励，自我教育和自我成长的能力大大增强。定期和不定期指导相结合，定期指导每学期三次，开学一周内、期中前后、期末各一次；不定期指导，根据学习过程的特别需求（如学科竞赛、考研咨询等）进行加餐指导。

（2）用独创的集体学习方法来丰富知识、提升素质。团队找到了一个行之有效的方法，就是集体学习。通过集体学习，形成组内文化与组内共识（common concerns）。针对所指导的化工系和应用化学系学生，我找到了一本非常好的英文教材《CHEMISTRY FOR CHANGING TIMES（Thirteenth Edition）》，组织大家集体学习、共同研讨。通过集体学习，师生互有进益，共同进步。阅读和学习，已成为团队独特的文化，成为学生的美好记忆。

（3）用平等和尊重的态度来对待学生。特别注重倾听学生的想法和心声，用平等与尊重的态度与他们交流，让学生感到自己的重要性，引导他们自觉、严格、高标准地要求自己，在无形中完成从他律到自律的转变。平等换来了学生对导师发自

图5-29　指导学习资料

内心的尊重，并激发了内在的学习动力。指导学习资料如图5-29所示。

2. 指导成效

图5-30　指导学生获得混凝土配合比设计大赛全国二等奖

指导的第一届4名学生，3名分别被保送到南开大学、天津大学和本校读研，1名考入华南理工大学读研；2020年毕业的5名学生，4名分别被保送和考到天津大学、北京化工大学和本校（2名）读研，1名到央企工作。指导学生获得混凝土配合比设计大赛全国二等奖，如图5-30所示。

3. 个人体会

特别注重与学生的第一次见面和交流，特别注重平等和尊重，以爱心和耐心与学生打交道，帮助学生树立远大的人生目标，培养学生坚韧的奋斗精神。好的学习方法会取得事半功倍的效果，"集体学习法"增进了导师和学生之间亲密的联系。

4. 教师风采

王栋民，教授、博士生导师。中国硅酸盐学会常务理事，中国硅酸盐学会固废与生态材料分会理事长。在材料的精细化工合成、绿色水泥和混凝土材料及其外加剂制备、固废制备生态材料等领域有独到的研究。承担科研项目50余项，工业项目数百项。目前承担国家"十三五"重点研发专项。获国务院部委、行业协会和北京市科技进步奖10余项，国家发明专利授权30余项，发表科技论文180余篇，出版学术专著8部。获得学校2017年本科生导师制校级优秀导师荣誉称号。

以德为先　全面育人

导师 / 郑晓雯

大学四年对学生形成正确的人生观和价值观至关重要，亦是学生养成良好学习习惯、掌握专业知识，提升发现和解决问题能力以及培养创新思维能力的关键阶段。本科生全程导师对学生大学期间的健康成长和综合素质的提高有重要的作用，需要尽心尽力，方能取得良好效果，不辱导师使命。

1. 基本做法

1）牢记使命，立德树人

育人先育德。立德树人是教师的基本职责，要以良好的师德去教育影响学生，言传身教，严谨治学，教书育人。尽量全面了解学生的学习、生活、身体、心理、同学关系及与家人沟通等情况，在向学生传授科学知识的同时，注重培养学生正确的人生观和价值观，引导学生做人、做事、做学问，不断提高学生的道德修养和综合素质。在学科竞赛、大学生创新训练项目和毕业设计（论文）中，注重培养学生的创新意识，鼓励学生积极探索，及时总结经验，同时提醒学生遵守学术规范，坚守学术良知，不滥用学术资源，切实践行科研诚信。

2）密切联系，全面引导

每一级新生入学后，我尽快与学生进行首次见面交流（图5-31），建立电话和微信联系，确保师生交流顺畅。此后坚持定期与学生见面交流，对每一名学生的问题都及时回复沟通，引导学生全面发展。提醒学生努力学习，加强身体锻炼，保持身心健康，根据自己的兴趣爱好适当参加社团活动和社会实践活动，并正确处理好

图 5-31　和学生见面交流

学习与课外活动的关系等。在期末考试即将来临时，会提前进行集体见面交流，提醒学生尽早安排好期末考试的复习，特别是较弱的课程要多下功夫复习，争取期末考试取得理想的成绩。关爱学生，做学生的良师益友，关心学生学业的同时，积极帮助学生解决学习和生活中出现的问题，并与学生一起领悟人生。

3）注重时效，分级指导

对于大一学生，在初次见面交流时，详细了解学生个人的基本情况，同时向各位新生介绍学校、学院、系里的整体发展情况，本专业的培养方案和专业特点。后续交流时，还会向学生介绍本专业的具体情况及注重基础课学习对所学专业的重要性，并给予具体的指导和建议，如学习英语需持之以恒，争取在大学低年级时通过英语四、六级考试；对与专业紧密相关的工程制图课程，告诉学生必须多多练习才能建立起良好的空间思维等。提醒学生在大学自主学习很重要，需严格管理好自己。及时引导学生顺利完成从高中向大学的转变，使学生尽快适应全新的大学学习和生活。同时向学生介绍有关学科竞赛、奖学金评定、保研深造、出国交流等方面的情况，使学生建立自信心，对大学四年的学习和毕业后的去向做出合理规划，设定好自己的目标并努力。告诉学生要充分利用好图书馆和网络资源，获取更多的知识信息，多读好书和感兴趣的文献。同时建议学生回家前借书和下载文献以便假期阅读学习，并对新学期要学的课程进行适当预习，为新学期打下良好的基础。

学生进入大二后，与他们一起对大一学年的学习经历和方法进行总结，找出不足，不断改进。提醒学生尽快进入最佳状态，更从容地度过大学的美好时光。对大二学生的专业基础课程的学习方法给出具体建议，尽可能引导学生喜欢上自己的专业，建立起强烈的专业自信；鼓励学生多了解与所学专业相关的知识和发展现状，积极参加学科竞赛。要求学生在课余时间，特别要利用假期自主学习有关专业软件。通过这些，学生打下了坚实的专业知识基础，并且在发现问题和解决问题的过程中激发起浓厚的学习兴趣和科研兴趣。

对于大三、大四学生，强调各门专业基础课和专业课的必要性和重要性，对学生学习中遇到的问题提出解决方法和建议，培养学生的质疑意识。结合学科竞赛、大学生创新训练项目和毕业设计（论文），培养学生发现问题和解决问题的能力。定期召开组会，组长和组员各自分别用PPT做阶段性汇报，导师进行总结，指出存在的问题，对疑问和难点做具体解答，指导学生制定下一阶段新的学习和研究计划，要求学生不仅要努力学好课程，还要积极做好项目的研究工作，并督促学生争取早日完成项目的主要研究内容，以免与考研复习发生冲突。鼓励学生不忘初心，努力去实现自己设定的目标。

4）用好助手，互助前行

充分利用研究生资源，建立以导师为主、研究生为辅的指导小组，将部分工作交于研究生，对本科生进行个性化指导，研究生与本科生年龄差距小，在学习和生活上沟通交流起来无代沟，本科生也较容易接受。研究生的协助指导，使本科生更清楚地了解了科研项目的进展情况。本科生积极融入研究生的课题研究中，增强了利用所学知识解决实际问题的能力，更好地培养了创新意识和创新精神，提升指导质量。

实施本科生全程导师制，可利用一位导师同时指导各年级学生之便，组织不同年级的本科生一起交流，优秀学长就在学弟学妹身边，这可带动低年级学生树立目标，建立信心，激发学习动力。学生遇到问题时能有更多的途径得到及时解决，这对学生各方面的发展都将起到很好地推动作用。

2. 指导成效

通过学科竞赛、大学生创新训练项目和毕业设计（论文）等环节的培养和锻炼，激发了学生参与科学研究的兴趣，进一步巩固和拓展了学生所学的知识，增强了学生的创新意识，也锻炼了学生探索问题和解决问题的能力，学生学习成绩得到了大幅提高。所指导的国家级大学生创新训练项目均获得优秀，22位本科生参加北京市学科竞赛获得一等奖或二等奖，多人获校级优秀本科毕业设计奖和优秀毕业生奖，近4年以本科生作为第一作者在《煤矿安全》等刊物发表学术论文3篇。

3. 个人体会

本科生全程导师制的实施有助于因材施教，更好地对学生进行个性化指导，并能充分调动学生学习的积极性和对科学研究的兴趣。导师制的实施也可激发导师以德修身、以德育人、以德塑魂的责任感与使命感，在培养指导学生全面发展的同时，也对导师综合素质的提高有极大的促进作用，师生教学相长，共同进步。导师要发挥人格魅力和知识素养的综合影响，对学生的指导要有亲和性，要关爱学生，严慈相济，诲人不倦，做学生的良师益友，全程投入真情实感，把陪伴指导学生作为自己工作不可分割的部分。不仅要关心学生的学业，让学生在以学习为中心的过程中健全人格，还要积极帮助学生解决学习和生活中出现的问题。只要真心投入，就能很好地做到传道、授业和解惑的统一。

4. 教师风采

郑晓雯，教授，博士生导师，北京市高等学校教学名师，北京市师德标兵。担任北京市高等教育学会机械原理研究会常务理事，北京市大学生机械创新设计大赛评委，教育部学位与研究生教育发展中心评审专家，科技部国家重点研发计划重点专项评审专家等。主持或作为主要成员参加国家自然科学基金项目、国家重点环保科技攻关子项目等多项科研项目，发表学术论文100余篇，获授权国家发明专利、实用新型专利及软件著作权15项。获首届优秀本科生全程导师奖、学校优秀教学成果奖、优秀课程奖、优秀教学质量一等奖、大学生创新训练项目优秀指导教师等荣誉。

以"四学"引导　开展差异化管理

导师 / 王兵

1. 基本做法

1）立德树人

立德树人需要在具体培养实践中弘扬高尚的德行修养，注重对学生学术道德和科研素质的规范指导，锤炼学生品德修为，强化学生责任担当，将学生培养成具有远大理想、责任担当和奋斗意志的时代青年先锋。我用国家时代先锋人物的事迹来教育青年学生，开展学习标杆管理，引导学生自尊自信自立自强。

2）学业指导

我担任本科生全程导师以来，推动建立了以"四学"引导贯穿式和学年关键节点制为基础的学业指导机制，指导学生乐于学习、善于学习、共同学习，如图5-32

（a）线下指导学生　　　　　　　（b）线上指导学生

图5-32　学生学业指导与交流

所示。

"四学"包括"乐学""爱学""想学""必学"。通过"四学"引导，激发学生的内在学习动力，培养专业学习兴趣。因势利导，抓住学业指导关键点，在大一学生新入校迷茫、专业认同不足、转专业迷茫等节点，通过面对面咨询、专题讲解等方式，帮助学生深入了解本专业，认识本专业在国家发展中的重要性，增强"乐学"和"爱学"意识。将切身经历、体验融入与学生的交流讨论中，帮助学生明确发展目标、合理规划学业，营造"想学"氛围，增强学习的趣味性，强化"必学"意识。

关键节点控制是提升学业指导成效和强化全过程管理成果的重要步骤。通过线上与线下相结合的方式跟踪调研学生学习情况，深入分析学生从大一入学到大四毕业各阶段所面临的学习、生活、工作问题，以学年为周期，制定本科生全程导师制学年工作计划和建立覆盖大学全过程的学业指导体系，明确各段对不同年级本科生学业指导与培养工作的重点。

每学年第一学期第一项重点工作是本科生入学指导。主要采取新生与师长见面交流的形式进行学路领航和学业指导。第二项重点工作是搭建学业指导帮帮团，高年级学生指导低年级学生开展课程学习，促进学业进步。同时，开展大三大学生创新训练立项与大四大学生创新训练经验交流活动，以科研创新和创业指导来促进学生创新精神的培养，以大学生创新训练为基础开展学科竞赛的准备和报告修改工作，建立以赛促学的社会调研与学科竞赛管理机制。所有的工作都需要依靠稳定的联系来保障，日常联系以微信群为主，重要事项的交流采取线上会议与线下会议相结合的方式。

每学年第二学期的工作需要根据上一学期的情况确定。第二学期本科生全程导师制的主要工作包括上学期学业总结、学涯规划、毕业实习、毕业设计（论文）、考研复试指导、大学生创新训练项目、学科竞赛报告与答辩指导等内容。开展社会实践与调研指导（图5-33），进一步完善本科生学科竞赛成果。在本科生全程导师制的大团队中通过交流与讨论，实现对各年级本科生规范化、常态化、特色化的全程导师制管理模式。

我非常注重学生科研能力和素养的培养，利用本课题组中研究生与本科生交流，鼓励学生多参加学校和校外学术研讨，培养沟通与表达能力，激发本科生对科学研究工作的兴趣，为读研深造打下重要的研究基础。目前指导本科生发表多篇学术论文，带领本科生参与了部分学术专著的校稿与核对工作，致力于培养学生缜密的科研思维，提升学生的科学研究能力。

图5-33 以赛促学,指导本科生参与社会调研

注重学生创新能力培养,鼓励学生经常参加学科竞赛,工业工程专业学生参加学科竞赛的类别主要有节能减排与市场调查两大类。节能减排学科竞赛方面,目前已经建立了全国大学生节能减排社会实践与科技竞赛、北京市大学生节能节水低碳减排社会实践与科技竞赛、中国矿业大学(北京)节能减排大赛等国家级、省部级和校级学科竞赛体系。通过积极参赛,我指导的竞赛小组多次获得校级和省部级奖励,入围全国初赛,获奖证书如图5-34所示。

2. 指导成效

2020级4位学生科目及格率在100%,3位学生排名班级前10。学生获国家奖学金2人次,学校特等奖学金2人次,其他校级奖学金7人次。2015级、2016级获得校级优秀大学生创新训练项目;获全国大学生节能减排社会实践与科技竞赛校级二等奖2项、北京市大学生节能节水低碳减排社会实践与科技竞赛二等奖和三等奖各1项,发表学术论文6篇,软件著作权2项。

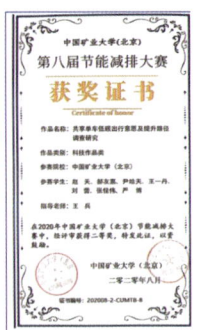

图5-34　指导本科生学科竞赛获奖

3. 个人体会

本科生全程导师制的实施，能够在学业规划、专业辅导、科研探索以及品德培育等方面给予本科生全过程的指导，极大地推进了本科教育的定制化和个性化指导模式，学生的学习能力、交流能力、科学研究能力等都得到了显著提高。过程控制与结果管理相结合的本科生管理模式能够有效解决学生入学时的迷茫、学习中的困惑以及未来发展的不确定性。对于导师而言，一方面引导学生围绕学科前沿进行创新研究，督促引导学生学习；另一方面自己也受益匪浅，自己的教学科研水平也大大提高。

4. 教师风采

王兵，博士，副教授、硕士生导师，北京市优秀人才培养资助计划人选，北京市"双百行动计划"青年教师调研团队人选，阿里巴巴阿里活水计划学者。研究领域为可再生能源发展政策、煤炭绿色供应链管理、低碳技术评价等。承担科研项目5项，发表学术论文30余篇，出版专著2部，软件著作权2项，担任多个期刊编委、客座主编。获中国矿业大学（北京）优秀教学质量一等奖、优秀本科生全程导师奖、优秀班主任、优秀本科毕业设计（论文）一等奖等荣誉，获中国煤炭工业协会科学技术奖和中国可再生能源学会科学技术奖等科研奖项。

加强引导　积极沟通

导师 / 郭海军

1. 基本做法

1）立德树人

国无德不兴，人无德不立。作为一名本科生全程导师，应时刻关注并引导学生的思想动态，致力于培养德才兼备的有用人才。在指导交流过程中，我会鼓励学生关注时事，关心国家大事，向学生及时转发一些时政知识、科教视频等，增强学生的自豪感。

2）学业指导

首先，注重学生的学业。从新生刚入学开始就要端正他们的学习态度，告诫他们决不能将大学当成放飞自我的游乐场。①指导学生制订切实可行的学习计划，用以指导自己学习，并按计划执行，合理安排时间。通过制订学习计划，使学生的生活、学习规律化，养成良好的学习习惯，提高学习效率。②引导学生做到课前预习，使学生对新课程有一个初步的了解，知道自己有哪些问题弄不懂。带着问题听课，学生就会听得更认真，并且能把自己对课本知识的理解与导师讲解的内容进行比较，加深对新课程的理解和记忆。③引导学生勤于思考，防止死记硬背、不求甚解的现象，使学生做到举一反三、融会贯通。

其次，分阶段明确指导任务。对于一年级和二年级学生，有针对性地对其进行教育引导，鼓励其树立明确的奋斗目标，包括短期目标和长期目标。短期目标包括新学期内每门功课要达到的理想成绩等；长期目标包括报考研究生或申请出国攻读

图5-35 暑期社会实践期间与矿上职工合影

学位,或者将来要从事什么样的工作等。针对三年级和四年级学生,重点引导他们学习专业课程,加强就业技能指导。

最后,鼓励学生多参加课外活动。鼓励学生利用学校和学院提供的平台,积极参与各种实践活动,锻炼自己的交际能力,增加阅历,如参加大学生建筑结构设计大赛、暑期社会实践(图5-35)、天阶社区中心志愿者活动等。

2020年春节,当我们阖家团圆之时,突如其来的疫情却迅速蔓延,在这场没有硝烟的疫情阻击战中,我们不得不采取线上教学。学生无法返校,定期的师生面对面交流也无法开展。病毒虽然无情,却阻止不了我们进步的决心。微信、QQ、腾讯会议、钉钉等交际软件切切实实地派上了用场,多种手段相结合,真正做到了"停课不停学",如图5-36所示。

2. 指导成效

1名学生顺利通过毕业答辩并被推荐为优秀毕业设计,多人获得北京市第二十九届大学生数学竞赛二等奖、第十届全国大学生数学竞赛二等奖、2018年度校物理实验竞赛三等奖、2019年中国矿业大学(北京)大学生建筑结构设计大赛A

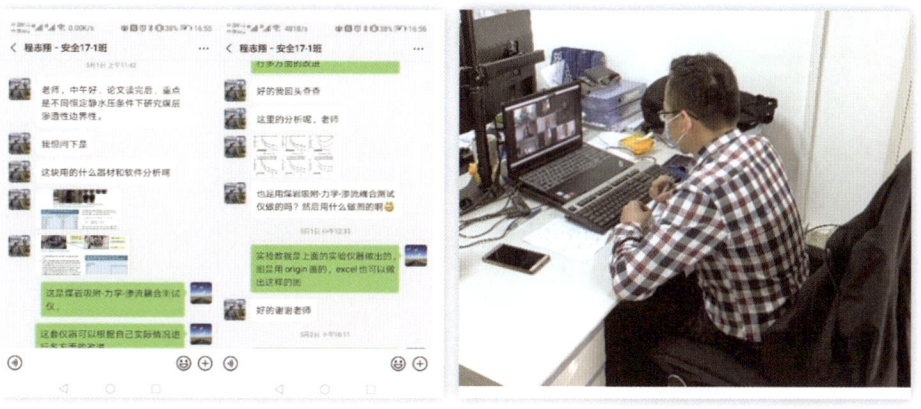

图 5-36　在线学习交流

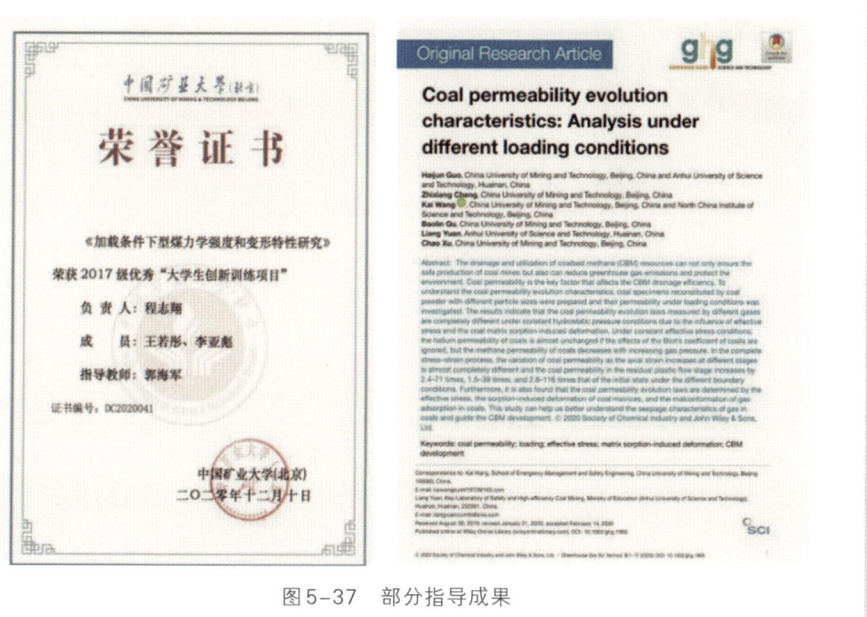

图 5-37　部分指导成果

组二等奖等荣誉。指导2017级学生发表学术论文1篇，并获得优秀"大学生创新训练项目"。部分指导成果如图5-37所示。

3. 个人体会

全程导师制的实施使得本科生有更多的机会接触本专业教师，通过定期或不定期的交流指导可以帮助学生更好地了解学科和专业的发展前景及就业方向，使学生能够更合理地规划学业生涯。以本科生全程导师制成员为基础设立大学生创新训练项目，可以使学生从本科阶段就开始培养科研素养和创新思维，锻炼其发现问题、分析问题和解决问题的能力。本科生全程导师制的实施使得本科生能够及早进入专业教师的科研团队，从某种意义上加强了其和研究生之间的联络，能够使他们在以后的学习、生活和科研过程中少走弯路。

4. 教师风采

郭海军，男，讲师，安全科学与工程专业。主要研究方向为矿山安全工程、矿井瓦斯及煤岩动力灾害防治、煤层气安全高效开发。主持/参与科研项目7项，校级教改项目3项。发表论文10余篇，出版学术专著1部，合作出版学术专著1部。获省部级科技奖励3项，发明专利4项、实用新型专利1项。曾获全国煤炭行业教学成果一等奖、校级优秀教学成果二等奖、优秀本科生全程导师奖等荣誉。

用好"传帮带" 以人格魅力引导学生

导师／吴丽丽

1. 基本做法

1）立德树人

习近平总书记在北京大学师生座谈会上指出:"大师,既是学问之师,又是品行之师。教师要时刻铭记教书育人的使命,甘当人梯,甘当铺路石,以人格魅力引导学生心灵,以学术造诣开启学生的智慧之门。"大学阶段是一个大学生走向成熟的过渡阶段。此阶段,大学生的心理状态尚未稳定,心理表现相比成人来说更为敏感复杂。导师在这个阶段需要给他们引导,让学生尽早明确大学目标和人生规划。定期的导师制会议就是一种很好的方式,把各年级导师制学生召集到一起,大家把各阶段的问题摆出来,导师可以近距离地靠近他们,用心与他们沟通,给予他们鼓

图5-38 师生交流场景

励与支持。师生交流场景如图5-38所示。

2）学业指导

对于大部分学生来说，学习上面对的最大问题有两类：一是没有找到正确的学习方法，二是不能坚持学习计划。对于存在第一类问题的学生，可以给他们提供一些好的学习方法作为参考，比如给学生分享一些自己学生时代好的学习经验，也可以让高年级的学生给低年级的学生讲解不同科目的特点，分享学习方法。对于存在第二类问题的学生，可以多给予一些关注，帮助其激发学习的内在动力。

2020年春节前后新冠肺炎疫情席卷全国乃至全球，打乱了人们的正常生活和工作。由于疫情，所有教学工作只能在网上进行。导师作为学生的大家长，在这个特殊时期，更需要充分发挥导师的主心骨作用。受疫情影响，学生无法回到学校学习，只能通过线上方式来学习专业课。线上学习不同于线下，对导师而言，线上授课无法和学生面对面互动，不能很好地掌握学生上课时的具体状态；对学生而言，线上学习相较线下学习更加自由，如果没有足够的约束，一部分自律能力不强的学生学习效果会大打折扣。而且在疫情压力下，学生可能会出现焦虑、恐慌、紧张、忧伤等不良情绪。这些不良情绪，会对学习和生活产生消极影响。作为导师要及时发现问题并对学生进行心理疏导。我时常通过微信群、QQ群等定期和学生联系，指导学生制定阶段性的学习计划，督促学生提高自律能力，保证线上学习的学习质量。我积极引导学生学会自我心理调适，引导他们通过深呼吸、音乐治疗、至交倾诉、运动释放等方式积极应对以消除不良情绪。同时培养学生明辨是非的能力，做到"不造谣，不信谣，不传谣"，养成从容不惊、不骄不躁的心理品质，以理性、平和、阳光的心态看待疫情，戴好"心灵口罩"，清除"心理情绪垃圾"，铸就战胜疫情的心理防御墙。与此同时，我还关心学生的身体健康状况，督促他们保持健康的生活方式，每天适当进行体育锻炼，提高自身身体素质，保持良好身体状态。这种立体式的导师制模式既拉近了师生之间的距离，也培养了学生的自学能力和自我管理能力。

3）指导研究

为加深学生对所学专业的进一步了解，我将学生加入课题组，通过大学生创新训练项目（图5-39），和研究生一起参与到具体的科研活动中。博士生、硕士生带本科生，"传帮带"作用凸显。研究生具备基本的科研能力和学习方法，能够更好地帮助本科生培养科研兴趣、开拓创新思维、加深知识理解，进而营造一个良好的科研氛围。

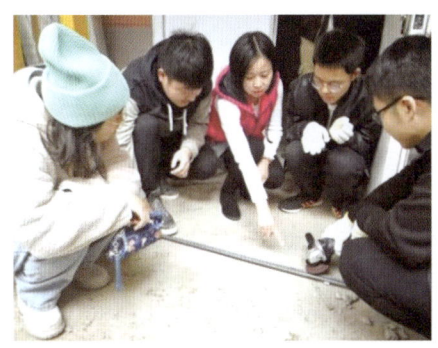

图 5-39　大学生创新训练项目实践活动场景

学科竞赛既是实践教学的重要组成部分，又是学生课外培养其创新实践能力、团队合作精神以及拓展综合素质的平台载体。我鼓励学生积极参加各类学科竞赛活动，与学生一起发现问题、解决问题，帮助学生逐渐培养起主动思考、积极动手、团结协作的能力。将课堂知识与实践相结合，学生增强了学习的自信心，激发了学习的热情，也取得了不错的成绩（图 5-40）。

图 5-40　学科竞赛获奖证书

2. 指导成效

指导的本科生中多名学生获得校级奖学金，连续 4 年荣获北京市大学生建筑结构设计竞赛一等奖（图 5-41），连续 4 年获得优秀本科毕业设计（论文）一等奖（图 5-42）。我也在 2019 年、2020 年两次获得北京市普通高校优秀本科毕业设计（论文）优秀指导教师奖。

图5-41 北京市大学生建筑结构设计竞赛获奖证书

图5-42 优秀本科毕业设计（论文）一等奖荣誉证书

3. 个人体会

回顾这几年与学生相处的点点滴滴，百感交集。每次学生遇到困难、挫折、烦心事时，导师就是他们最信赖的倾诉者、最可靠的朋友、最温馨的港湾。本科生全程导师制的意义不仅仅在于指导学生的学习、生活，更多的是培养他们的创新思维能力，引领他们树立正确的人生观、价值观，常立志、立大志。

4. 教师风采

吴丽丽，清华大学博士、博士后，教授，博士生导师，北京市高校青年教学名师。2015—2016年在美国加州大学洛杉矶分校做访问学者。中国钢结构协会结构稳定与疲劳分会理事。主持国家自然科学基金项目4项。发表学术论文70余篇，教改论文9篇。申请国家发明专利9项，实用新型专利15项。出版专著3部，参与翻译专著1部，参编国家规范《钢筒仓技术规范》1部。入选北京市高校"青年英才计划"，中国矿业大学（北京）"越崎杰出学者"。获中国钢结构协会"创新人才奖"、省部级科学技术奖4项、优秀教学成果奖4项、教学质量和优秀课程奖6项、本科生全程导师奖2次等荣誉奖项。

分层次、有针对性地开展指导

导师 / 周法国

1. 基本做法

1）立德树人

学高为师，德高为范。师德是教师最重要的素质，是教师之灵魂。我在指导过程中，善待每一名学生，时刻关心、关注学生各方面的情况。每年组织各年级学生开展一次以"做人与求学""如何开展大学生活"为主题的讨论会，内容涉及做一个怎样的大学生、如何做一个合格的大学生等，通过此类会议，大家拓宽思路，各抒己见，互相学习，既开阔了胸怀，又学会了豁达处事。

2）学业指导

针对处于不同阶段的学生，我采取了分层次指导理念。

图5-43 指导学生参赛

对于一年级学生，以了解学科与专业设置为基础，侧重在专业教育、专业培养计划、课程体系等方面加强引导，使学生熟悉大学生活。

对二年级学生，按照由浅入深、逐渐深入的原则，使其掌握专业课程及知识体系。在科研方面，让学生初步了解什么是科研，了解科研的内涵与外延，初步理清计算机科学与技术专业科研的内容与本质。把专业学习和科研相结合，把科研选题和大学生创新训练项目相结合，使学生逐步掌握科研的基本方法与基本技能，掌握查阅文献的技巧。同时鼓励学有余力的学生积极参加学科竞赛，如图5-43所示。

对三、四年级学生，通过指导大学生创新训练项目与毕业设计（论文），以项目培养能力，以项目带动创新。并通过积极开展做实验、撰写科研论文、申请软件著作权及相关专利等工作，进一步提高学生的科研能力与创新能力，切实提升动手开发及实践操作能力。

2. 指导成效

2016级、2017级的11名学生中有3人次获国家奖学金、4人次获国家励志奖学金、1人次获孙越崎奖学金、6人次获校一等奖学金；8人继续深造，2人签约北京快手科技有限公司；1人获校优秀毕业论文一等奖，1人获北京市优秀毕业生荣誉称号；35人次在12项学科竞赛中获奖。

3. 个人体会

本科生全程导师制的实施，可以充分发挥教师在学生培养中的主导地位，能够深入了解本科生的思想、学业以及生活等各方面情况。将培养学生与教学科研有机融合在一起，充分体现了"以本为本"的教育理念，有效拓展了教书育人的内容和形式。

4. 教师风采

周法国，博士，副教授，硕士研究生导师，现任计算机系党支部书记。中国计算机学会高级会员，IEEE CS 会员，ACM 会员。曾获2012年北京市高等教育教学成果一等奖1项，校优秀教学成果二等奖2项，校优秀教学质量一等奖1项。主讲课程"高级语言程序设计（C 语言）"为校优秀课程。

5.4 指导研究篇

因材施教 教学相长

导师 / 周宏伟

作为本科生全程导师，要善于将本科生的专业知识学习与人文素养培育联系起来，注重指导过程中的人文因素，因材施教，引导学生发掘专业之美、知识之美、生活之美，从而促使其全面发展。另外，要鼓励、吸引学生积极参与指导教师团队的科研项目研究。这样做不仅能让学生借此夯实专业知识基础、学以致用，还能促使学生在发现问题、解决问题的过程中树立强烈的专业自信、知识自信，激发出浓厚的学习和科研兴趣，从而引导学生做好学习规划和个人发展规划。

1. 基本做法

1）立德树人

从本科新生入校分配导师以来，导师团队就与学生建立"导师制"微信群作为即时交流渠道，平时在生活上、学习上一直保持密切交流。比如刚踏入大学校园的本科新生，对新环境、新生活充满好奇，容易受周围形形色色诱惑的干扰，难免上当受骗，对此导师团队向各位新生推送了"校园贷"等警示片，提醒大家拒绝、远离诱惑，增强安全防范意识。此外，还叮嘱学生将力学、采矿专业知识的学习和人文素养的培育联系起来，养成良好的读书习惯，陶冶情操，内外兼修。

2）学业指导

学习上，针对学生反映的"高等数学等课程学习困难，很难把握学习知识重点，不知道所学知识有什么用"等情况，导师团队结合科研问题向学生介绍学习侧重点。例如，向学生介绍高等数学中的傅里叶变换在岩石断裂面频谱分析中的应用,帮助他们端正学习态度,认识学习基础课程的重要性。为学生提供了一些学习方法、学习资料,推荐中国慕课等学习平台。另外,向学生介绍同年级其他同学的学习情况,激发他们的好胜心和自信心,同时鼓励他们与高年级学长多交流,多吸取经验。

3)指导规划

在初次导师分配见面会上,导师就详细了解了学生的个人基本情况,向各位新生介绍了学校、学科专业的整体发展情况,如图5-44所示。针对学生对采矿专业的偏见,向他们介绍"颠覆传统采矿的技术""矿业发展的趋势"以及"太空采矿专业"的一些学习资料,帮助他们重新认识采矿专业,树立自信心,明确学习目标。同时对奖学金评定、保研深造、出国交流等问题进行交流与讨论,激励学生树立学习自信心,做好个人发展规划。

4)指导研究

图5-44 与导师制学生合影

我经常向学生介绍导师团队的科研项目情况,鼓励学生学习相关知识;我还将导师制学生吸引到大学生创新训练项目中来,鼓励他们积极参与科研项目。以指导教师负责的国家自然科学基金"花岗岩分数阶非达西渗流模型研究(项目编号51674266)"为依托,以我国甘肃北山花岗岩区高放废物处置库地下实验室建设前期的力学问题分析、安全评价,以及处置库围岩地下水非达西渗流及核素污染物迁移过程的数学建模为研究方向,以本科生的知识结构为依据简化问题,使学生能够综合运用所学的高等数学、工程力学等专业知识参与到科研项目关键科学问题的研究过程。这样做不仅使同学夯实了专业知识基础、学以致用,还促使学生在发现问题、解决问题的过程中培养了浓厚的学习和科研兴趣,同时使学生感觉到所学即有所用,从而更加积极地投入课程学习中。

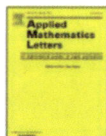

图5-45 指导学生发表的论文截屏

2. 指导成效

吸引本科生导师制学生参与指导教师科研项目研究,指导他们在国际应用数学领域著名期刊《Applied Mathematics Letters》上发表论文1篇,如图5-45所示。通过科研指导,提高了学生发现问题、解决问题的能力,激发了学生参与科学研究的浓厚兴趣。

3. 个人体会

本科生全程导师制是一种全新的、因材施教的教育培养模式,学生和导师通过双向选择,拥有了一个近距离接触交流的机会。学生能经常与导师交流,还可以直接参与导师的课题,充分调动了学生学习的积极性,也能够让教师关注到每位学生的具体学习、心理状况,从而因材施教,对学生进行个性化指导,以达到引导学生积极向上、健康全面发展的目的。教学相长,导师制不仅引导学生发展,对教师自身也有很大的促进作用。在与学生的接触中,教师增强了教书育人的责任感;另外,也促使教师积极拓宽知识面,多方面提高业务素质。

4. 教师风采

周宏伟，教授，博士生导师，教育部长江学者特聘教授，国家百千万人才工程人选，国家有突出贡献的中青年专家，教育部新世纪优秀人才支持计划人选，北京市优秀教师，北京市高等学校教学名师，享受国务院政府特殊津贴。担任教育部特色专业、北京市优秀教学团队、北京高校优秀本科育人团队、北京市高等学校实验教学示范中心负责人。负责并讲授的课程"工程力学A2"（材料力学）入选国家一流本科课程、教育部课程思政示范课程。长期从事能源与矿业开发中的岩石力学研究，负责完成国家"973"课题2项、国家"十三五"重点研发计划课题1项、国家自然科学基金项目4项、科技部国际合作项目1项、欧盟国际合作项目等。在国内外学术刊物上发表论文200余篇。曾获国家自然科学二等奖、教育部自然科学奖、北京市教学成果奖等。

精确定位　精细培养

导师 / 邵龙义

1. 基本做法

1）立德树人

教育之本，在于立德树人。作为一名教师，我深感责任之重大。因此，我把德育教育融入专业教学和社会实践教育的各个环节，真正做到以文化人、以德育人，进而不断提高学生的思想道德水平。

2）指导研究

（1）针对不同年级学生进行阶梯性指导。针对一年级学生，我重点对他们的学习方法进行指导，以帮助他们更好地适应大学生活。对于大一学生而言，针对他们开设的专业课程较少。为了让学生提前了解相关专业知识，我推荐学生在中国大学MOOC平台上学习"岩石学"课程，并鼓励学生积极参与相关实践活动。与此同时，我还利用周末和十一假期带领一年级新生赴北京西山木城涧煤矿潘涧沟剖面以及京西下苇甸地区进行野外地质实习（图5-46和图5-47）。通过对寒武系碳酸盐岩、侏罗纪含煤地层的实地考察，培养学生的专业兴趣。

二年级是学生迈入科研大门、掌握专业基础的重要阶段。在这一阶段，导师不仅要指导学生学习深层次专业理论知识，更要创造机会让学生参与到科研的辅助性工作中，培养学生的创新意识。针对二年级学生，我经常以小组讨论的形式开展导师组会。在组会中，一方面引导学生勇于表达自己的观点和见解，另一方面也鼓励学生将所学专业知识融会贯通，内化为其知识体系的一部分。此外，在学生进行

图5-46　带领一年级导师制小组成员在京西野外地质实习合影

图5-47　带领大学生创新训练小组在京西野外地质实习场景

地质实习期间，我积极为学生提供相关的野外剖面参考资料，配合实习课程对导师制小组成员进行指导。在二年级后期，我还帮助每个学生制定科研选题训练及大学生创新训练项目工作计划，指导小组成员完成科研选题，确定大学生创新训练项目选题及项目规划，从而使学生找到学习的动力和努力的方向。

针对三年级学生，鉴于他们经过前期的知识储备，并开始接触到科研的基础性工作，我与学生共同制定了有针对性的研究能力培养计划，引导学生选择合适的研究课题，并就研究内容提出具体的分阶段目标，创造机会让学生参与到科研工作中，切实提高学生的创新能力。

　　针对四年级学生，通过具体的创新训练、学科竞赛、毕业论文（设计）等环节，鼓励学生运用所学知识探索科研课题，提升学生的创新思维。同时，我积极鼓励学生参加全国大学生地质技能大赛、煤炭行业地质技能大赛、地质知识竞赛等地质类学术竞赛，以赛促学。在备赛过程中，不断激发学生的学习热情，并寻找科研突破。此外，在大四毕业论文（设计）期间，从选题到课程设计，再到论文写作等各方面，我都对学生严格要求，环环把关，使学生高质量地完成毕业论文（设计）。

　　（2）积极鼓励大学生参加各类学术讲座及研讨会。结合我校科研优势及研究生培养优势，我积极鼓励学生参加各类学术讲座和研讨会。在团队的国际交流合作过程中，我还积极邀请本科生参加相关外国专家的学术讲座。我们曾多次邀请国际著名沉积学教授来我校进行学术讲座，如美国弗吉尼亚理工学院暨州立大学 Kenneth Eriksson 教授来我校进行了"源－汇系统""深时古气候"等沉积学研究领域热点问题的学术讨论，美国内布拉斯加大学林肯分校 Christopher Fielding 教授来我校进行了"河流沉积体系""高、低可容空间下的沉积体系演化"等沉积学研究领域热点问题的学术讨论（图5-48）等。通过这些学术交流，加深学生对专业的了解，拓宽学生的学术视野。

图5-48　与 Christopher Fielding 教授进行学术交流会合影

（3）积极鼓励学生参加各类社会实践及社团活动。社会实践是高等学校实践教育的重要组成部分，是学校教学的重要补充，是思想政治教育的重要形式，旨在培养学生成为积极推进技术进步的技能型人才。为使学生全方位发展，我积极鼓励学生参加各类社会实践及社团活动，如暑期社会实践活动、学生会等。这些活动不仅提高了学生与人沟通、与人合作的能力，也培养了他们解决问题、自我学习、不断创新的能力。

2. 指导成效

近年来，本科生全程导师制小组成员中多名学生获奖，包括第九次李四光优秀学生奖（张驰）、第一届全国煤炭地学大赛学术论坛一等奖（张驰）、国家励志奖学金（王浪浪、陶丽茹）、德贻煤地质学优秀学生奖（陶丽茹）、校级优秀本科生奖学金（陶丽茹、颜国安）、暑期社会实践活动优秀团队（黄萍萍、蔡兴武）、2018—2019校辩论赛总冠军（杨政）等。

3. 个人体会

首先，要用热情、激情、爱心来培养学生。新生入学后，第一时间和学生见面，详细了解每个人的基础、兴趣、志向和未来打算，向他们介绍学校、专业、学科、导师的特色优势和往届学生的毕业去向，为学生发展指明方向。其次，用平等和尊重的态度与学生交流，要特别注重倾听他们的心声。受到尊重的同学会自觉地、严格地、高标准地要求自己，无形中过渡和完成从他律到自律的阶段。同时，平等也换来了学生对导师发自内心的尊重，以及他们内在的学习动力。

4. 教师风采

邵龙义，教授、博士生导师，兼任教育部地质类教学指导委员会委员、中国地质学会地质教育分会理事。主要从事地质类专业教学及研究工作。负责承担教育部及北京市"地质工程"特色专业建设，获得煤炭行业教育教学成果一等奖1次、北京市高等教育教学成果奖4次。负责建设的"岩石学"慕课被评为首批国家级一本科课程流线上

课程（2020）、教育部双语教学示范课程（2009）、北京市精品课程（2009）。被评为教育部新世纪优秀人才（2004）、北京市高等学校教学名师（2010）、北京市优秀教师（2017）、煤炭行业技能大师（2020）等。承担过60余项各类科研项目。出版专著15部；发表学术论文400余篇，其中SCI收录论文93篇。获得省部级科技进步奖16次。被聘为多个专业学会委员或副主任委员，同时兼任多个期刊编委或副主编。

用心驱动　用爱培养

导师 / 朱红秀

1. 基本做法

1）立德树人

坚持党的教育方针，为祖国建设和发展培养德智体美劳全面发展的合格接班人。按照学校本科生全程导师制工作要求，注重启发学生内心学习的渴望和动力，端正学生的学习态度，让学生感受到通过自身努力而取得进步的快乐。

2）指导研究

指导学生分侧重。严格落实本科生全程导师制，让学生在课堂外得到导师一对一的指导，使学生静心、净心、安心，发掘学生内心驱动，使学生专心学习。尤其对于大一新生，我及时了解他们的学习情况，正确引导他们尽快适应大学学习生活。对于三、四年级学生，则根据学生需求，鼓励他们到实验室参与课题研究工作。

指导内容个性化。我对学生的指导主要聚焦学生学习过程中出现的问题和困惑，以座谈会为主的方式开展。在每月一次的面对面座谈中，引导学生充分讨论，有效解决发现的问题。同时，我时刻关注部分学生的动态，做到及时处理。如2015级学生周天宇同学作为校橄榄球队队长和校学生会干部，工作和学习时间紧张，我指导他处理好课外活动与学习的关系，并引导他树立明确的目标，后来该生成功推免本校学工管理岗。

发挥项目驱动作用。自2009年我开始做仿生机器鱼研究项目，鼓励本科生参

图5-49 仿生机器鱼

与进来。本科大学生创新训练项目制成的仿生机器鱼如图5-49所示。在学校教学评估和110周年校庆等活动中,学生的大创成果频频受到专家的称赞,学生也因此受到了极大的鼓舞。2000年暑假,我与北京大学谢广明教授、清华大学贾永霞教授等共同指导的我校2018级导师制学生和清华大学宇航学院2018级暑期课程学生一起做仿生机器鱼,每周指导学生一次,定期召开研讨会,受到了学生的好评。

2. 指导成效

近3年,共指导17名学生,其中10名推免至清华大学、北京航空航天大学等学校继续深造,1名考入本校,1名留学日本早稻田大学,1名留学德国,深造率在76.5%。2015级学生郑权的毕业设计获北京市优秀本科毕业设计,其综合成绩稳居年级第二,被推免至哈尔滨工业大学。

3. 个人体会

学生的成长进步离不开全体教师的共同培养和学生自身的努力。本科生全程导师的作用就是引导学生充分利用学校的优质教学科研资源,在成长的过程中鼓励并指导他们。

4. 教师风采

朱红秀,副教授,硕士研究生导师。2012年2月至2013年4月在澳大利亚悉尼科技大学做访问教授。自1996年在中国矿业大学（北京）从事教学科研工作至今，主要研究方向为智能测试技术、机器人研究。获校级教学质量一等奖、北京市优秀教学团队、北京市普通高校优秀本科生毕业设计（论文）优秀指导教师等荣誉。2017—2020年连续3年荣获优秀本科生全程导师奖。

种树培其根　育人养其心

导师 / 左建平

1. 基本做法

1）立德树人

与本科生交流时，我经常说："青年人的成长要坚持德才兼备、以德为先"，要求本科生关注时事、关心国家发展、了解国家战略需求。我平时注重学习贯彻中央精神，深入学习领会习近平新时代中国特色社会主义思想，努力提高自身理论素养。除了自我学习，还遵从组织安排，先后参加了中组部组织的"国家万人计划青年拔尖人才研修班"、教育部组织的"高校青年教师党员培训示范班"、国家安全生产监督管理总局组织的"安全监管监测学院师资培训班"等学习活动。多年的不断学习提升了我教学育人和学术科研水平，让我始终以高度的责任心和敬业精神对待本科生导师工作，为本科生成长成才贡献自己的力量。

2）学业指导

为第一时间与学生交流，我会在新生开学典礼那天安排与学生的首次见面。邀请本科生加入课题组的微信群，遇到学习、生活上的问题，可以在群里提问，及时得到我和课题组学长的解答。课题组每周的例会也有本科生加入。大三、大四的学生在学院路可以到现场参会，大一、大二的学生在沙河校区就安排线上参会。只要有合适的机会，我就鼓励本科生参加到课题组的学习和工作中来，与博士生和硕士生学长进行面对面交流。导师与学生交流场景如图5-50所示。

3）指导研究

图5-50　导师与学生交流场景

我对不同年级本科生因材施教,督促低年级本科生夯实基础,指导高年级本科生培养综合素质和创新能力。以断裂力学为例,断裂力学涉及的知识面广、理论性强、知识难度大,但是由于设备和学时限制因素,断裂力学课程实验教学往往很不充足,一般只能针对材料的断裂性能测试进行简单的演示实验。如何把材料断裂的动态过程尽可能直观、动态地展现出来,帮助学生理解断裂过程是教师进行教学设计面临的又一难题。我会邀请本科生进入实验室观察,并辅助实验,帮助他们更好地理解所学知识。除此之外,我也经常结合一些工程实际问题,引导学生学以致用,培养学习兴趣的同时发展他们的实践性思维。指导学生场景如图5-51所示。

我将多年教学实践和反馈总结的"以实验观察纠正认识偏差,以工程问题激发学习兴趣,以科研成果提升课堂效果"教学方法引入本科生培养中。借鉴国内外采用的跨学科、交叉学科的科研模式,在本科生导师制实践过程中探索跨学科(专业)育人方法。由不同学科(专业)的教师组成一个教学团队,共同设计,教授跨学科(专业)课程,保证学生在较短时间内充分了解和学习交叉学科,达到学校有限资源最大化利用的效果。

2. 指导成效

我指导的本科生多人攻读硕士研究生,指导学生发表论文6篇、申请专利8项(授权4项)。指导本科生参加全国周培源力学个人竞赛及团体赛等具有影响力的国际和国家级学科竞赛，获奖10人次（图5-52）；指导本科生和硕士博士生联队荣获第11届亚洲岩石力学大学首届"学生之夜"——China Rock Bowl知识竞赛二等奖；指导数十名学生进行国际学术交流，以拓展学生的国际视野，培养具有国际竞争力的创新型人才。

3. 个人体会

担任本科生导师以来，我坚持"种树培其根、育人养其心"，立德树人、为人师表，以师生、朋友的关系为学生提供力所能及的帮助，并怀着对学生高度责任感，耐心深入地与学生交流，发现每位学生的个性及群体共性；以工程问题为驱动，给学生创建直观生动、有理有趣的学习生活，牢牢抓住学生的兴趣点和注意力。

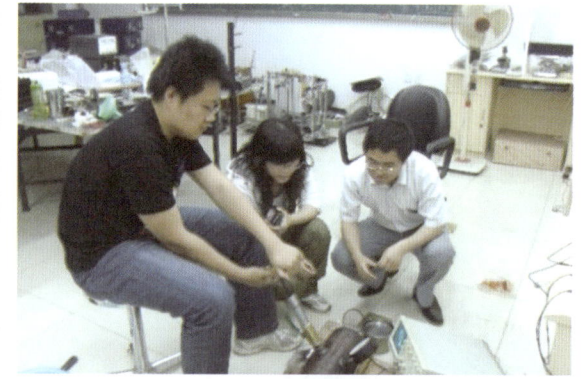

图5-51　指导学生场景

图5-52　指导学生参赛和参加全国性学术会议

4. 教师风采

左建平，博士，教授，博士生导师，曾到美国加州大学伯克利分校劳伦斯伯克利国家实验室和布朗大学访学。现任中国矿业大学（北京）力学与建筑工程学院院长。获首届国际岩石力学学会科学贡献奖（2020）、北京市卓越青年科学家（2019）、首届北京市青年教学名师（2017）、北京五四青年奖章（2016）、北京优秀青年人才（2014）、北京市科技新星（2011）、教育部青年长江学者（2017）、国家自然科学基金优秀青年基金（2016）、国家"万人计划"青年拔尖人才（2015）、教育部新世纪优秀人才（2009）和全国百篇优秀博士学位论文奖（2009）等荣誉称号。

做一名"心灵园丁"

导师 / 赛明明

作为本科生导师,日常的活动包括指导学生的生活、学习、心理、科研等,指导内容重点关注对学生的思想引导、学习指导、技能训练、科研训练、实践调研以及个人生涯规划等。本科生全程导师制的实施,使导师和学生之间的沟通与交流更加直接、更加顺畅,不仅增进了师生感情,也促使学生更好、更快地成长。

1. 基本做法

1)立德树人

"传道授业解惑"是为人师者的基本职责,做一名"心灵园丁"是人民教师的职责所在。在日常与学生的沟通和交流中,我除了会关心他们的学习和研究状况,也会关注其个人的生活、交友、心理等方面的问题。大学生正处在人生观、世界观与价值观形成的关键时期,作为导师千万不能忽略对其精神层面的启发和感染,小到如何处理与舍友的人际关系,大到未来人生道路的选择,作为导师传递给学生的不仅仅是知识,更是一种为人处世的信念。

2)学业指导

从大一开始就对学生进行学业指导,这种学业指导体现在:关注学生平时的学习成绩,有没有觉得学起来比较吃力的科目,是否能对所有的课程保持一定的热情或至少是正确的态度,有没有挂科现象,对哪个研究方向感兴趣,如何开展科学研究活动,对未来有什么打算(本科毕业后是继续在国内考研还是出国深造或参加工作)以及应该如何为将来的打算做准备等。平时主要通过每月2~3次的导师见面会、

图5-53 日常指导活动场景

课间或私下随时沟通的方式对学生进行指导，如图5-53所示。

3）指导研究

对本科生的指导从一年级就开始了。对于刚进入大学校园的学生，在专业知识的学习上主要是促进他们对本学科的认知，所以我向他们推荐一些浅显易懂的专业书籍，让他们尽快了解自己专业的性质并建立起对本专业的兴趣。二年级的时候我开始对学生进行专业技能训练，主要是通过阅读专业文献并撰写读书报告的形式，来培养学生的专业思维和写作技能。同时二年级下半学期开始"大学生创新训练"项目，导师组的同学要学会自己设计选题、查阅文献资料、设计研究方案、撰写研究计划书等工作。三年级的时候围绕自己参与的"大学生创新训练"项目开展深入的实施活动。在此期间，导师的指导是必不可少的，从对选题进行重要性、可行性、创新性的判断和指导，到调查对象的选择及调查方法的运用；从对调查问卷进行修正完善到带领学生开展实地调研；从指导撰写调研报告到指导发表专业论文，都需要导师一步步地引导、教授，需要导师和学生共同完成。虽然这个过程比较艰辛，但学生既锻炼了社会实践技能又提升了科学研究能力，最终受益匪浅。

下面我着重介绍我所带的2015级学生团队，正是由于这个团队，才让我对"导师"的内涵有了更为深刻的理解。我所带的2015级学生团队是我带过的所有团队中学习成绩相对较差的一届，5名学生班级成绩排名大都是倒数，所以刚开始的时候我对这届学生想做出点成绩并不抱有太大希望。但是这些学生本身并没有因为

图5-54　国家级大学生创新训练项目团队成员合影

自己基础差而自暴自弃，反而乐观积极、勇于尝试，这促使我进行了反思：基础差不等于没希望，既然学生们都还在努力争取，没有轻易放弃，那么作为导师的我又怎么能轻言放弃呢？认识到这一点后，我决定一定不能辜负学生们的努力和希望，于是开始带着他们进行科研选题训练。为了尽快明确大学生创新训练选题，我带学生开展了实地调研。当时自己已经是孕期9个多月，虽然自己当时的身体状态不是很好，但我仍然坚持带学生开展实地调研、做访谈、整理记录，最终确定本组的研究方向，并且在项目评比中荣获国家级大学生创新训练项目的资格，并最终发表两篇专业论文。国家级大学生创新训练项目团队成员合影如图5-54所示。

所以我认为所谓的"导师"，其本质内涵就是"不抛弃、不放弃"。不管你带的是什么样的学生，要相信只要他们不放弃，只要他们还在继续努力，他们就会越来越好，离优秀也会越来越近！而作为导师应该尽自己最大努力给他们以支持和鼓励，相信他们终将会成为最好的自己！

2. 指导成效

在担任本科生导师期间，与谭爽导师共同指导的2014级本科生团队的"大学生创新训练项目"荣获"北京市大学生创新创业项目"；指导的2015级本科生团队

图 5-55 指导成效

的"大学生创新训练项目"荣获"国家级大学生创新创业项目";指导1名本科生毕业论文荣获"2017优秀本科毕业设计(论文)二等奖";指导2018级本科生暑期社会实践团队荣获"暑期社会实践校级重点团队";指导学生发表3篇学术论文;指导的多名学生被国外著名大学录取攻读硕士研究生。指导成效如图5-55所示。

3. 个人体会

做好充分的心理准备,树立"不抛弃、不放弃"的坚定信念。一个班级中并不是所有的学生都有好的学习成绩、学习能力和学习态度,所以你有可能会遇到那些学习成绩较差、学习能力不强、学习自觉性也不太高的那些学生,这时你就要做好心理调适。虽然这些学生的基础比较差,但是他们也拥有平等地接受教育的机会和权利,所以对于这些学生要一视同仁,甚至要给予他们更多的爱护和引导。要不忘初心,身体力行,树立"不抛弃、不放弃"的坚定信念,切实践行"导师"精神,和学生共同学习、共同进步!

4. 教师风采

赛明明,女,副教授,硕士生导师,中国人民大学公共管理学院行政管理专业毕业,获管理学博士学位。研究方向为公共治理与公共服务,政府经济管理、公共政策。曾获2011年中国矿业大学(北京)优秀教学质量二等奖、2011年校级优秀班主任、2017年中国矿业大学(北京)优秀教学质量二等奖、2017年北京市教育工委"北京高校青年教师社会调研优秀项目"二等奖、2019年校级优秀本科生全程导师奖等荣誉奖项。

5.5 创新能力篇

有温度　有态度　更有深度

导师 / 解北京

1. 基本做法

1）立德树人

情感疏导，以突发应急事件为背景，将师生互动建立在有温度的信息传递上。四年大学生活中个别学生家庭可能会出现变故，学校"双一流"学科建设也常有新政策出台，如"本博直通车"政策、国外交流学习项目，甚至社会或周边的突发应急事件如新冠肺炎疫情、学生意外事故等也会给学生带来情感上的问题。这些可以作为突发应急事件背景从而对学生进行情感疏导。及时、坦诚、充满正能量的交流可以将师生互动建立在有温度的信息传递上。比如，采用集体交流方式分享家庭成员关系，用一张全家福来介绍谁是你最崇拜的人；采用单独谈话形式消除个别学生因家庭变故而产生的影响；采用利弊原则分析学校相关政策，使学生认识到提升自身能力才是发展的根本途径；采用网络会议交流疫情防控期间的学习情况，及时给予学习方式指导，如图5-56所示。

2）学业指导

答疑解惑，以学业进程变化为主题，将师生交流建立在有效解决问题的基础上。教师的第一要务是传道授业解惑，本科生导师也一样。学生四年的学习生涯中会面临大学自主式学习方式的转变、专业方向选择、考研就业抉择等问题，以学业进程变化为主题的交流活动，可以起到很好的指导时效和实效。比如，推荐学生观看记录14个孩子不同人生的英国纪录片56up，以主题会议交流探讨的方式激发学

图 5-56　导师制学生云上交流

生的学习热情；高年级学生与低年级学生相互答疑解决学习方式转变和专业方向的选择问题，并邀请优秀学生分享经验；介绍课题组已毕业的师兄弟从哪个学校来，读研后到什么岗位上去，供学生在考研和就业时借鉴参考。

3）创新能力

双创结合，以创新成果目标为导向，将师生沟通建立在有意义的同伴学习上。OBE教育教学理念要求以目标为导向，将本科生全程导师制与创新创业工作相结合，实现以创新成果目标为导向的主题活动。特别是与大学生创新训练相结合有着天然的优势，其成员来自不同班级、不同专业方向，在同一个导师指导下有更多的交流机会。双创结合可以将师生沟通建立在有意义的同伴学习上。比如，以发明专利写作发表为导向，采用同伴学习的方式共同学习创新发明方法——Triz理论，完成专利成果目标；以参加安全科学与工程创新竞赛目标为导向，共同学习Labview编程软件，并参加比赛。

2. 指导成效

指导本科生发表学术论文1篇，获得第五届全国安全科学与工程大学生实践与创新作品大赛三等奖1项，授权实用新型专利3项。学科竞赛获奖证书和授权实用新型专利如图5-57和图5-58所示。

图 5-57　学科竞赛获奖证书

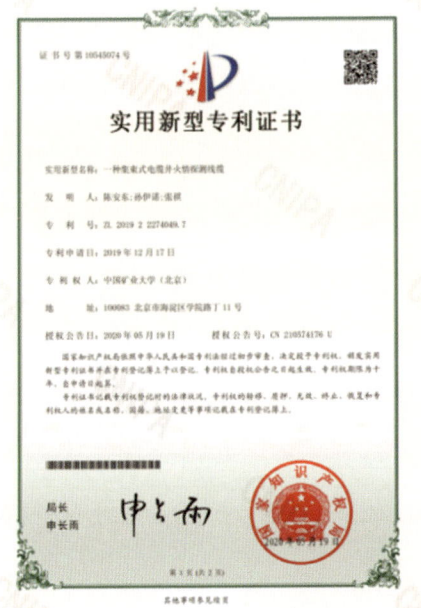 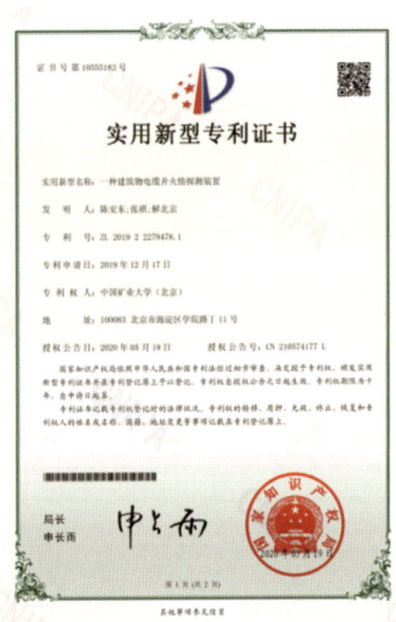

图 5-58　授权实用新型专利

3. 个人体会

本科生全程导师制实施的具体过程需要因势利导、因材施教，可以结合疏导情感、答疑解惑、双创结合三个方面。以学业进程变化为主题，以创新成果目标为导向，以突发应急事件为背景，形成有效的问题解决途径、有意义的同伴学习模式、有温度的信息传递机制，大大提高师生交流、沟通和互动实效，最终实现教学相长和学校本科生人才培养质量的全面提升。

4. 教师风采

解北京，副教授，安全科学与工程专业。主持校级教改项目3项，"课程思政"示范课程项目1项。发表教学论文9篇。获得全国煤炭行业教育教学成果特等奖（排名15）、第六届煤炭行业教育教学成果一等奖（排名13）、校级优秀班主任、优秀本科生全程导师、就业创业工作先进个人、第三届全国安全科学与工程大学生实践与创新作品大赛优秀指导教师等10余项荣誉奖励。

打造"创新+"培养模式

导师 / 朱学帅

担任本科生导师多年来,我始终坚持以创新为引导,以树人为己任,逐渐形成了创新引领科研、创新促进创业、创新结合竞赛的"创新+"培养模式,为学生搭建科研实验、学科竞赛、创业大赛等多个平台,精学实练,培养基础扎实、敢于创新、勇于创新的人才。

1. 基本做法

1)立德树人

立德树人是教育的根本任务。自学生入学始,我便建立起德育培养体系,着重开展思想道德、历史人文、传统文化、政治思想等方面的教育。从座谈交流、实践拓展等方面入手,深入了解学生的思想动态。有计划、有组织、有系统地引导学生陶冶道德情操、确立价值观念、形成健全人格。引导学生树立共产主义远大理想和中国特色社会主义共同理想,增强学生的中国特色社会主义道路自信、理论自信、制度自信、文化自信,立志肩负起民族复兴的时代重任。

2)学业指导

每学期定期召开课程学习专题会议,了解学生课业情况的同时,邀请高年级同学分享学习经验。针对每个同学的学习情况,制定适合的学业路线,小到知识点,大到学业生涯,均能提供合理有效的指导方案。对于学习吃力的学生,我安排学长帮助其学业,保质保量地完成课程学习。对于学有余力的学生,我安排竞赛、社会实践等专题任务,综合培养。针对不同的学生,根据学生兴趣,引导学生向保研、留学、考研、创业等不同方向发展。

3）指导规划

根据每个学生的具体情况，我要求学生在大一就对四年的学习制定总体规划，思考自己的学业和未来。对学生进行差别指导，制定每一个学生的学习时间表，涵盖学业、实践、竞赛、科研等方面，做好学生进入大学校门后的领路人。在不同学期，及时根据每位同学的具体情况做出指导，在各个学期做出阶段性的目标和规划，贴近实际，正确分析学生所追求的目标和价值，根据学生的不同情况帮助学生搭建不同的平台，做好学生的同行人。在学生择业时帮助学生制定职业生涯规划、科学择业，做好学生未来发展的守护人。

4）创新能力

以学生兴趣为突破口，结合学生的日常生活，与学生讨论、商定大学生创新训练选题。通过与学生交流，对学生提出的具备一定可行性的方案给予支持，与学生一起学习、共同成长。采用不同学科交叉或者不同领域相结合的方式，更能激发学生的创新意识，使学生逐渐培养学以致用的能力，并且在创新过程中实现创新与创造的结合。鼓励学生自主选择工艺，自行确定方案，自己动手搭建模型装置。这样既能激发学生对创新的兴趣，又能锻炼和提升其动手创造的能力。

在导师制实施过程中，我发现单纯地培养学生的创新思维和创新意识效果不太明显。考虑到学生对于参与学科竞赛、提高自身素质的要求较为强烈，因此我提出将学生创新能力的培养与参与大学生创新训练和创新创业竞赛相结合，鼓励学生在大一、大二阶段关注自己感兴趣的方向，寻找兴趣与创新之间的契合点。在大学生创新训练之前带领学有余力的学生参加挑战杯、节能减排等学科竞赛，以及中国国际"互联网+"大学生创新创业大赛、创青春等创业大赛，在参赛过程中逐渐挖掘学生的潜力，培养学生的创新意识，提高学生的演讲、表达、写作、团队合作等综合能力。指导学生参赛如图5-59所示。

5）指导研究

提倡导师制学生走进实验室，融入课题组。研究生和本科生结合形成覆盖各年级的联合团队。研究生带本科生，高年级带低年级，进而形成互助共进的兴趣小组。按照学生兴趣引导学生尽早接触科学研究，同时注重发挥学生的创新力。通过"旁听、辅助、主导"三步走方法带领学生进入科学殿堂，定期举行专题讨论会议，分享感受，交流经验。通过营造浓厚的学术氛围来培养学生的创新兴趣、创新热情和创新动力。在指导学生的过程中，注重将科学研究和学生的课堂知识相结合，让本科生在参与研究的同时紧跟专业课教学步伐，使学生学有所练、学有所思、学有所长。

6）学科竞赛

以中国国际"互联网+"大学生创新创业大赛、"挑战杯"大学生课外学术科技作品竞赛、"挑战杯"中国大学生创业计划大赛、全国大学生节能减排社会实践与科技竞赛为契机，建立长期战线，鼓励学生参加学科竞赛。以竞赛为引导，激发学生对创新的兴趣和热情，鼓励学生自主选题、自主探究，实现创

图5-59 指导学生参赛

新能力和解决实际问题能力的双提升。学生参加竞赛如图5-60所示。

2. 指导成效

指导的本科生中，7人保研，10人考研，2人考取选调生；获省部级以上竞赛奖项合计20余项，包括全国二等奖1项，全国三等奖4项，北京市特等奖1项，北京市一等奖1项。

3. 个人体会

三寸粉笔，三尺讲台系国运；一颗丹心，一生秉烛铸民魂。自担任本科生导师以来，对本科生全程导师制的价值和意义感悟颇深。本科生导师肩负着带领学生从

图 5-60　学生参加竞赛

中学走入大学、步入成年、深入社会的责任和使命。在贯彻全程导师制的过程中，同学生之间的交往已超越了一般的师生交流。师生之间的思想交流和智慧碰撞使彼此之间收获更多，亦师亦友，教学相长。新时代的本科生教育，导师的角色愈加重要。身为一名高校教师，未来将坚持以育人育才为己任，以创新育人为担当。

4. 教师风采

朱学帅，副教授，矿物加工工程专业，研究方向为新能源汽车锂离子电池绿色循环利用。主持参与国家"973"、科技支撑计划、自然科学基金等国家级课题6项。发表学术论文40余篇，其中SCI、EI收录23篇，授权发明专利5项。获全国煤炭行业教学成果二等奖1项。

尊重个性　积极引导

导师 / 蒋小平

1. 基本做法

1）立德树人

坚持立德树人根本任务。紧密结合专业特色，培养学生的科学思维，引导学生勇于独立思考、敢于质疑批判、善于积极探究的精神。在专业知识传授过程中，融入思政要素，达到润物无声的成效，使学生在掌握专业知识的过程中树立起正确的人生观。突出分析与控制的电气专业特色，注重系统性能的改善，以实现高精度控制为目标，强化多种方法的对比与分析，精益求精。面向高精度为特色的高端制造，培养控制技术人才。

2）学业指导

建立导师制定期会议制度。在指导本科生期间，我定期召开导师制会议。针对不同年级本科生安排不同主题，分层施教。同时要求每个学生汇报成果，低年级学生采用口头汇报形式，高年级学生则采用 PPT 汇报形式。通过导师制会议，能够及时了解学生近期课程的学习状况、生活状况，便于给予正确指导。

构建"导师－研究生－本科生"协同培养模式。倡导高年级学生带动低年级学生学习，向低年级学生传授学习经验，共同提高。倡导研究生引导本科生的科研工作，一方面可以让本科生接触专业相关的科研工作，不仅可以培养学生的科研创新能力，还可以提升学生对专业的认知；另一方面可以培养研究生的领导力和主动思考能力。通过协同培养模式引导学生积极参与实验室科研项目，牢固掌握专业知识，为今后的学习和工作奠定坚实基础。

尊重个性，因材施教。了解学生课业情况、个人兴趣、专业志向等因素，为每个学生制定适合的学业路线，提供有效的指导方案，引导学生做好人生规划。

3）创新能力

加强学生创新能力平台建设。在研究生课题和历届大学生创新训练项目积累基础上，创建多种适合导师制本科生研究学习的研究平台（现有小型无人机平台、多种驱动形式的小车平台、高精度电加热炉平台以及生理信息测量平台等），引导本科生利用平台，参与相关科研活动和相关的学科竞赛，达到锻炼和成长的目的。指导创新场景如图5-61所示。

加强研究生和本科生合作力度。为培养本科生的自主创新能力和研究生的领导力与主动思考能力，选择研究生参与指导本科生大学生创新训练。选题前，以学生的兴趣为突破口，结合学生的日常生活，鼓励学生开阔思路、敢于创新、自主选题。由本科生自主搜集资料，每人提出一个

高精度电加热炉平台

生理信息测量平台

小型无人机平台

图5-61　指导创新场景

设想和方案，集思广益。如有的学生联系日常生活提出爬杆智能小车可用于高层楼房外侧的清洁等工作；有的学生对中医学感兴趣，提出基于脉搏波探知人体的生理状态；还有的学生在新冠肺炎疫情背景下，提出制作巡航送货机器人和智能测温机器人，解决疫情带来不便的问题。对于学生提出的每个方案，导师指导研究生与

本科生进行集体讨论（图5-62），探讨方案的可行性及技术要点，共同确定选题。从最初的选题到课题的不断推进，再到最终成果，大家从迷茫到历经坎坷，再到最终成功。在此过程中，我

图5-62　创新训练集体讨论

鼓励学生遇到问题不逃避，要迎难而上，积极查阅文献，并开小组会讨论。虽然课题开始时大家都很迷茫，但是大家不放弃，不断克服课题遇到的种种困难，最终都顺利地做好了各自的分工，圆满地完成了项目。

鼓励学生积极参加学科竞赛。参与指导和鼓励本科生参加省部级电子大赛、创新创业大赛。培养学生严谨求实的学习态度和勇于探索、积极进取的科学精神。通过竞赛提升学生的实践创新能力，是促进学生综合发展的有效方法。

2. 指导成效

担任本科生指导教师多年来，指导学生参加各类竞赛获奖20余项，包括第十届全国大学生数学竞赛（非数学类）二等奖、三等奖，工程训练竞赛校内一等奖、二等奖以及大学生课外学术作品竞赛优秀奖等。曾担任暑期社会实践指导教师，获暑期社会实践优秀团队、优秀报告二等奖。指导的多届学生中有一半以上考上或推荐免试攻读研究生，其中清华大学1人，北京大学1人，西安交通大学和上海交通大学以及出国读研、读博等多人。指导的本科生大学生创新训练项目中，多项获得优秀大学生创新训练项目，如图5-63所示。

3. 个人体会

担任本科生导师多年来，对导师制的价值和意义深有感悟。导师制尊重学生个性，注重学生个体综合素质和技能的培养，真正实现了因材施教的教学理念。导师制能引导刚进入大学的学生适应学习生活环境，端正学习态度，树立良好的学习风气，掌握科学的学习方法；对于高年级的学生，能够很好地指导学生积极参加科

图5-63　2014—2017级优秀大学生创新训练项目获奖证书

研、社会实践等活动，培养学生的创新能力。在贯彻全程导师制的过程中，教师需要承担更多责任，投入更多精力。未来我将坚持以立德树人为根本，以教书育人为己任，加强自身学习，让更多的学生受益！

4. 教师风采

蒋小平，副教授，硕士研究生导师，研究方向为复杂控制系统的测量、建模与控制。主讲"自动控制原理"和"现代控制理论"等课程。承担及完成10余项纵向及横向科研项目。发表学术论文30余篇，出版教材2部。获全国煤炭行业优秀教材特等奖1项、二等奖1项，省部级科技进步一等奖2项、二等奖2项。获2018年北京市大学生电子设计竞赛优秀辅导教师、2020年校级本科生导师制优秀指导教师等荣誉称号。

激发潜能　增强创新意识

导师 / 李涛

1. 基本做法

1）立德树人

以立德树人为根本任务，培养学生的家国情怀。城市地下工程空间工程专业要求学生具备扎实的专业基础知识和较高的专业技术技能，具有终身学习的能力和引领行业技术发展的综合素质。根据专业人才培养特点，我在和学生交流的过程中，注重拓展学生的知识面，使学生了解我国土木工程，尤其是城市地下工程发展取得的重大成就，并引导学生在理论研究、施工技术方面进行重点讨论，有效提升学生的学习兴趣，培养学生求真务实、探索创新的科学精神和精益求精的工匠精神。

2）创新能力

疫情防控期间，为确保指导如期进行，我通过微信群或腾讯会议检查学生的学习进度。平均每周线上交流一次，每次大约两小时，大家相互探讨，解决所遇到的问题。值得一提的是，我组学生李铭晨能够比较熟练地运用 PKPM、FLAC、MIDAS 等专业软件进行模拟计算，并模拟出立体图。我也常常带领学生开展文献阅读活动，选定阅读方向，制定阅读计划，培养学生阅读文献的兴趣，进而巩固专业知识。

充分发挥"3+3"立体化育人体系的作用。将本科生融入课题组中，让学生参与到科学研究工作中，有效提高学生的创新思维。实行研究生带动本科生，高年级本科生带动低年级本科生，发挥助研、助教、助管作用。定期召开经验交流会，研究生向本科生分享自己在课程学习、科研、升学、生活方面的经验，拉近组内学生

导师线下指导学生

导师线上指导学生

图5-64 导师指导学生场景

之间的距离。导师指导学生场景如图5-64所示。

2. 指导成效

实行本科生导师制以来，学生普遍认为自身的创新能力和科研能力提高了；学生也更积极地参加各种学科竞赛，发挥自身潜能，增强创新意识，提升创新素养。以2020届5名本科毕业生为例，3名学生获得推免攻读硕士研究生资格，1名学生成功考取天津大学的硕士研究生，1名学生在北京找到了理想的工作。

3. 个人体会

对于导师而言，学生的思想教育是本科生全程导师制工作的基础与重点。学生有了良好的学习态度以及明确的发展目标后，才能更成熟地规划自己，敦促自己。针对不同的学生因人施教，突出学生个性发展，往往会事半功倍。

4. 教师风采

李涛，副教授，博士生导师，北京市青年英才，现任城市地下空间工程系党支部书记、系主任。2016—2017年在英国诺丁汉大学做访问学者。从事城市地下工程、工程项目管理方面的研究和教学工作。近年来主要致力于隧道工程、深基坑工程、地下工程安全建造智能监控技术等相关领域的研究。主持和参与完成纵向项目8项。发表学术研究论文40余篇，获得4项国家发明专利和3项国家计算机软件著作权；出版专著1部，教材2部。获得国家双语教学示范课程1项、北京市教学成果二等奖2项、教育部等省部级科技进步二等奖3项。

平时抓　抓平时

导师 / 贾培培

2017年秋天，在北京一年中最美的季节里，我与9位来自不同省份的英专17级本科生结缘，成为他们的全程导师。自担任本科生全程导师以来，我一直坚持的指导原则是"平时抓、抓平时"，这也是我求学十余载来感触最深的一点。知识学习的过程就好比滴水穿石，这对于英语专业的学生尤其受用。因此，只有引导学生把功夫用在平时，方可厚积薄发。

1. 基本做法

1）立德树人

学生的成长不能仅仅关注学业的进步。作为导师，我一直坚持全方位引导学生成长、成才的理念，鼓励学生积极参加各种团校培训，积极申请入党，提高思想政治觉悟和思想道德水平。引导学生参加专业赛事和专业实践，积极为学生推荐英语翻译实践活动，帮助学生联系暑期实践单位，推送与专业学习相关的比赛信息。同时鼓励学生参加课外活动和社会实践，锻炼交际能力，提高认知能力。因我指导的9名学生均为女生，在导师见面会上，我总会提醒学生要特别注意防范各种安全问题，增强自我安全意识，引导学生健康、快乐地学习和生活。

2）学业指导

稳抓学生专业学习。在每两周一次的导师见面会上，我都会让学生依次汇报个人学习近况，特别是学习中遇到的问题，为学生的专业课学习、保研、跨专业考研等答疑解惑。

图5-65 李响同学和钱君洁同学在英语故事会上做分享

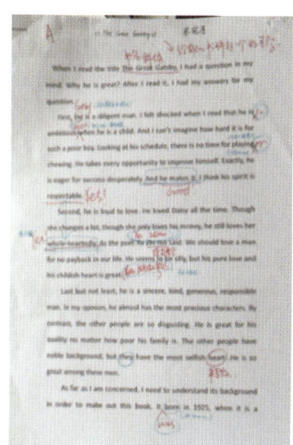
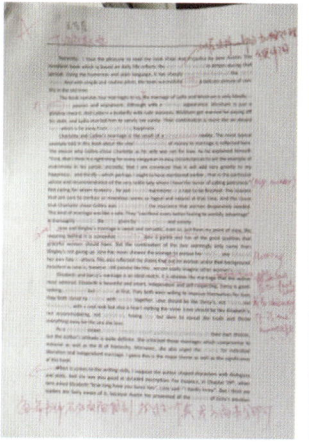
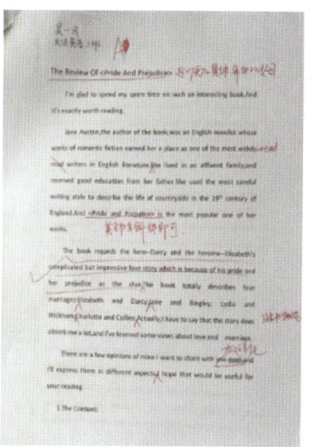

图5-66 批阅学生读书报告

丰富实践指导。我还悉心指导学生开展英语语音秀、英语读书会、英语故事会等专业实践，丰富活动内容，创新活动形式，激发学生兴趣，如图5-65和图5-66所示。

3）创新能力

创新能力是大学生必备的重要能力之一。在本科阶段最能培养学生创新能力的环节便是科研选题训练和大学生创新训练项目。在2019年春季学期，我开始着手指导组内学生的科研选题训练工作。从科研选题训练到大学生创新训练项目，我一直引导学生把功夫用在平时，做事有计划，平时多积累。指导学生项目选题、可行性论证、选题答辩、论文初稿、定稿投稿。同时，我还随时解答学生提出的问题，

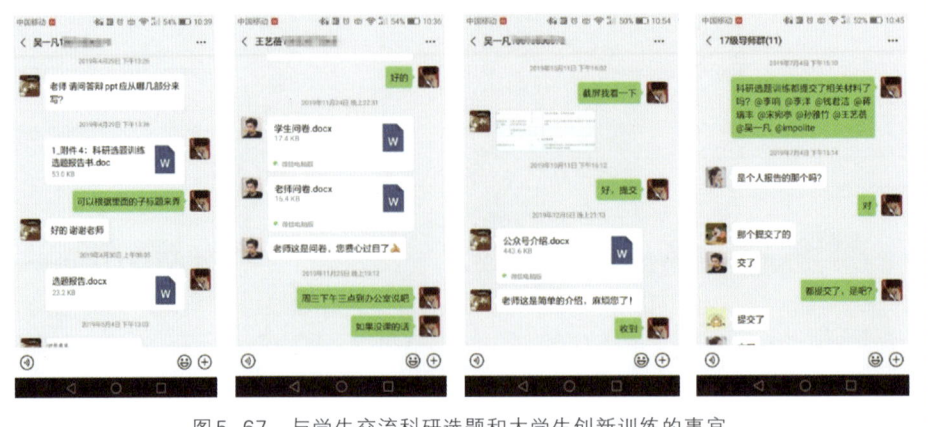

图5-67 与学生交流科研选题和大学生创新训练的事宜

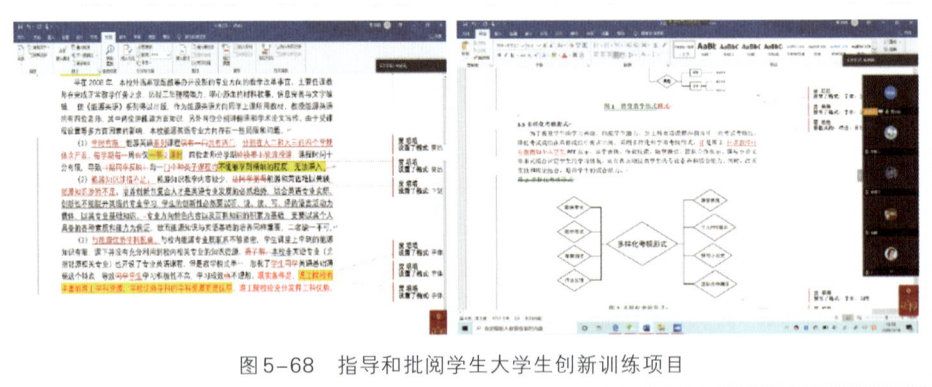

图5-68 指导和批阅学生大学生创新训练项目

培养学生的创新意识和思考问题的能力,如图5-67所示。

即便在疫情防控期间,我也及时督促学生开展大学生创新训练项目,引导学生合理分工,为学生提供电子学术资源等。通过腾讯会议和QQ群屏幕分享等方式,听取学生汇报论文进展情况,并认真批阅学生论文,标注详细修改意见,及时反馈给学生,如图5-68所示。小组学生通过小组合作探究的方式,深刻了解了问卷调查的制作过程和方法,学习了数据整理和分析的处理方式,并通过阅读文献找到了目前研究的不足。在这个过程中,学生的创新意识和能力都有了很大提升。

2. 指导成效

在坚持"平时抓、抓平时"的指导原则下,我指导的9名学生中,3名学生专业排名前10名,4名学生专业排名前50%,2名学生的专业成绩分列第1名和第3名。

在读四年,7名学生获奖学金,获奖次数14次,包括国家励志奖学金、校特等奖学金、校一等奖学金、校二等奖学金、校三等奖学金。3名学生保送到知名高校,王艺蓓同学保送到北京师范大学,宋宛亭同学保送到中山大学,吴一凡同学保送到了对外经济贸易大学;3名学生顺利考取国内研究生,李响同学考取中央民族大学,钱君洁同学考取四川外国语大学,李洋同学考取中国矿业大学(北京);蒋瑞丰同学被英国爱丁堡大学录取。共指导组内学生发表学术论文6篇,全员参与。此外,指导组内同学积极考取翻译证书,其中王艺蓓同学考取英语二级笔译证书,钱君洁、吴一凡、宋宛亭3位同学考取英语三级笔译证书。所指导的两组大学生创新训练项目分别为规划项目和重点项目,其中重点项目在结项时被评为优秀大学生创新训练项目。

3. 个人体会

我认为导师对学生的指导应该是循循善诱、循序渐进的,学生成绩的取得也应该是日积月累、跬步千里。因此,我一直坚持"平时抓、抓平时"的教学指导原则,坚信功夫用在平时,学习方可有条不紊、稳中有进。本科生全程导师制的实施,促使师生关系更加亲密。导师不仅指导学生的学习,还关注学生的生活和思想,因此导师制更好地贯彻了"三全"育人的教育理念。

4. 教师风采

贾培培,"越崎青年学者",文法学院外语系副教授,文学博士,硕士生导师。现任外语系教工党支部书记、外语系副主任,负责外语系学科建设、科研、教学等工作。主持教育部项目1项,其他科研项目3项,教改项目6项。发表学术研究论文10余篇,参与撰写专著2部。曾获2017—2018学年优秀教育质量二等奖、优秀本科生全程导师、优秀班主任、2017级大学生创新训练优秀指导教师、全国大学生英语竞赛指导教师一等奖、全国英语阅读大赛指导教师三等奖、全国商务英语翻译大赛指导教师一等奖等荣誉称号。

保持好奇心　激发创造力

导师 / 李彬

1. 基本做法

1）立德树人

本科生导师制是基于人文关怀产生的。本科生导师制构建了全新的师生关系，与之前的大学师生关系相比，导师和学生接触更加频繁，联系更加紧密。教师直接面对学生，不仅传授知识和技能，更以自己的师德和人品影响学生，做到既教书又育人。作为导师，在指导过程中我全面关注学生的学习和生活，一方面引导学生认真刻苦地学习、了解热爱专业理论知识、培育创新精神，另一方面引导学生积极向上地生活，有良好的品德、强健的身体、乐观的心态。导师对学生线下和线上指导

图 5-69　导师对学生线下指导

图 5-70　导师对学生线上指导

如图 5-69 和图 5-70 所示。

2）学业指导

作为导师，要引领学生熟悉并适应大学的学习生活，了解专业的学习特点和方法；在课堂上，认真讲解，循序渐进，激发学生的学习兴趣；建立微信群，在群里分享和推送各种学习资源，与学生在群里讨论互动，对于学生提出的问题也会及时耐心地解答。我还根据不同学生的基础能力、学习兴趣、个性化发展制定教学计划，引导学生明确学习目的，培养学生自主学习的能力。

3）创新能力

第一，培养学生边读书边思考的习惯。从大一开始就指导学生研读相关专业文献，写读书笔记，如《论法的精神》《法律之门》《西窗法语》等，并定期召开读书会，交流读书心得，鼓励学生发表自己的读书感受和见解。同时给学生解答问题时，也不会第一时间给出我的答案，而是要求学生先自己去查找阅读资料，对资料进行整理分析后得出自己的答案，然后再一起对问题进行探讨。

第二，培养学生发现问题的能力。问题是思维的开端、学习的起点，任何思维过程总是指向某一具体问题的，发现问题是解决问题的前提。在创新训练选题时，我没有直接给学生指定题目，而是要求每一名学生去关注社会的热点动态，阅读最新的专业期刊和著作，找出自己感兴趣的问题，然后就这一问题的研究意义、研究现状、研究前景做分析。开导师会时，大家进行交流探讨，最终确定最合适的选题。这一过程其实就是学生积极主动开展思维探索的过程。一些富有新意的问题的提出就是学生开始创新的探索。

第三，鼓励学生独立思考，形成自己的观点。在学生对问题进行研究之前，我会给学生介绍常用的研究方法和研究技巧，引导学生熟悉科研工作的基本规律和技巧。在之后的研究过程中，鼓励学生在深入分析和研究的基础上大胆地表达自己的观点和见解。师生共同讨论和分析问题，概括归纳问题解决程序、要点或结论，一起论证观点的合理性和可行性。大胆假设，小心求证，从而培养学生的创新思维和创新能力。学生小组研讨如图5-71所示。

第四，积极引导学生参与各种社会实践活动，锻炼和发展创新能力。鼓励学生参加各种内容丰富、形式灵活多样的社会实践活动。比如义务宣传法律知识、参加社会实践调研和学科竞赛。通过专业对口的社会实践活动解决一些实际问题，让学生更深入地理解和把握所学知识，在理论和实践的衔接与碰撞中闪现创新的火花。鼓励学生利用节假日等时间走出校园，参加各种各样的社会实践调研活动，深入了解社会、了解国情，从而激发学生的求知欲、探索欲和创造欲，锻炼其实践能力。

图5-71 学生小组研讨

4）学科竞赛

鼓励学生积极参与各种学科竞赛活动，培养学生的自主性、创造性、学习性和团队精神。

首先，在竞赛活动中充分调动学生的主体意识，引导学生创造性思考和创造性实践。比如在北京市模拟法庭比赛中，要求参赛学生独立自主地去思考问题和解决问题，然后自己进行模拟庭审，教师只是在场下进行总体性指导。

其次，通过竞赛促进专业学习。竞赛活动既是竞技的擂台，也是学习的特殊课堂，指导学生要根据竞赛的需求与自身兴趣，制定切实可行的学习计划，坚持学习，既要注重理论学习以启迪思维、拓宽视野、更新思路，同时也要注意实践学习以提高专业素质和创新能力。

此外，通过比赛培养团队精神。在组队参赛时，学会团队合作，既要有分工又要有合作，强调团体精神的凝聚作用，如图5-72所示。

图5-72　指导学生参加竞赛并获奖

2. 指导成效

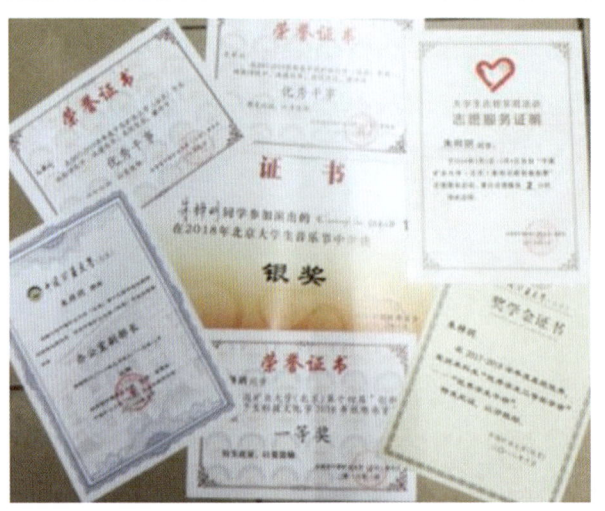

图5-73 学生获得的荣誉证书

指导的多名学生成绩优秀并获得奖学金,其中2015级学生张琦获得国家奖学金、校特等奖学金,并以专业第一名和综合第一名的成绩获得北京市优秀毕业生称号,1名学生保送至中国政法大学诉讼法专业读研,1名学生考取华东政法大学行政法研究生,1名学生考取中国矿业大学(北京)经济法研究生。获得学科竞赛多项奖励,如2016级学生郭爽获得外研社全国大学生英语阅读大赛二等奖、2015级学生吕珊获得全国英语竞赛三等奖、2015级和2016级学生参加北京市模拟法庭大赛均获二等奖(2017、2018)等。指导学生发表论文9篇;指导2015级学生获得2015级优秀大学生创新训练项目;依托大学生创新训练项目,2016级、2017级学生组分别获得校级"大学生暑期社会实践"一等奖(2017)、三等奖(2018)。学生获得的荣誉证书如图5-73所示。

3. 个人体会

首先,应与学生建立亦师亦友的良好师生关系,这是开展好导师制工作的前提;其次,指导形式应该多样化,与学生保持密切联系,对学生的问题要及时回应;再次,在指导过程中应全面关注学生的学习和生活。要引导学生全面发展,不负韶华;要相信学生,充分调动学生的主观能动性。在指导过程中应侧重引导和建议,形成平等、激励、互动的学习氛围。作为导师,一方面要注重团队建设,另一方面应结合学生的特点进行发掘和引导,帮助学生找到适合自己的学习方法和人生方向。

4. 教师风采

李彬，讲师，专业方向为经济法。讲授民法原理、物权法、经济法等多门专业课程。主讲的课程"经济法"被评为校级优秀课程。曾获"2015级大学生创新训练优秀指导教师奖"、"2019年度优秀本科生全程导师奖"、校级教学质量二等奖等荣誉奖项。

5.6 学科竞赛篇

一丝不苟 严格要求

导师 / 陆新晓

1. 基本做法

1）立德树人

立德树人是教育的根本任务,教师的一言一行都会影响学生的发展。因而在培养本科生的过程中,我始终坚持把立德树人作为最根本的任务,坚持德育为先的培养理念,教育学生做事先做人,做人先立德,培养学生健全的人格品行及道德情操。坚持实时融合国家形势发展的思政元素,培养学生的爱国主义情怀,提升学生的民族自信心和自豪感。

2）学科竞赛

在实施本科生导师制的过程中,我因材施教,主动了解每位同学自身的性格特点,为学生提供有益于自身发展的建议,激发学生奋斗的热情,倡导学生多元化发展。针对陈磊、李国帅等学生体育较好的特点,我鼓励他们多参加比赛。这些学生先后获得校篮球联赛冠军、3V3篮球赛冠军、学院篮球赛冠军及班级篮球赛冠军,校足球联赛沙河校区第二名。黄城同学酷爱音乐,我鼓励其多参加学校和学院的文艺比赛和艺术团活动。该同学获得了2019年校园十佳歌手、"一二九"合唱优秀参演人员等荣誉。刘家佑同学对新媒体非常热爱,我鼓励其积极参加学院新媒体工作室,开展安全小知识视频录制、校园采访等活动。同时,我还引导学生积极参加志愿服务活动,感恩回馈社会。"拾光者"暑期社会实践报告获得校暑期社会实践活动特等奖,北京市"万里长征"暑期社会实践团报告获得一等奖,服务农民工法制宣传行动服务暑期社会实践报告获得三等奖,其中刘傲同学多次被评为校级暑期社会实践"先进个人"和"志愿之星"。

重视学生参加学科竞赛。我作为指导教师,指导刘傲等同学完成的参赛作品《急倾斜煤层高倍泡沫灭火工艺模型》,获得"第三届全国高校安全工程专业实践作品大赛"二等奖(图5-74)。整个作品从选题、设计、建模、实验到总结历时半年多,学生通过查阅大量关于急倾斜煤层火灾特点及防治技术的相关文献,对矿井火灾有了更为深入的了解,并结合本科所学的"矿山安全工程""矿井火灾防治""矿井通风"等专业课程,初步掌握了矿井火灾发生的基本要素及防治途径。通过动手搭建灭火工艺模型,学生掌握了科学有效防治急倾斜煤层火灾的方法,提升了学生对安全工程学科认识的深度与广度。参加学科竞赛,不仅加深了学生对基础知识的掌握和认知,也增强了学生对未来从事科学研究的学术兴趣。

图5-74　学科竞赛作品与获奖证书

2. 指导成效

指导的2016级刘傲同学四年间成绩始终保持班级第一,最终顺利保送清华大学直博生。知识竞赛方面,刘傲同学获得"第三届全国高校安全工程专业实践作品大赛"二等奖,刘家佑、刘傲等同学获得"十一届全国大学生节能减排大赛"三等奖。

3. 个人体会

本科生全程导师制对学生的发展非常重要,起到了良好的承上启下的作用。基于导师制,学生在课程学习之余可以了解更多专业知识,通过交流学习优秀学长学姐的长处。导师要跟学生做朋友,启发引导学生积极思考,提升学生的自信心和成就感，培养学生的兴趣点，激发学生求真创新的热情。

4. 教师风采

陆新晓，副教授，硕士生导师，现任中国矿业大学（北京）火灾与消防工程研究所副所长。从事安全与消防工程方面的教学与科研工作。以第一作者发表学术论文十余篇，教学论文3篇。作为负责人承担教学改革项目4项，指导大学生创新训练4项。授权国家发明专利十余项。获得中国煤炭工业协会科技一等奖1项，江苏省科技进步二等奖1项，全国煤炭行业教育教学成果奖1项。申请国家自然科学基金2项。

适时鼓励　恰当指导

导师 / 张香兰

1. 基本做法

1）立德树人

大一新生带着梦想和憧憬进入大学，离开了高中老师的严格管理和家长的督促，开始了以自我管理为主的大学生活，从高中知识学习的举一反三、"细嚼慢咽"到一学期十几门功课的"狂轰滥炸"，很多学生开始迷茫和"消化不良"，有的甚至沉迷于游戏。这个时候，导师作为学生的"亲人""领路人"，应该与学生多聊天，了解他们的思想和心理变化、成长路上的喜怒哀乐以及学业上的困难，用良好的师德风范影响学生，用正确的三观为学生开路，并请高年级学生为他们引路。从大二到大四，学生逐渐适应大学生活，这时要用先进的教育理念和教育方法，将培育和践行社会主义核心价值观落实到学生的科研训练、大学生创新训练、学科竞赛和毕

博士、硕士、本科生的迎新及经验介绍会

和学生一起学习讨论"黑匣子思维"

图 5-75　线下指导学生

业环节上。线下指导学生如图5-75所示。

2）指导研究

导师制学生全员参加科研训练和大学生创新训练项目，由导师指导，并组织研究生在资料查找、实际操作和软件使用方面对他们进行培训，让学生在文献查阅、方案确定、实验训练、论文写作等方面得到锻炼，使学生受到全面的科研训练，如图5-76所示。

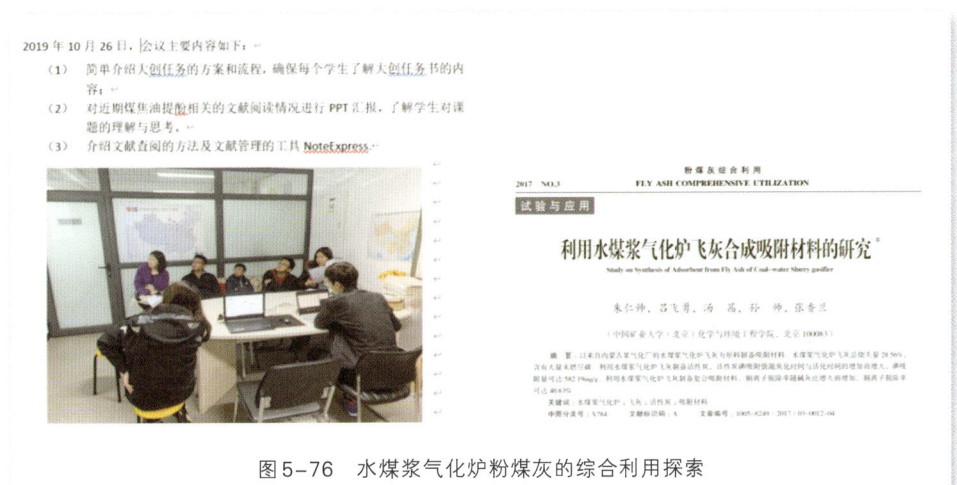

图5-76 水煤浆气化炉粉煤灰的综合利用探索

3）学科竞赛

学科竞赛使学生由课堂授课的被动学习状态转变到主动学习状态，由对知识的机械记忆转向探索、研究的学习模式。我将竞赛中的某些问题与所授课程知识有机结合起来，引导学生在思考、讨论的基础上掌握知识，提升学生的自主学习能力，激发学生的求知欲和创新潜能。竞赛还培养了学生的专业认同感、团结协作和吃苦耐劳精神，使学生更加自信并且勇于承担责任。基于以上理念，我从2011年开始组织和指导学生参加全国大学生化工设计竞赛和北京市化工原理竞赛，并积极鼓励导师制学生参加各类学科竞赛。我坚持学科竞赛的主体是学生，导师和研究生不能越俎代庖。教师在竞赛目标、技巧、方案确定等方面要把关，在参赛过程中要对学生引导、鼓励并严格要求。通过参赛培养学生的独立性和学术诚信。而且在参加竞赛过程中，学生灵活应用所学知识，对没有掌握的内容重新学习、没有学过的内容自主学习，极大地锻炼了学生的分析判断能力、自学能力和解决问题能力，同时也培养了学生的创新能力。

北京市化工原理竞赛初赛考试留影

2018年北京市化工原理竞赛获奖后留影

全国大学生化工设计竞赛华北赛区杯赛留影

学生在机房完成作品设计

在指导学生参加全国大学生化工设计竞赛过程中，先是学生自由组队、自愿参加，之后学生可以联系指导教师或者系里安排指导教师。在参赛过程中，学生要在工艺方案确定、工艺流程模拟、工程图纸（PFD、PID、厂区布置、车间布置等）绘制等各环节进行答辩，导师会对学生存在的问题进行指导、把关，并提供建议和帮助。在竞赛过程中，导师的鼓励和严格要求是学生克服困难产出高质量作品的保证。学生是有潜力的，但也是有惰性的，特别是在遇到和课程冲突且需要额外付出较多、实际情况和想象有出入、付出很多没有很好结果的时候，学生的消极、畏难情绪可能会很严重。这时，教师的鼓励和要求就变得非常重要。

在全国大学生节能减排竞赛的指导过程中，我鼓励学生从生活中发现需要解决的问题，然后确定题目，导师的科研项目不是选题的唯一来源。当学生确定选题后，鼓励学生头脑风暴，大胆设想。确定方案进入实验环节后，要给学生提供实验条件，特别是在学生实验能力不足时，要安排研究生辅助，让学生能够实

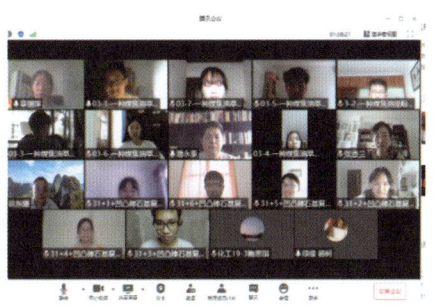

指导学生参加全国大学生节能减排的首次会议及校内答辩

图5-77 指导学生场景

现自己的想法。当看到我指导的学生为了实现自己的想法，到学校食堂下水管中取水分析，不怕脏、不怕味，踏踏实实完成自己的作品时，我倍感欣慰。指导学生场景如图5-77所示。

2. 指导成效

指导的2013—2016级本科生其中1人获得北京市优秀毕业生称号，1人毕业论文被评为优秀。指导的2017级大学生创新训练项目获得校优秀大学生创新训练项目。指导本科生参加第十二~十四届全国大学生化工设计竞赛，获得全国竞赛一等奖1项，二等奖1项，三等奖2项。指导学生参加北京市大学生化工原理竞赛，1名学生获得特等奖，1名学生获得三等奖。指导学生参加全国大学生节能减排和北京市节水竞赛，分别获得全国竞赛三等奖和北京市竞赛三等奖。学生荣誉证书如图5-78所示。

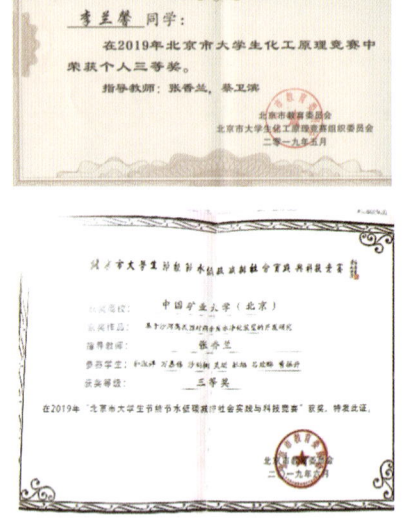

图 5-78　学生荣誉证书

3. 个人体会

本科生全程导师制实现了对大学生的"因材施教",导师对于新生"三观"的形成以及学业、心理、人际交往等都是有积极影响的,特别是对于大一、大二学生,影响力会更大。有些学生人生目标比较明确、自我管理能力好,导师的作用是画龙点睛,给学生提供发展的空间和条件即可;有些学生对于为什么上大学是迷茫的,缺乏规划;有些学生自我管理能力差,导师的作用是引导者、督导和心理辅导师。不论学生成绩好坏,关键是找到学生问题所在。不是简单的说教,要具体了解结果背后的原因,了解学生的心理,帮助学生克服所遇到的困难,学生便会慢慢学会自我管理,从迷茫中找到出路。此时,作为导师,倍感欣慰,所有的付出都是值得的。

4. 教师风采

张香兰,教授,博士生导师,化学工程与技术专业,北京市教学名师、全国煤炭教学名师、北京高校优秀德育工作者。主讲课程"化工原理"2012年获校级优秀课程,2019年获北京市优质本科课程,"化工传质与分离过程"课程2019年在中国大学MOOC上线。负责并参加多项北京市及校级教改项目和实验室建设项目,获北京市教育教学成果一等奖和二等奖各1项(排名第二),全国煤炭行业教育教学成果一等奖2次(排名第二)、二等奖2次(排名第一)。指导本科生参加全国大学生化工设计竞赛,连续10年晋级全国总决赛,并连续9年获得全国总决赛一等奖,4次获得华北赛区优秀组织奖。指导本科生参加北京市大学生化工原理竞赛,获得团体一等奖2次。

分阶段　有侧重

导师 / 于彩虹

经过多年实践,"彩虹小组"依托科研项目,组建了"导师—研究生—高年级本科生—低年级本科生"团队,初步建立了分阶段、有侧重的培养体系,即基于本科生全程导师制实行的"低年级建立导师与同学的信任,以德育和成绩作为重点""高年级依托科研项目,以创新和能力作为目的"的培养模式。让学生通过完成各种创新教学环节,参与学科竞赛,亲历科学探究过程,逐渐实现所学专业知识融会贯通,并学以致用,有效实现了大学生创新能力培养。

1. 基本做法

1)立德树人

通过导师制四年全方位的指导,按照"分阶段、有侧重"的教育思路,逐步引导,切实推进"三全"育人要求。其中,德育引导贯穿四年培养路线,"立德树人"始终放在首位,将社会主义核心价值观作为青年大学生的价值取向标准,引导学生重视我国传统文化中的勤学、修德、踏实做人等优良传统。通过微信群等形式将新华网、环球锐评、中央电视台等的优秀文章推送给学生,让学生了解国内外的各种消息和国家政治经济政策,激发他们的爱党爱国热情。在日常学习生活中鼓励学生在班级和宿舍起表率、担当作用,引导形成积极向上、健康快乐的班风和宿舍风尚。

2)指导规划

导师关系确立后,第一时间与学生取得联系,安排见面会,进行初步沟通和交流，让学生制订"彩虹课题组大学四年规划"。针对大学四年各阶段的特点，向新生介绍每个阶段需要关注的重点，涵盖课程学习、社团、学生会选择、宿舍同学关系、同学交流等，并针对创新环节（暑期实践、科研选题训练、大学生创新训练试验、学科竞赛）和保研等情况进行介绍。同时安排一名研究生作为联络员，承担与新生的联络任务，进行生活和学习指导。在中间环节及时了解学生在大学期间遇到的困难，不定期邀请高年级优秀本科生来给新生答疑解惑，

图5-79 入学面对面

以切身经历给低年级的本科生传授经验。这种入学之初做好详细规划，中间及时答疑解惑的模式贯穿大学四年，引领学生顺利度过四年的大学生活。入学面对面如图5-79所示。

3）学科竞赛

创新人才培养模式、着力培养学生的创新意识和实践能力，是国家对高校本科教育教学工作的重点要求。"彩虹小组"充分发挥导师制"指导课"优势，以教师的科研项目为单元，将教师科研项目充分同实践教学环节，如暑期实践、科研选题训练、大学生创新训练项目、各种竞赛以及毕业设计无缝衔接，真正实现将导师的科研和专业优势转变成学生的创新优势，以期培养创新意识强、实践能力强、综合素质强的"三强"环境科学与工程专业人才。

从大二开始，结合培养方案，通过科研选题训练和暑期实践，加强学生对专业的认识，并引导他们接触科研工作。其中，暑期社会实践是大学生活中广泛开展的一项实践活动，鼓励学生"读万卷书，行万里路"，促进大学生接触社会、了解社会，并要求学生结合专业知识在实践中发现问题、解决问题。2017年，项目组指导

图 5-80　暑期实践活动

2016级本科生依托国土资源部的"黄淮海区优质耕作层构建试点研究"项目,在项目基地山东东营渤海农场开展暑期实践,如图5-80所示。项目开始之前,我召集所有学生召开项目启动会,介绍项目背景,给出实践建议。在此基础上,学生充分调研东营盐土分布特点,探讨主要改良措施,并取土样进行检测,最后完成实践报告。在此过程中,学生深入了解项目背景,并通过与导师交流提出调研方案。通过锻炼,学生不仅牢固掌握了专业知识,更形成了严谨的科研思维方式。

按照学业规划,学科竞赛以大三学年为主体。大三是培养学生科学研究思维和实践动手能力的最佳时期,而各种学科竞赛则成为展现学生创新意识和动手能力的优秀舞台。通过"科研项目—教学实践环节—竞赛"的无缝结合,鼓励有兴趣的学生参与导师项目。在导师的指导下,充分发挥学生的想象力和创造力,提高学生独立创造的意识,培养学生发散思维的能力,使学生具备严谨认真的科研态度和良好的科研品质。

彩虹小组充分发挥实验室研究生对本科生的"传帮带"作用,组建"导师—研究生—高年级本科生—低年级本科生"的科研实践团队,为所有有意参加学科竞赛的学生提供全方位指导。导师主要负责指导并确定竞赛选题,引导学生结合专业知识拓宽研究思路,在专业竞赛的作品中充分体现学生自己的创新想法;研究生协助导师进行具体的技术和实践技能指导;本科生则充分参与科研项目,汲取专业知识,锤炼操作能力,实现"科研项目—教学实践环节—竞赛"的无缝结合。

2. 指导成效

升学方面，已毕业的2015级和2016级的8名学生中，有4名学生获得推免攻读硕士研究生资格，2名学生考入清华大学和中国科学院攻读硕士研究生，1名学生赴德国留学，1名学生就业。近年来，"彩虹小组"学生在各项竞赛中的获奖比例显著提高。仅2018年，获全国奖1项（7人次）、北京市特等奖1项（7人次）、北京市一等奖1项（3人次）。获得全国大学生节能减排社会实践与科技竞赛三等奖、北京市大学生节能节水低碳减排社会实践与科技竞赛特等奖、第九届北京市大学生化学实验竞赛一等奖。

3. 个人体会

"彩虹小组"非常荣幸地迎来了一批又一批朝气蓬勃的年轻人。这些年来，学生参加各类竞赛载誉归来不断给我带来感动和惊喜。但最让我感动的是学生吃苦耐劳和顽强拼搏的精神。因为参加竞赛，他们常常放弃节假日休息时间，暑假都要在实验室与导师、研究生一起完成工作。多少次实验方案推倒重来，在作品要提交前又有多少个不眠之夜（图5-81）。2019年夏天，我带领学生参加暑期实践（图5-82），早上7点出发去平谷取样，有部分同学5点起床从沙河坐车到学院路集合，一直到中午顶着40℃的高温还在地里抢着大锤取土样，因地方偏僻，下午3点多才吃上午饭，但所有学生没有怨言，大家都按分工完成了任务。类似的情况在每一届学生身上都有发生。当然，每年的毕业季与学生一起拍毕

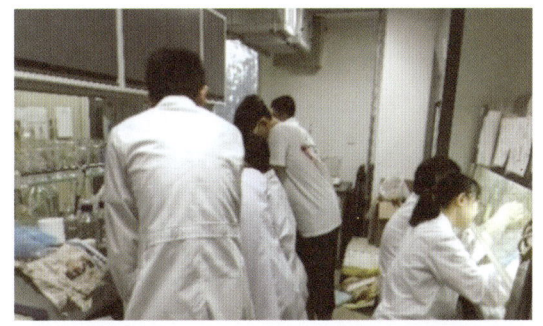

图5-81 室内实验

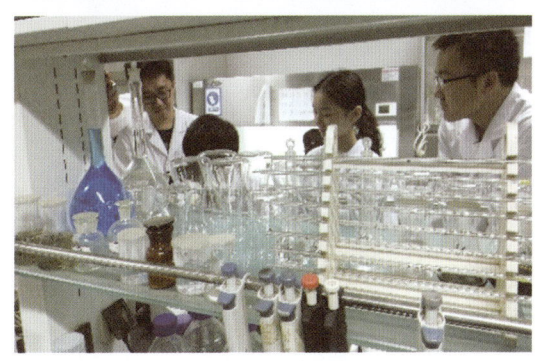

图5-82 田间采样

业照,看到学生毕业找到了满意的工作,或者可以去理想的学校继续深造,我都收获了满满的骄傲与感动。

4. 教师风采

于彩虹,主要从事环境生物学方面的教学和科研工作。入选北京市科技新星计划,获北京市优秀指导教师、学院"芬雷基金优秀教师"称号。现任首批全国样板党支部环境与工程系党支部书记。主持国家级纵向项目5项、教改项目3项。曾获北京市教学成果二等奖1项,中国煤炭协会教学成果一等奖1项和二等奖2项、校级教学成果奖3项、"中国矿业大学(北京)优秀本科生全程导师奖"2次等荣誉奖项。

构建系列化、多层次、全方位的竞赛体系

导师 / 邹甲

1. 基本做法

1）立德树人

贯彻"三全"育人理念，坚持将德育引导贯穿大学生培养全过程，从细处指导学生，让德育渗入每个环节。我和学生建立了稳定牢固的亦师亦友关系，同时对学生的生活、学习、安全等方面重点关注，强调独立自主规划生活、学习的重要性，引导学生养成关注生活、关注兴趣培养、关注课外活动等积极向上的生活态度，如图5-83所示。

图5-83　组织沙河校区本科生及研究生赴昌平滨河森林公园健步行

2）学科竞赛

高等院校实践教学的根本任务是培养具有工程实践和创新能力的高素质人才，学科竞赛是培养大学生创新精神和创新能力的重要途径之一，是创新教育的特殊形式和有效载体。依托大学生电子设计竞赛平台，建设电子实践创新基地，探索实践创新教育的建设理念、管理制度、资源整合、教学体系等。紧密结合教学实际，遵循"着重基础、注重前沿"的原则，促进电子信息类专业和课程建设，注重培养大学生的创新能力、协作精神；加强学生动手能力的培养和工程实践的训练，提高学生针对实际问题进行电子设计、制作的综合能力；吸引、鼓励广大学生踊跃参加课外科技活动，为优秀人才进而服务社会发展创造条件。

（1）构建系列化、多层次、全方位的大学生实验竞赛组织实施体系。组织大学生参加全国大学生电子设计竞赛（图5-84）、北京市大学生电子设计竞赛、全国大学生智能汽车竞赛等，构建系列化、多层次、全方位的电子设计竞赛组织培训实施体系。在电子竞赛培训组织管理上，以本科生全程导师制和研究生助管助教方式为基础，总结出"指导教师＋优秀研究生"的可持续竞赛培训指导模式。探索出竞赛组织工作要素（周密计划，扎实备训，集中式培训选拔），并总结出培训内容要素，包括基本技能训练、选题能力训练、方案设计训练等模块。目前形成了近120人/年的学生参赛规模，每年都有学生因电子竞赛成绩优异而获得"特殊学术专长免试研究生"资格。

图5-84　学生参加2019年全国大学生电子设计竞赛合影

（2）搭建电子设计竞赛平台，建设电子实践创新基地。整合电气工程实验教学中心资源，围绕各种电子设计竞赛平台，组建电子实践创新基地，积极和各大半导体公司建立全方位联合实验室，建成嵌入式

图5-85　学生在大学生电子创新实验室调试无人机

系统实验室、智能汽车实验室、EDA创新实验室等。学生在大学生电子创新实验室调试无人机如图5-85所示。

（3）培养学生的创新能力，提升其综合素质。以全国大学生电子设计竞赛为例，该竞赛内容涉及电工电子、单片机、自动控制、通信等诸多专业学科。通过竞赛活动训练，可以使学生熟练掌握所学专业知识，设计能力、创新能力和实践能力得到迅速提高，为开展其他创新实践活动奠定坚实的基础。

（4）依托大学生电子设计竞赛，全面促进实践教学改革。①促进实验中心构建开放式管理运行体系。组织大学生电子类竞赛活动是构建实验中心开放式管理运行体系的催化剂，中心专门成立了电子实践创新基地，并整合资源成立了数模混合技术、嵌入式系统创新实验室和智能车及机器人实验室；通过建立完善的实验中心开放式运行管理制度，保障实验中心全天全方位地开放管理运行，极大地提高了实验中心的资源利用率。②促进综合创新性实验教学内容改革。大学生电子类竞赛还可以为各种综合课程设计提供良好的可持续的题目来源。电子类竞赛的题目都是经过组委会精心挑选，都与迅速发展的电子技术紧密相关，可以源源不断地为电气专业微机课程设计、电子系统设计与实践、专业综合课程设计等课程提供非常有价值的题目，极大地改善了综合课程设计的教学效果。③促进"创新教学环节"的实施。组织学生尽早参加各种大学生电子类竞赛，可以在相对集中的时间开展培训，能够统一提高他们的动手能力，为开展其他创新活动打下良好的实践基础。

2. 指导成效

指导的学生在2017年全国大学生电子设计竞赛中，荣获全国一等奖1项、北

京市一等奖1项、北京市二等奖6项、北京市三等奖1项;在2018年北京市大学生电子设计竞赛中,荣获一等奖4项、二等奖8项、三等奖3项;在2019年全国大学生电子设计竞赛中,荣获全国二等奖1项、北京市二等奖2项、北京市二等奖4项、北京市三等奖3项。

3. 教师风采

邹甲,高级实验师,电气工程及其自动化专业,一直负责组织电气工程实验教学中心的实验教学活动,并长期担任电子设计竞赛等创新活动的指导教师。组织本校学生参加历年全国大学生电子设计竞赛、北京市大学生电子设计竞赛、全国大学生智能汽车竞赛等,指导的学生多次获得优异成绩,本人多次获得优秀指导教师奖。结合电子竞赛,积极推进课程教学改革,在电子系统设计与实践、单片机课程设计、专业综合设计、大学生创新实验项目等环节引入历年电子设计竞赛真题及考核模式,为实验教学提供了丰富的优质综合设计类教学资源,促进了课程的交叉融合。

注重实践能力和综合素质的培养

导师 / 张俊芝

教育部原党组书记、部长陈宝生指出,本科生是高素质专门人才培养的最大群体,本科阶段是学生世界观、人生观、价值观形成的关键阶段,本科教育是提高高校人才培养质量的重要基础。办好我国高等教育,办出世界一流大学,人才培养是本,本科教育是根。育人应做到"深其深,浅其浅,益其益,尊其尊",即在施教过程中顾及学生的知识水平,用深一点的知识教育程度较深的人,用浅一点的知识教育程度较浅的人,用使其增长的办法对待人的长处,用尊重的态度对待别人的自尊,做到因材施教。本科生全程导师制正是因材施教的充分体现。

1. 基本做法

1)立德树人

只有导师自身的思想道德水平过关,在开展学生的思想政治教育工作中才更有说服力和影响力。这就要求导师不仅仅要进行学术上的钻研,更要关注自己的思想状况和道德水平。导师开展思想政治教育工作,督促、激励着导师重视对学生潜移默化的影响和示范作用,使得导师谨言慎行,为学生树立生活、学习和思想道德上的榜样。

2)学业指导

在学生入学初期,我主要进行理论知识的指导,提高学生对专业的认识与了解;之后根据学生专业课的学习及实训内容,指导学生正确处理各学科之间的关系,对学生的校内实训情况进行监督,引导学生将理论与实践相结合。在专业知识指导方面，我每月至少到沙河校区与大一、大二学生见面一次。向大一新生介绍专业及学科，指导学生了解本专业的课程体系及未来就业方向等，要求学生对所学专业有基本了解，建议他们对未来四年的大学学习生活制定基本规划，全方面提高学生对本专业学习的热情及兴趣；对于大二学生，根据他们过去一年的学习状况与生活适应情况，有针对性地为学生制定未来学习发展规划。

对学生毕业设计（论文）选题的调查报告进行指导，在学生撰写论文的过程中提供建议和帮助。同时对学生进行具体的实践操作指导，了解学生各个学期的见习任务，并在学生见习期间为学生制定实践锻炼计划，针对每个学生的特点进行具体指导，切实促进学生实践能力的提升，培养学生良好的职业素养。指导过程中与学生经常见面，及时了解学生的动态，沟通专业课程学习的基本情况。同时，我也时常了解学生的考研、就业规划及动向，讨论大学生创新训练项目研究内容，帮助学生解决学习与生活上的问题，推荐毕业班学生参加会计师事务所审计实习。

3）学科竞赛

学科竞赛是在紧密结合课堂教学的基础上，以竞赛的方法激发学生理论联系实际和独立工作的能力，通过实践来发现问题、解决问题，培养学生的学习兴趣。学科竞赛注重理论与实践相结合、实践与应用相结合，强调考查学生理论联系实际的能力、分析问题和解决问题的能力。通过会计理论学习，学生学会了基本的会计核算方法，但对怎样用理论方法解决实际问题比较茫然。因此，在会计理论教学中，学生的学习兴趣不浓，知识掌握也不够牢固。通过参加学科竞赛，可以使学生了解会计基础知识的重要性，感受知识的力量和乐趣，明确学习目标，使学生从被动式听课、复习、考试变为主动式学习，再转变为"在实践中创造，在创造中学习"的模式。这样做有利于巩固学生的专业知识，方便检验学生专业知识的掌握情况，特别是通过努力获得奖励时能提高他们对学习的兴趣，明确学习的重要性，并养成终身学习的习惯。

2017级学生的大学生创新训练项目选择做实证研究，计划收集上市公司会计、审计资料和数据，通过实证分析方法研究整合审计对会计信息质量的影响，研究过程中本科生经常和研究生沟通与交流，了解和探讨数据库使用及模型构建等相关问题。在整个导师制任期培养过程中，我通过微信与所有指导的学生保持联系，及时倾听学生的心声；通过见面或微信互动，鼓励学生积极进取，在学习专业知识的同时，多阅读经济学、实用学等经典著作。例如在2019年寒假期间通过微信指导

2017级学生阅读亚当·斯密的《国富论》。同时，让本科生与我指导的研究生建立微信群互动，使他们获得更多的学习、生活方面的建议。在学生学业取得进步的同时，我积极引导他们培养正确的人生观、价值观，不断完善自我人格，提高自己的综合素质。基础理论的学习是实习工作的基础，而实习则能加深对会计、审计工作的认识，将理论联系实践，培养实际工作能力和分析解决问题的能力，达到学以致用的目的，为成功走向社会做好准备。指导学生参加学科竞赛合影如图5-86所示。

图5-86　指导学生参加学科竞赛合影

2. 指导成效

指导学生获得"网中网"杯累计决策大赛全国总决赛第一名，"累计杯"财务技能大赛全国总决赛特等奖、一等奖、二等奖各1次。本科生王璐获"国家奖学金""校特等奖学金""暑期社会实践优秀报告校一等奖""2018年首都大中专学生暑期社会实践优秀团队""全国大学生英语竞赛二等奖""北京市大学生数学竞赛（经管类）二等奖"等。

3. 个人体会

在以往的本科生教育中，任课教师倾向于把精力放在学生的专业课学习上，而对学生的日常生活、课外学习、实习工作、思想政治教育等关注不足。实施本科生全程导师制，有利于学生健康成长。通过指导学生阅读经典书籍，参与学科竞赛，撰写毕业设计（论文），端正他们的学习动机，培养他们严谨的学习态度，从而使他们真正爱上学习、爱上研究。导师是学生接触最为密切、接触最为频繁的人，也是对学生最为了解的人，这就使导师能够对学生的思想状况和心路历程有所把握。一旦学生在思想、生活、心理上出现问题，导师都能够及时地发现、沟通、解决，从而促使本科生健康成长。

4. 教师风采

张俊芝，教授，博士生导师，会计系主任，会计学本科专业负责人，会计学本科课程建设负责人。曾获全国煤炭行业教育教学成果二等奖、"网中网杯"大学生财务决策大赛全国总决赛"优秀指导教师"、"2017年就业创业工作先进个人"、首届"能源杯"全国大学生财务技能挑战赛"优秀指导教师"、第二届"能源杯"全国大学生财务技能挑战赛"优秀指导教师"、第二届全国高校企业价值创造实战竞赛"优秀指导教师"等荣誉奖项。

以赛促学　以赛促建

导师 / 贺丽洁

1. 基本做法

1）明确学科竞赛作用

学科竞赛是建筑学师生展现自己设计能力和进行建筑设计能力培养的实践环节，更是落实"立德树人""三全育人"的实践平台。首先，建筑学科的大部分竞赛题目都是针对社会的热点、难点问题而设置，对于培养学生的社会责任感和明确自身的时代使命都具有重要的引领作用。其次，把学科竞赛阶段性地引入建筑设计教学课程实践中，教师可以结合培养方案，筛选适宜的竞赛题目，成立多个竞赛课题组，让学生根据兴趣选择，组队参加，激发他们学习的积极性，逐步培养他们的协作能力和设计能力，达到了专业教师全员合力、教学过程全程有机衔接、教学内容全方位展现"三全育人"的要求。最后，通过组织学生参加竞赛，可以增强教学团队的凝聚力，提升教师的专业素养，提升学校在专业领域的知名度和影响力。

2）精选代表性学科竞赛

我从众多竞赛题目中筛选出较为成熟和举办稳定的全国绿色建筑设计竞赛作为本科生每年固定参加的学科竞赛（图5-87）。该竞赛自2010年开始，已成功举办了11届，是目前国内四大建筑设计竞赛之一，一直受到全国各大高校师生的关注，累计参与的全国建筑类院校和设计院近300所，累计参赛人员达2万多人次。竞赛时间从上一年度11月报名到下一年度3月底提交作品，跨越了学期末、寒假假期和开学初，既不影响学生的课程设计，又契合了教学育人有机全程衔接的方针。从

2015年开始,我连续六年组织和指导学生参加该竞赛。随着获奖人数和名次的增长,学生参加竞赛的热情也逐年增高,从最初10多人的参赛团队增加到现在60多人的参赛团队。

图 5-87　全国绿色建筑设计竞赛指导现场

3）多种形式组织学科竞赛

回顾六年的参赛指导经历,主要教学模式是核心知识的集中讲解到分组实效单独指导。教学形式由早期的"全程线下指导"到"线上+线下混合指导"再到2020年疫情防控期间的"全程线上指导"。2020年疫情防控期间,正值第十届全国绿色建筑设计竞赛的参赛期间,如何既组织好分散在家的学生参赛,又不影响设计作品质量和获奖数量,成了2020年竞赛组织和指导的难题。我与学生讨论后采取的方案是:①利用腾讯会议解决教师授课、学生方案汇报、教师"一对一"方案指导的问题,较好地实现了建筑学专业线下"授课+汇报+点评+修改"的教学过程和教学方式。通过腾讯会议进行了线上核心知识点的集中讲解,对比分析了历年来我校获奖作品的优点、未获奖作品存在的问题以及获奖作品各级别之间的差距。实际场地调研工作是利用百度、谷歌等卫星地图和街景照片模拟实际地块,得到了场地高差、周边环境设施等现场资料。资料收集是通过微信实时推送国内外优秀案例。方案点评则是通过腾讯会议线上进行,学生汇报方案,教师"一对一"指导。②通过"微信+QQ+电子邮件",实现了"课上课下实时教学"的探索。利用微信可以实时发送文字、图片、视频和语音等优点,发布通知、推送学习资料以及解答课后问题。在辅导学生设计方案过程中,按照竞赛分组建立微信小群进行"一对一"的方案指导,学生可以随时随地把构思草图、设计方案图通过微信、QQ群和电子邮件方式发给我,我通过微信语音、文字、批改图等形式及时把反馈意见传给学生进行方案修改,如图5-88和图5-89所示。

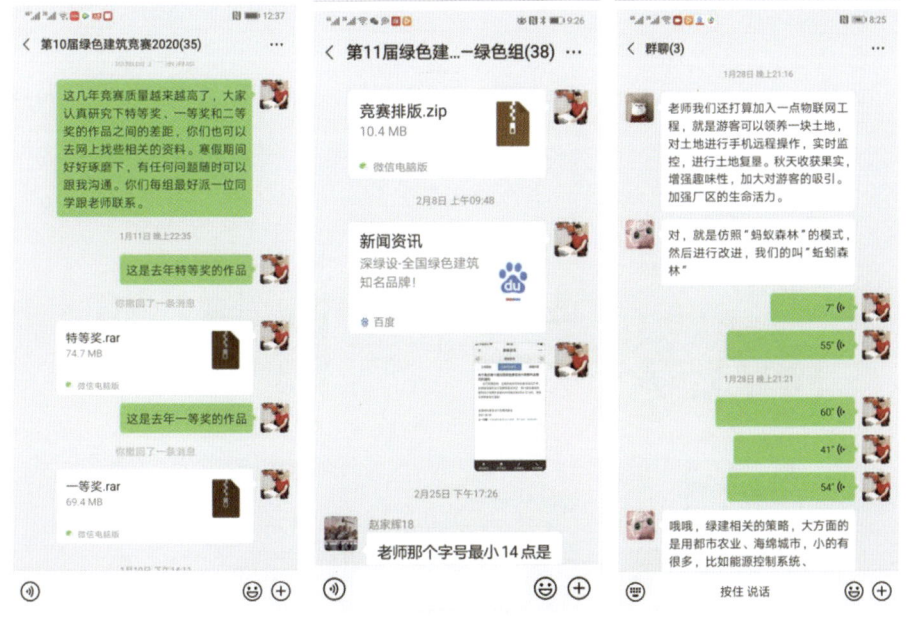

图5-88 寒假期间利用微信对学生设计方案进行实时指导

图5-89 利用电子邮件进行作业收集和指导

211

2. 指导成效

截至2021年，我校学生在全国建筑设计竞赛中，累计获奖数量达31项，包括特等奖3项、一等奖5项、二等奖9项、三等奖8项、优秀奖6项。部分获奖作品如图5-90所示，部分获奖证书如图5-91所示，部分获奖作品视频展示如图5-92所示。

图5-90　全国绿色建筑设计竞赛我校部分获奖作品展示

图5-91　全国绿色建筑设计竞赛部分获奖证书

图5-92　全国绿色建筑设计竞赛部分获奖作品视频展示

同时，指导学生获得北京市大学生建筑结构设计竞赛一等奖2项、二等奖1项，第七届中国国际"互联网+"大学生创新创业大赛（北京赛区）三等奖，第二届地下空间创新大赛概念设计第二名，2020"台达杯"国际太阳能建筑设计竞赛优秀奖

图5-93 学科竞赛部分获奖证书

2项、创能奖2项，全国中、高等院校学生"斯维尔杯"建筑信息（BIM）模型应用技能大赛三等奖2项、全能奖2项、专项二等奖1项、专项三等奖3项，2017全国大学生建筑设计方案竞赛优秀奖3项等，如图5-93所示。

3. 个人体会

1）控制竞赛引入的数量和强度

要做到"以赛促练"，就要研究竞赛引入的适度性，控制每年引入竞赛的个数和每个竞赛之间的周期与强度。为了更好地利用竞赛资源，国内很多建筑院系安排了建筑设计竞赛融入建筑设计课程的教学环节，但由于竞赛题目和内容的多变性与不确定性，教学中的竞赛环节往往只是建筑设计课中的一个特例，并不能系统地与建筑设计课程体系相融合。选择全国绿色建筑设计竞赛，不论从时间上还是内容上都可以作为固定的实践环节引入建筑设计课程体系，使得竞赛从建筑设计教学的"外力"，转化成融入建筑设计教学体系的内力。

2）促进竞赛与教学目的相适应

面对建筑设计教学体系，要做到"以赛促学"，就要研究竞赛引入的实时性，采取竞赛与教学目的相适应的手段。根据以教学为主、竞赛为辅的基本原则，按照不同年级、不同阶段的教学要求，选择不同组织规模、不同难易程度、不同设计方向、不同技术要求的建筑设计竞赛。

3）建设以竞赛促进教学的专业团队

在竞赛课题的选择中，可以采用以专题设计代替传统综合设计的方式，突出教学团队的专业性。这种教学模式能够使教师在教学过程中承担独立的研究任务，以多元化取代一体化，使教师的教学与科研互相促进，形成良性循环，更好地面对建筑教育的国际化趋势，促进教学专业团队的建设。

4）充分发挥线上教学的优势，发展"线上线下联动"的教学模式

随着5G时代到来，国家大力发展慕课、网课等线上课程，线上教学成为未来教育发展的一个方向。充分利用线上教学的方便性、时效性，教师可以不受时间和空间的限制，实时为学生答疑解惑，拉近师生之间的距离。

4. 教师风采

贺丽洁，副教授，硕士研究生导师，力学与建筑工程学院建筑系主任，天津大学与荷兰代尔伏特理工大学联合培养博士，美国迈阿密大学访问学者，主要从事绿色建筑、生态城市（矿业城市可持续发展）、人居环境（绿色住区）等方面的研究。在EI、CSSCI等重要期刊上发表高水平论文20余篇，出版专著2部。主持及参与完成国家自然科学基金、省部级及校级各类课题5项，教学项目30余项。多次获得"全国绿色建筑设计竞赛全国杰出教师"特等奖、一等奖，北京市大学生建筑结构设计竞赛优秀指导教师，"台达杯"国际太阳能建筑设计竞赛优秀指导教师，全国中、高等院校学生"斯维尔杯"建筑信息（BIM）模型应用技能大赛优秀指导奖等荣誉。

细心　耐心　恒心　不忘初心

导师 / 郭晓玲

在导师制工作中，我用细心发掘学生闪光点，用耐心逐步提高要求，用恒心反复落实，将导师制、大学生创新训练、日常教学和竞赛指导工作有机结合，取得了一定的成效。

1. 基本做法

1）指导生涯规划，在学生心中埋下学科竞赛的种子

数学专业由于其本身的学科特征，学习内容具有高度的抽象性。大学一年级开设的学科基础课主要介绍经典理论和分析方法，学习方法与思维模式和初等数学的学习有较大不同。很多本科新生不了解经典理论的应用，缺乏学习的内生动力。因此在开学伊始，我通过配合学院的职业规划讲座，以座谈等方式进一步向导师制学生介绍本科阶段的课程设置。针对学生的不同兴趣，向学生介绍全国大学生数学竞赛以及全国大学生数学建模竞赛等专业竞赛、大学生英语竞赛、英语写作大赛等跨专业竞赛对就业深造等的影响。这样一方面让学生了解数学应用的广泛性，增加学生学习基础课程的主动性；另一方面为竞赛组织工作做铺垫，通过导师制学生的辐射作用让更多的学生了解并参与学科竞赛。导师制的一名学生担任校数学建模协会会长，负责学校数学建模公众号的维护（图5-94），表现非常积极，这与早期的职业规划具有密切关系。

2）以导师制为依托，了解学生在专业课学习和学科竞赛中的实际困难并予以帮助

我承担的本科生专业基础课“运筹学”是计算数学、运筹学等方向的基础课程，同时是学生参加全国大学生数学建模竞赛的重要专业课。在授课过程中，我经常通过座谈了解学生在专业课学习中的问题，以及由基础课学习向专业课学习转变过程中遇到的实际困难。在授课过程中根据学生需要积极转变授课方式，改进授课内容，同时与相关专业课导师共同探讨提高学生实际学习效果的方法，如图5–95和图5–96所示。

3）将导师制工作与学科竞赛、大学生创新训练项目有机融合

数学建模竞赛是团队赛，由3名学生在指定时间内完成解决实际问题的建模和编程工作，团队成员需要具有深厚的数学功底、较强的编程能力和写作能力，这就要求不同专业优势的同学分工协作。因此，跨学院、跨年级组队是较好的参与方式，有利于实现传帮带，让学生在竞赛过程中收获知识和提升能力，同时提高获奖率及竞赛在全校范围内的影响力。

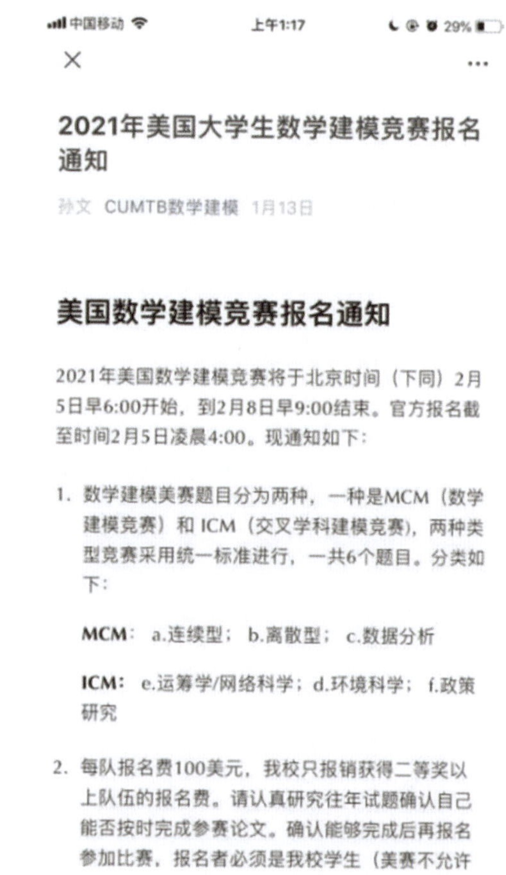
中国移动 上午1:17 29%

2021年美国大学生数学建模竞赛报名通知

孙文 CUMTB数学建模 1月13日

美国数学建模竞赛报名通知

2021年美国数学建模竞赛将于北京时间（下同）2月5日早6:00开始，到2月8日早9:00结束。官方报名截至时间2月5日凌晨4:00。现通知如下：

1. 数学建模美赛题目分为两种，一种是MCM（数学建模竞赛）和ICM（交叉学科建模竞赛），两种类型竞赛采用统一标准进行，一共6个题目。分类如下：

   MCM：a.连续型；b.离散型；c.数据分析

   ICM：e.运筹学/网络科学；d.环境科学；f.政策研究

2. 每队报名费100美元，我校只报销获得二等奖以上队伍的报名费。请认真研究往年试题确认自己能否按时完成参赛论文。确认能够完成后再报名参加比赛，报名者必须是我校学生（美赛不允许

图5–94　导师制学生孙文负责CUMTB数学建模公众号的维护

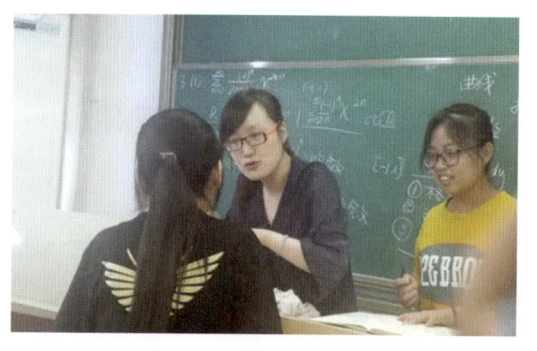

图5–95　课后与学生讨论问题

图5-96 将专业课内容与竞赛培训相结合

我本人讲授的"高等数学""线性代数"等公共课和全校公选课"数学建模选讲",为不同学院的同学相互了解和协作提供了渠道,同时为理学院学生"走出去"了解更广泛的数学应用提供了平台。

大学生创新训练项目为学生创新能力的发展提供了重要途径,我先后担任2016级和2017级学院规划项目的指导教师,共指导10名学生。在大学生创新训练项目期间,除了培养学生的学术能力和学术兴趣外,还注重在专业竞赛前后开展高强度的备赛训练,为学科竞赛做进一步准备。同时鼓励导师制学生积极参与其他学院导师的大学生创新训练项目,将所学到的专业内容学以致用,在学生遇到专业问题时及时提供帮助。

2. 指导成效

指导本科生参加全国大学生数学建模竞赛、美国大学生数学建模竞赛等各类竞赛共计102人次,累计获得二等奖9人次、三等奖3人次,北京市一等奖9人次、北京市二等奖27人次。1人获大学生英语竞赛三等奖，1人获首都大中专学生暑期社会实践先进个人荣誉，1人参加加州大学洛杉矶分校跨专业暑期学习并取得优异成绩。多人获得校级各类奖学金。全国大学生数学建模竞赛获奖证书如图5-97所示。

图5-97 全国大学生数学建模竞赛获奖证书

3. 个人体会

导师制拉近了大学教师与学生的距离。好的导师会在人生观和专业兴趣等方面对学生产生好的影响。导师不同于学科教师，不仅仅是学科知识的传授，更重要的是一种榜样的作用，特别是专业上的优势和导师的人格魅力对学生专业、价值取向等方面的影响。导师制可以让学生与教师有更多的交流，使学生真正参与教师的教学与研究，做到教学相长。

4. 教师风采

郭晓玲，副教授，理学院计算数学与统计系，专业方向为运筹学与控制论。2016年入职以来，年均授课学时200学时以上。主持校级教改项目2项，参与校级教改项目4项，发表教学论文3篇，获得省部级教学类奖项3项，校级教学类奖项6项。

6 学生学习案例

积跬步　行致远

学生 / 谢小玉　　导师 / 张玉秀

谢小玉，化学与环境工程学院环境工程专业2018级本科生。热心志愿活动，曾参加疫情防控志愿工作，并作为社区志愿者代表向习近平总书记汇报疫情防控期间的社区志愿服务工作，其事迹被主流媒体《人民日报》、新华社、央视等报道。

1. 学习历程

大一刚来的时候，我不清楚环境工程专业要学习什么，将来能做什么。与导师第一次见面之后，导师就发现了我们的迷茫，也非常能理解我们的困惑。为此，导师特别组织了一次组内会议，给我们讲解了环境工程学科的课程体系，使我们明白了每门课程设置的意义，以及对培养目标的支撑。环境工程是一门综合性的大类学科，所学知识相当广泛，包含水、气、固废、土壤污染控制等多方面知识。作为研究水环境方面的专家，导师从水环境研究角度剖析了各学科之间的紧密联系。

导师告诉我们要结合自身兴趣爱好，加强通识课程学习，多了解我国的传统文化，认真学习理解专业课知识。在导师的鼓励下，我更加重视每门课程的学习，为今后的学业发展打下坚实的基础。课余时间导师还经常带我们参加校外的各种讲座和展览，让我们对自己的专业有了更加全面的认知。

导师非常注重与学生交流，总是利用工作之余关心我们。记得有一次，我们与导师一起探讨中西方教育模式的差异，大家都提出了一些新奇的想法。导师耐心倾听，与我们一起探讨各种话题，这拓宽了我们的思维，也激发了我们探究教育的兴趣。

导师鼓励我们积极参与志愿服务活动。我作为社团"绿缘根与芽"的成员，在校内组织并参与宣传环保理念的志愿活动。以环保涂鸦活动为例，我和美院的同学一起，通过生动有趣的文字图画形式，在街道上涂鸦。在此过程中，想起导师为我们讲解专业知识时的情景，不由得发挥了环境人的精神，运用环境专业的相关知识，向市民宣传节水、垃圾分类等环保相关知识。

2. 个人收获

2020年初新冠肺炎疫情期间，正好是寒假，我谨记导师的谆谆教诲，报名参加了社区疫情防控志愿服务，希望能帮助受疫情波及的居民。此后，我还有幸参与中华全国青年联合会与国外青年组织的分享会，全英文分享抗疫故事。个人曾获第七届中国国际"互联网+"大学生创新创业大赛全国总决赛银奖、第十二届"挑战杯"中国大学生创业计划竞赛全国铜奖、全国大学生英语竞赛二等奖、第四届全国高校大学生讲思政课公开课（北京赛区）二等奖。被授予全国抗击新冠肺炎疫情三八红旗手、全国疫情防控最美志愿者称号。作为中国青年报《强国青年观察团》成员之一，入围第十五届中国大学生年度人物、第九届"首都十大教育新闻人物"。部分获奖证书与荣誉证书如图6-1和图6-2所示。

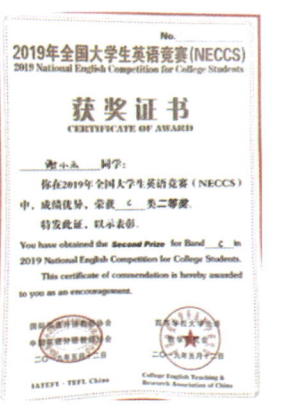

图6-1　部分获奖证书

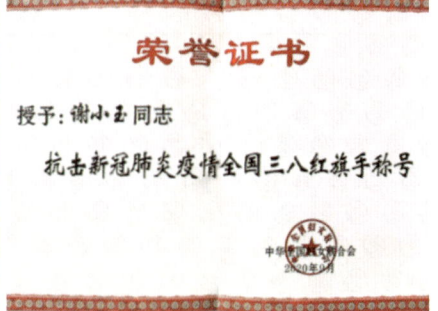

图6-2 部分荣誉证书

3. 个人体会

自学校实施本科生全程导师制以来，在导师的指导与鼓励下，我不断充实自己的大学生活，逐步提高自己对中国传统文化、理论课程、实践课程的理解，并努力提高自己的思考能力和动手能力。导师在科研和生活中都给了我很多帮助，她对待科研一丝不苟的态度也深深地影响着我，让我对于未来的求学生涯也有了更清晰的规划。目前我已成功保研本校，并前往广西都安支教一年。我希望自己能够利用所学为社会多做贡献！

"爬行乌龟（crawling turtle）"

学生/张戈 导师/李英骏 刘波

张戈，力学与建筑工程学院土木工程城工方向2013级本科生，成绩专业方向第一，曾获国家奖学金、校特等奖学金、北京市优秀毕业生、全国岩石力学与工程优秀本科毕业设计（论文）奖、全国大学生英语竞赛一等奖等。现为美国斯坦福大学能源资源工程系（Energy Resources Engineering | Stanford Earth）全奖博士生，Supri-A课题组研究助理，研究方向为碳、氢地质储存及能源可持续发展问题。

1. 学习历程

2013年夏天，懵懂无知甚至有些莽撞的我，拿着录取通知书，满心欢喜地来到中国矿业大学（北京）报到。仰望着阳光下的民族楼，我开始憧憬大学四年的生活。回顾自己的学习历程总是带着一点窃喜，一方面感慨在恩师的引导下，"还好我没放弃"，使得自己走得比当年想象得要远；另一方面感慨自己虽然天分低、走得慢，又时常偷懒虚度光阴，但是一直朝一个方向走走停停，竟然也找到了一点点节奏。

1）浑然无知且困惑

对于从小没见过大学的我来说，大一的学习生活对我像是当头一棒。不仅老师讲课速度变快了，课堂上的同学数量也变多了（前排座位需要抢），课后作业也经常不会做了。本人于是尝试努力学习，经常占座第一排正中（后来才知这是伪学霸的操作）。一年结束，除了建筑绘图一门获得全班第一外，其他科目成绩平平，体育只勉强得了80分。同时，对于各种课外社团活动充满激情，曾参加校广播台并主持《大学生活》栏目，后因自己无法对大学生活提出有趣有益见解而主动辞职。回想起来，自己在大一虽然毫无建树，但仍然有所收获。一方面导师鼓励思考，乐于和学生交流，使我重燃了独立思考的信心；另一方面学校学风良好，每天跟着同学上自习也使我打下了不错的基础，为日后在导师的指导下进行科研探索提供了很大帮助。

2）一知半解后尝试

转眼到了大一下学期，其间机缘巧合之下结识了李英骏教授，也是我的第一个本科生导师。当时并非了解到李老师在国内外等离子体流体领域颇有建树而主动"抱大腿"，而是完全起源于课堂上抛出的一个小球入水的问题，李老师开玩笑地说哪位同学有兴趣可以自己课后尝试动手求解一下。我觉得不如就试一试，但从没接触过流体力学的我瞬间傻了眼，于是开始做各种假设，翻阅各种看不懂的书籍，也由此自学了球面积分、斯托克斯流动和达朗贝尔佯谬。最后发现，虽然我写出了一个方程，但是完全不会求解。于是我拿着自己整理的两页结论去请教李老师，李老师当即表示愿意指导我继续探索这个问题。于是，我又在李老师的指点下翻阅数值分析，最终用 MATLAB 求得了一个很粗糙的数值解。这一小段经历极大地鼓舞了我，后来我愈发喜欢上探索问题。当李老师提出要不要再研究一点新东西的时候，我欣然答应。

3）初获成果后努力

从大二开始，专业课的数量和难度逐渐加大，这使得我有些精力不足。李老师建议眉毛胡子一把抓不如专心做一件事，巧合的是，当我看到获2019年诺贝尔化学奖的 Goodenough 教授讲爬行乌龟（crawling turtle）的故事时，顿时觉得有异曲同工之妙。之后，我推掉了几乎所有的课外活动，集中精力学习专业课，课余和研究生一起参与学习和科研。在此期间，我认识了许多杰出的教授和优秀的师兄师姐，在学业、生活甚至人生方面获得了很多宝贵的指点，包括在孙华飞老师的指导下探究非饱和土实验技术，在鞠杨教授的点拨下学习岩石裂隙知识。终于，经过一年多的努力，我和合作伙伴冯程远（结构专业第一名保研至同济大学，现就职于中国建筑集团总部）获得了一点成果，李老师提出可以尝试撰写论文了。我们两人利用整个假期做文献综述，画图整理数据，最终撰写成稿。这篇论文后来发表在国内权威杂志《中国科学》上。

第二位对我有重要影响的本科生全程导师是刘波老师。刘老师是我去德国访学的推荐人，又是我的毕业设计（论文）指导老师，后来在我申请博士的时候大力推荐，为我拿到斯坦福大学的录取通知书保驾护航。印象中，刘老师虽然工作繁忙，但做事严格认真，总会抓住间隙时间交代几句，指点下一步学习、科研进展。相比于研究生毕业论文，本科生的毕业论文水平较低，导师通常也不太抱有期待，于是自然就有很多同学"划水"过关。但我的毕业过程堪称困难，一方面，在刘老师的鼓励下我选择了比较有挑战的通过数值模拟研究混凝土泵送的课题；另一方面，在完成毕业论文的过程中我一改再改，甚至到了争分夺秒的程度。最后一次修改是在提交终稿的前一天，本以为大势已定的我被刘老师叫到办公室，认真翻阅了我的毕业论文每一页，指出有几幅图片过于模糊，建议重新整理。一开始我本想草草了事，但想到老师对待科研的认真态度，最终熬夜把论文改好，又仔细检查了排版才敢送去印刷。最终，这篇拙作受到评委的青睐，获得了当年全国岩石力学与工程优秀毕业论文奖，如图6-3所示。

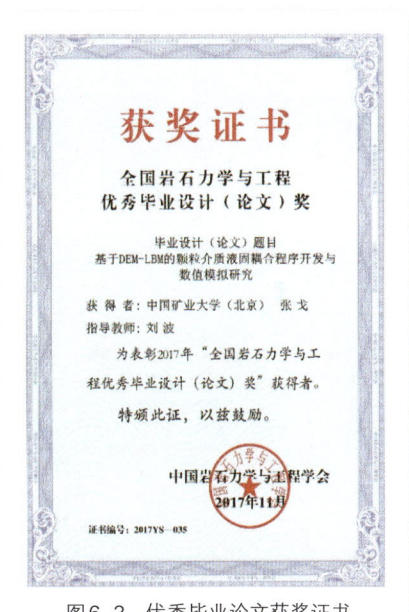

图6-3　优秀毕业论文获奖证书

2. 个人收获

回顾整个学习过程，可以说充实且丰富，仅从有形的收获而言，就获得了各种奖学金、各种学科竞赛奖项以及发表了数篇论文，如图6-4所示。更重要的则是无形的收获，比如在探索中培养了收集信息、主动思考、解决问题的能力，在做实验过程中养成了沉着冷静、严谨认真的风格，在参加各种交流活动中提升了语言表达能力和自信心。最重要的是，大学阶段作为一个从未成年人到成年人的转折阶段，难免遇到各种挫折、迷茫和诱惑，非常需要过来人的支持和引导。本科生导师恰恰扮演了这一角色，能够从更成熟、更全面的角度对各种问题提出见解。在学术和事业发展方面，导师能够为学生提供很好的资源，让学生获得进行各种锻炼的机会，为日后打下基础。

图6-4　部分荣誉证书

3. 个人体会

首先要感谢我的导师,他们不仅在领域内是最优秀的学者,而且对我而言,更是以身作则、循循善诱的引导者,对我的发展起到了决定性作用。本科生全程导师制很大程度上将藏于庙堂的高深研究展现给了初出茅庐的本科生,一方面是一次知识的洗礼,另一方面也是对学生的一种激励。我们的本科生全程导师制,类似于国外顶尖大学本科生的书院制,一群知名学者和学生坐而论道、畅怀讨论,但又不同于漫无目的侃侃而谈。导师制是在大纲教学之外的重要补充,同时也有助于提高学生的全面素质。比如很多学生在导师的指导下虽然没有做科学探索,但做了一些实用性项目,获得了发明专利甚至尝试了实际应用,这对于日后从事工作、解决问题无疑提供了巨大帮助。

导师指导　扬帆起航

学生 / 夏雪　导师 / 陈磊

夏雪，能源与矿业学院工业工程专业2016级本科生。获第六届中国国际"互联网+"大学生创新创业大赛全国总决赛铜奖、北京市机器人大赛二等奖、北京市"挑战杯"三等奖、华北五省机器人大赛三等奖、北京市阳关体能热力操一等奖、北京市大学生舞蹈节银奖、校二等奖学金与暑期社会实践先进个人等。现已保研至我校，担任化学与环境工程学院本科2020级辅导员。

1. 学习历程

2016年9月，我踏入美丽的矿大校园。从懵懂青涩到坚定奔向目标，在学校全程导师制的指导与支持下，四年时光虽转瞬流逝，但却让我卓越成长。

1）立志欲坚不欲锐，成功在久不在速（大一）

刚迈入大学校门，一切都是崭新的和充满未知挑战的。大一的课程虽然不算多，却让我感受到大学学习的与众不同。高中时"你教我学，你说我做"的被动学习模式在这里已不再适用，那如何调整才能适应大学的学习与生活？我为之困惑。但在不久后的导师见面会、学院新生教育大会上，我的疑惑就都得到了解答。还记得第一次与导师见面，内心略有紧张却非常期待。陈磊导师为我们详细介绍了专业培养体系，解答我们的疑惑，还和我们分享他本科时的一些故事，帮助我们明白大学要想过得充实有价值，就要在大一打牢基础，立好志向。这为我之后的学习与发展奠定了重要的思想基石。

2）纸上得来终觉浅，绝知此事要躬行（大二）

"明德至善，好学力行"校训简洁明了，却对我影响深刻。经过一年基础知识的学习与积累，大二的我有了更大的追求与目标。虽然在学科竞赛上，我认为自己起步较晚，不知道以自己现有的知识"能赛出什么"，但很幸运，我遇到了自己的引路人——陈磊导师和辅导员罗茗老师。因为他们在学习和精神上给予了我巨大的支持，所以之后的"节能节水""采矿实践作品"等各类竞赛，我都争取机会、努力尝试。"能从赛中获得什么"的思考，使每一次经历都变得弥足珍贵。我也从追求结果转变为感受过程，更能理解校训的真正含义："好学"还需"力行"，而"力行"将促使我们更加"好学"！

3）不经一番寒彻骨，哪得梅花扑鼻香（大三）

进入大三，大学生创新训练项目正式开始了。在陈磊导师和实验室师兄师姐的帮助下，我一步一个脚印，顺利通关。此过程中的酸甜苦辣，我至今印象深刻。还记得和团队一起做智能物流小车，因为小车行驶总不稳定，一度让队员倍感崩溃的时候；因为意见分歧，团队爆发激烈矛盾，差点分道扬镳的时候；因为实验前压力过大，屡屡想要放弃的时候。如此种种，不胜枚举。但不经历风雨，哪有资格拥有彩虹。正是那段时间的训练，让我锻炼了自己的心智，夯实了专业技能，明白了团队如何团结合作，这些都为之后的研究与学习奠定了重要基础。

4）路漫漫其修远兮，吾将上下而求索（大四）

图6-5 获奖证书

因为新冠肺炎疫情的影响，我们经历了一场特殊的毕业季。虽然无法见面，但导师在线上全程指导我们的毕业设计（论文）。在陈磊导师的建议与帮助下，我的毕业设计最终变得更加完善，论文也更为规范，成功毕业，并且获校优秀毕业生称号。此外，我继续冲刺"互联网+"创新创业大赛，作为"虾路相逢——精品生态龙虾的缔造者"团队的产品总监，运用IE技术优化龙虾的生产工艺，推出小龙虾一体化加工，力争尽可能地提高质量、降低成本。在学院领导和老师的支持下，项目逻辑更加缜密、优势更为突出，最终成功拿到全国总决赛铜奖（图6-5）！

2. 个人收获

刚入校不久,学院就为我们配备了导师,在我平稳过渡并适应大学生活过程中起到了重要作用;之后在学科竞赛、创新创业方面,导师都给予了巨大支持。这四年,在陈磊导师的指导与学院老师的关怀下,我得以全面与快速发展,收获良多。

图6-6 舞蹈演出

思想政治方面:经支部大会通过、上级党组织批准和预备期考察,我光荣成为中国共产党正式党员;作为学校代表之一,我参加了央视2017年《五月的鲜花》五四晚会录制;我还在"冬奥会100天"开幕式、北京市"希望马拉松"、"圆计划"大型公益、大同市"半程马拉松"等众多活动中担任志愿者,如图6-6所示。

学业与竞赛方面:加权平均分86.67(专业前20%),通过英语四六级考试,获得校优秀学生二等奖学金、第六届中国国际"互联网+"大学生创新创业大赛全国总决赛铜奖、北京市大学生机器人大赛二等奖、北京市"挑战杯"三等奖、华北五省机器人大赛三等奖等。完成中国科学院国家空间科学中心立项的大学生创新时间训练计划项目。部分荣誉证书如图6-7所示。

图6-7 部分荣誉证书

文体与实践方面：曾担任学院文艺部副部长、新媒体主编、学校艺术团舞团骨干等，荣获北京市阳光体能热力操一等奖、北京大学生舞蹈节银奖、校二等奖学金等，并被评为暑期社会实践先进个人。

3. 个人体会

本科四年里所经历的点点滴滴，让我受益良多。在这四年的时间里，矿大育我成长，助我成才，从衣食住行到医疗教育，它的温暖无处不在。而能源与矿业学院勤勉严谨、开拓创新的精神，和陈磊导师以身作则、严谨治学的态度更是引领着我不断奋勇前进，使我成为一个看问题、做事情有思想、有见地的新时代青年人。

本科生全程导师的指导，极大地提高了我的科学研究能力。大一陈磊导师以学业导航为主，对我们进行素质拓展，提升专业兴趣。大二主抓竞赛，以赛带练，养成专业素养。大三则以创新实践为抓手，夯实专业技能。大四重在毕业就业，指导我们的论文与实习，实现专业成长。此外，辅导员罗茗老师和班主任王兵老师，在我的学习与生活中也提供了强大的支持与帮助。通过导师、班主任、辅导员形成了支持我发展的"点、线、面"，三者有机统一，极大地促进了我个人的全面快速发展。同时，我还要真心感谢学校与学院。在未来，我也相信，自己将带着老师们的期望与本科期间的收获在矿大校园二次起航。

勤奋执着　志存高远

学生 / 王昊　导师 / 李祥春

王昊，应急管理与安全工程学院消防工程专业2017级本科生，四年加权平均成绩位列专业第一，现保送至北京大学力学与工程科学系流体力学专业直接攻读博士学位。获得国家奖学金、优秀学生特等奖学金。获全国大学生数学竞赛一等奖等省级以上奖项6项，发表学术论文1篇，授权发明专利1项。

1. 学习历程

1）大一：勤学善思，夯实基础

初入校园，李祥春老师便为我说明了消防安全这类学科对于社会的重要意义。导师教导我们一定要打下坚实的知识基础，这样才能在以后的专业课学习中游刃有余，并深入体会该学科的价值。

带着对数学独有的兴趣，高等数学成为我最为投入的课程。在课堂上，我认真听讲，紧跟老师思路；课下，我总是会在第一时间对所学知识进行回顾，同时保质保量地完成作业。课余时间，我还学习了数学分析、高等代数等数学专业的课程，进一步提高了自己的数学能力。努力终有回报，在高等数学A1、A2课程上我分别取得了100分、99分的优异成绩。除此之外，为了准备竞赛，我还参加了吴楠老师开设的高等数学方法课程，丰富了解题思路，最终取得100分的成绩。

除了高等数学，我对于其他课程，如线性代数、大学物理等基础课程都要刨根问底。教学楼的自习室里，经常学到晚上十一点，我才会收拾书包，满载一天的收获返回寝室，大一一年都是如此。

2）大二：享受竞赛，丰富知识

记得一次与导师交流的时候，李祥春老师多次强调学科竞赛的重要性，不能仅局限于安全学科，还要拓展到其他学科领域，是否获奖并不重要，重要的是在竞赛过程中提升自己对于知识的应用能力。导师的这番话让我意识到了学科竞赛的价值，因此在大二学年，学习之余我将很大一部分精力投入竞赛中。在数学学科方面，我参加了全国大学生数学竞赛、美国大学生数学建模竞赛。在物理学科方面，为了在全国大学生物理竞赛中取得突破，我不仅参加了竞赛培训，而且自主学习竞赛涉及的物理知识；同时，我与同学组队，在李洪涛老师的指导下积极参加北京市大学生物理实验竞赛。此外，我多次参加数理知识竞赛、安全知识竞赛、采矿与安全知识竞赛等校级比赛，均有所收获。

在这一学年，我辅修了计算机科学与技术专业，使得周末的自己并没有停下学习的脚步，而是在不断提升自己的知识广度。我的理解是：学科交叉是大势所趋，掌握一定的计算机知识能够在消防安全领域解决很多问题。

3）大三：保持好奇，深入科研

在学习流体力学、燃烧学、工程热力学与传热学等专业核心课时，我便对燃烧现象的机制充满好奇。在大三学年我决定加入导师课题组，初步接触科研。我在赵金龙老师的指导下，进行了油池火方面的研究，通过分析 FDS 数值模拟和相关实验得到的数据，解释燃烧现象，修正燃烧模型。之后，在大学生创新训练项目中，李祥春老师从开题、实验、结题一步步悉心指导，让我对科研的整体流程有了进一步认识，也从导师身上学到了一些基本的科研方法。我还与物理实验竞赛的同学一起，对我们所构建的力学参数测量装置进行探索优化，提高了自身的科学素养，增强了自己在学术领域继续深造的决心。获得的部分荣誉证书如图 6-8 所示。

图 6-8　部分荣誉证书

4）大四：继续探索，追逐梦想

由于对燃烧流体力学产生了浓厚的兴趣，结合自身的数学知识功底与逻辑思考能力，我确定了自己未来的研究方向：流体力学。在与导师交流了我的想法后，李祥春老师从各学校的学科实力以及未来的就业方向出发，给出了建议。我仔细思考导师的建议后，考虑到北京大学力学系深厚的底蕴与强大的学科实力，报名了北京大学力学系的夏令营，并与流体力学方向的导师多次视频交流。最后，我顺利通过了夏令营考核，获得了北京大学直博生推免资格。

录取后的自己并没有停下学习的脚步，在大四的空闲时间，我依旧在自习室提高自身知识的深度与广度，还会定期前往北京大学参加学术组会，了解更多前沿的科研动态，为即将开始的科研生活打下坚实的基础。

2. 个人收获

经过大学四年的不懈努力，我的综合加权成绩为93.26分，位列专业第一名，46门课程成绩高于90分，26门课程成绩高于95分。凭借优异的学习成绩和综合素质，我连续两年获得国家奖学金（图6-9），并连续三年获得优秀学生特等奖学金。这些荣誉的取得与李祥春老师的指导是密不可分的。

学科竞赛和科研方面，我共获得省级及以上奖项6项，包括全国大学生数学竞赛一等奖（图6-10）、北京市物理实验竞赛一等奖、全国大学生物理竞赛二等奖、美国大学生数学建模竞赛H奖、全国安全科学与工程大学生实践与创新作品大赛三等奖等。丰富多彩的竞赛经历，使我开阔了视野，扩展了知识面，培养了创新意识。在李洪涛老师的指导下，我们利用积累的力学知识提出创造性的杨氏模量、切

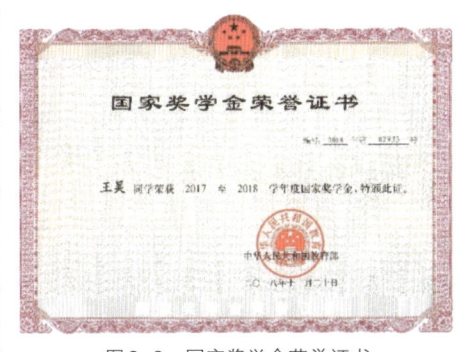

图6-9　国家奖学金荣誉证书

图6-10　全国大学生数学竞赛一等奖获奖证书

变模量的测量方法,搭建相关实验装置,将测量误差降至较低水平。最终我以第一作者身份发表学术论文1篇,授权发明专利1项。通过参与科研活动,我锻炼了自己的沟通组织能力与团队合作意识,增强了自身的科研素养,为研究生阶段的学习奠定了基础。

3. 个人体会

回首宝贵的四年大学生活,我获益匪浅,这一切与老师、同学、朋友的帮助是分不开的。得益于李祥春老师的引领,我在这四年里成长很快,我不仅在学习方面掌握了一些必要的科研方法,打下了一定的知识基础,而且学到了处理生活中问题的一些方法。

"好学力行"首先要"好学",大学四年,我以实际行动诠释了这一点。对于我来说,能够在学校里不断学习、探索知识本就是一件幸福的事情。"兴趣是最好的老师。当你在兴趣的驱动下去学习、思考、探索,那么'做一个幸福的人'就变得简单许多。"这是我对于学习的理解。"学无止境,永不停步",经过了本科四年的学习,我又要踏上一段新的征程,朝着自己所向往的学术高峰迈进。驱动我奋斗不止的根源,就是我内心的理想:做一名流体力学方向的科研工作者,脚踏实地,科研报国。

明确目标　脚踏实地

学生/徐鹏　导师/鲁静　刘乐

徐鹏，地球科学与测绘工程学院资源勘查工程2018级本科生，学习成绩位列专业第四，曾多次获得一等奖学金，现保研至北京大学地球与空间科学史前生命与环境科学研究所，加入王德明教授团队进行古植物学方向的研究。

1. 学习历程

2018年的夏天，我来到中国矿业大学（北京），与地质专业结缘，从此开启了充实且满足的大学生活。

1）大一：起点

刚入大学的我，对身边的一切都感到新奇，把大量时间与精力花在了参加活动和学生组织上，导致课程学习有些落下了。在与鲁老师的第一次面对面交流中，老师了解到我的情况后及时地为我提出了一些建议。经过老师的指导，我明确了低年级基础课程的重要性，也了解了学校地质专业的培养体系。我开始规划时间，在学习与参加活动中找到一个平衡点，尽可能地做到全方位发展。

2）大二：积累

专业课程渐渐多了起来，比如"古生物地层学""矿物学""岩石学"等课程，让我们进一步认识专业、走进学科背后的故事。在我看来，专业课的学习十分有趣，走进漫长的地质发展史，仿佛能目睹沧海桑田的变迁。我喜欢课堂上老师回顾学科历史，几百年来前辈的苦苦探索精神不断激励着我；我更喜欢老师聚焦前沿，带我们走进学科新发展，这也正是我希望为之努力的方向。在这一阶段与导师的交流主要围绕专业学习，导师广博的见识让我了解了前沿动态，并给予了我专业方面的新启发。

3）大三：成长

大三期间，我在刘老师的指导下参加了大学生创新训练项目，聚焦早期石松植物系统发育学。刘老师耐心给予我们指导，使得我们实现了从专业理论课程的学习到科研实践的过渡。犹记最初阅读英文文献时的困难，老师耐心地为我们讲解相关英文专业名词；在编制数据矩阵的过程中，刘老师亲自参与并为我们验证数据的准确性；在我进行系统发育分析时，常与刘老师基于所得结果讨论到深夜，仍能得到刘老师细致的指导与鼓励式的关怀。这样的经历我永远也忘不了，正是刘老师这样尽心尽力的指导才使得我在科研道路上不断进步成长。

4）大四：厚积薄发

秋天是一个收获的季节，我想一切的努力终将有获得回报的时刻。在导师的指导下，经过自身努力，我成功在九月取得了学校的推荐免试研究生的资格。值得一提的是我们宿舍六人都获得了推免资格，并成功进入梦想的学校深造。与室友交流的过程中，我们不约而同地想到导师在我们整个大学学习过程中的作用。正因为导师在学习中的指导、生活上的关心及迷茫时的指点迷津，才使得我们在前三年的学习中不忘初心，最终取得全员保研的好成绩。

2. 个人收获

两位导师都是经验十分丰富的教师，无论学习、生活方面，还是未来规划层面，他们总能给出指导性意见。正是通过与导师们的多次交流，我明确了专业方向，也了解了考研及保研政策，这一切都是鼓励我不断前进的动力来源。大学低年级阶段的学习以通识基础教育为主，鲁老师鼓励我们在保证学习质量的基础上多去探索，广泛涉猎。我积极参加学生组织、参与支教等社会实践，在服务同学、服务社会的过程中，个人能力也得到了很大的提升。进入大三后，专业学习成为重点，导师鼓励我们除课堂学习外，多阅读以提升专业领域的视野，为今后的学习和研究打下良好的基础。正是导师在我不同学习阶段给予的指导与帮助，使得我在学习成绩、个人能力及社会实践方面都取得了不错的成绩，如图6-11所示。

我认为大学四年的求学历程，便是一个明确目标后脚踏实地的过程。这一路走来，学校为我们保驾护航，老师为我们指点迷津，同学间相互学习、共同成长。

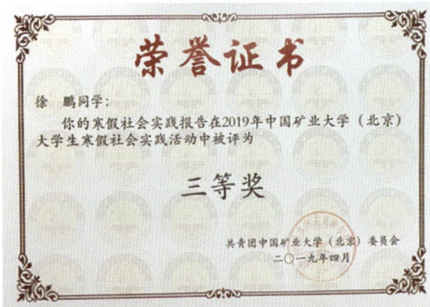

图6-11　部分荣誉证书

3. 个人体会

刚进入大学时，我对于地质专业知之甚少，对未来的学习生活也没有明确的规划。幸运的是由于学校施行本科生全程导师制，经过与鲁老师的多次交流，我对地质专业有了进一步认识，同时也意识到我校在地质专业培养方面强大的师资力量。导师还特别鼓励我们从兴趣出发，经过导师启发我将古生物专业定为我研究生阶段的方向。刘老师在科研上和生活中都给了我很多帮助，他充足的知识储备、广博的见识、对待科研一丝不苟的态度以及不厌其烦地指导让我从中学到了很多很多。总之，我十分感激学校实施本科生全程导师制，这不仅让我有机会与教授面对面交流并得到他们的指导，更使我通过跟导师进行项目训练，为今后的科研之路打下了良好基础。

走出迷茫　明确目标

学生 / 苗钦华　　导师 / 朱红秀

苗钦华，机电与信息工程学院机械工程专业2017级本科生。连续三年获国家励志奖学金。获北京市武术比赛团体一等奖，学校首批本博贯通培养学生之一。

1. 学习历程

刚进入大学的时候，我对大学课程的学习方法掌握得不好，过多依赖教师讲授，课下自主学习时间少，导致第一次高等数学月考的成绩不理想。导师知道后，带着几位研究生师兄与我们进行了深入交谈。导师告诉我们要尽快找到适合自己的生活习惯和学习规律。刚开始的失意并不可怕，只要找对了适合自己的方法，慢慢就会步入正轨，一切都会变好。在听取了导师的建议后，我改变了自己的学习方式，白天在课堂上认真做笔记，晚自习时间做题巩固知识点，加强自主学习能力。

导师每个月至少跟我们开一次座谈会，不仅关心我们的学习情况，还告诉我们要保持健康的身体和轻松的心态。平时要注重锻炼，保护好身体，才能更好地学习。在学习和生活中遇到任何困难，都要想得开、看得开，有任何困难都可以找导师交流，如图6-12所示。

导师重视大学生创新创业训练项目，结合实验室已有研究和国家发展形势，为我们确定了大学生创新创业训练项目题目：矿井透水事故救援两栖仿生机器鱼。首先导师向我们明确大学生创新创业训练项目的目标，就是锻炼我们的专业知识综合运用能力、实践能力和创新能力，更重要的是培养科研基本素养，为之后的博士生涯科学研究打下坚实的基础。在大学生创新创业训练项目进行过程中，导师对我们进行精准切实的指导，一步一步引领我们进行研究，明确每个人的任务，给我们实质性的建议，使我们能够游刃有余地开展大学生创新创业训练项目，高效率完成每个任务。最终大学生创新创业训练项目取得了良好的成绩。

2. 个人收获

我时刻要求自己打好学业基础，学好每一门课程，连续三年获国家励志奖学金、校一等奖学金、校二等奖学金。我积极参加校级二维制图表达竞赛、三维制图表达竞赛，将学到的理论知识运用于实践中。我还积极组织班级同学参加校级社会实践活动，在暑期社会实践活动中连续两年担任社会实践团队长，带领团队参观具有历史教育意义的古迹和机械制造公司，并获评暑期社会实践优秀团队和先进团

图6-12　朱红秀导师指导学生、导师制小组讨论

图6-13　参加武术比赛

支部，暑期社会实践报告被评为优秀报告。利用课余时间，我积极参加体育活动，加入了校级运动代表队——武术队。我多次参加学院路街道表演、校级运动会表演以及元旦联欢晚会表演，并代表学校多次参加北京市级武术比赛（图6-13），荣获首都高校武术集体项目比赛第一名、北京市传统养生武术比赛个人第四名的成绩。

3. 个人体会

对于刚进入大学的学生来说，大学的概念比较模糊，甚至对未来比较迷茫。学校实施本科生全程导师制，可以让学生在导师的指导下逐渐走出迷茫，明确自己的生涯规划和人生目标。导师不仅仅为我们解决学习困难，而且生活、身体、心理有任何问题都可以向导师寻求帮助。在导师的引导下，学生还可以跟师兄师姐交流，早日了解科研课题，提前感受科研气氛。

有幸被照亮　愿我也发光

学生 / 王一茜　导师 / 李岩

王一茜，管理学院工商管理专业2017级本科生。《人民日报》2021年本专科生国家奖学金百名优秀代表。获国家奖学金、校董事会奖学金、特等奖学金，获"互联网+"、挑战杯等竞赛奖项，发表论文2篇。现为第八届研究生支教团成员。

1. 学习历程

2017年高考后，我来到中国矿业大学（北京），开启了新征程。我们是沙河校区的第一届学生，李岩老师是我的第一位导师。初见导师时，导师就告诉我们，在大学期间要树立人生目标，并要具体落实每件事情，做到行胜于言。导师还告诉我们，大学期间不求超越别人，只求超越自己。所以我们相约在教学楼上自习、在图书馆浏览群书，为达成目标而不懈努力。

大二时，我报名辅修机电与信息工程学院的计算机科学与技术专业，而主修的工商管理专业课程也相对"硬核"起来，这使我有些吃力，有了一丝放弃的念头。此时导师告诉我不要放弃，并给我讲解如何协调。在导师的鼓励下，我坚持自己的选择并克服困难。

记得导师通过线上指导我开展大学生创新训练项目。经过李岩导师的指导，我了解了从事科研的第一步就是阅读文献，从中找出存在的问题与不足，提出自己的看法。然后通过实验验证自己的想法，最终整理数据，形成自己的认识。起初我觉得科研工作很枯燥，经过导师指导，我又觉得非常有意思。在大学四年级进行毕业设计（论文）时，导师告诉我们要注意学术规范，最终我顺利完成了毕业设计（论文）。

2. 个人收获

自2017年入学以来我坚持支教，累计辅导中小学生约1500人次，服务时间逾600小时，成为志愿北京平台2星级志愿者。2020年2月我报名参加了抗击新型冠状病毒志愿活动，获评"管理学院'抗击疫情'最美志愿者"。我曾参与中国矿业大学（北京）新冠疫苗接种志愿项目、110周年校庆服务、2019年青少年英语能力展示活动。假期加入了家乡图书馆学雷锋志愿服务队，圆满完成了共青团临沂市委"青鸟计划 才聚沂蒙"活动，被评为"2020 精彩管理年度人物"。我努力学习，获得了国家奖学金，被评为中国矿业大学（北京）优秀毕业生、北京市优秀毕业生。我积极参加学科竞赛，获得"挑战杯"、北京地区高校大学生优秀创业团队等奖项，《人民日报》2021年本专科生国家奖学金百名优秀代表。经选拔，我和其他7位同学成为中国青年志愿者扶贫接力计划第23届研究生支教团、中国矿业大学（北京）第八届研究生支教团候选人，将在广西壮族自治区河池市都安瑶族自治县支教一年。部分荣誉证书如图6-14所示。

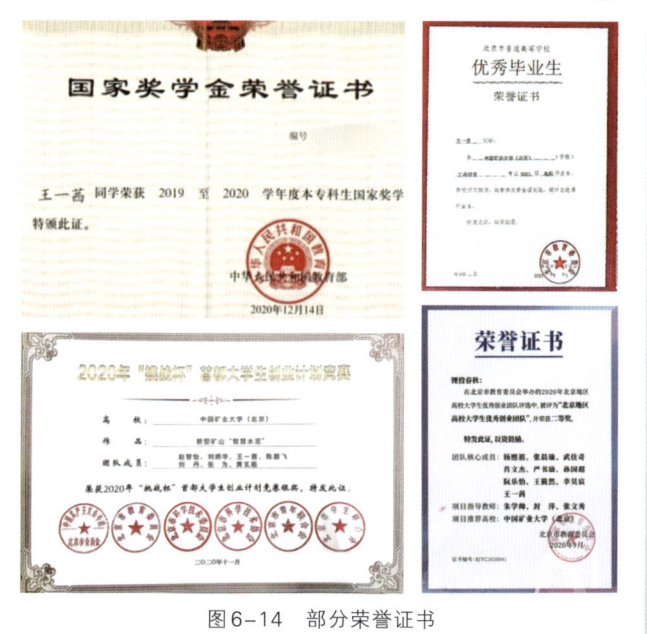

图6-14 部分荣誉证书

3. 个人体会

得益于李岩导师的指导，我懂得了行胜于言。学校本科生全程导师制的实施，为我四年的本科学习提供了很大的帮助。三尺讲台系国运，希望我可以向李岩导师学习，做好西部计划的研究生支教团志愿者。愿乘长风破万里浪，我们的未来是星辰大海！行胜于言，且看我行动！

架起桥梁　有效沟通

学生 / 韩凌　导师 / 高军杨

韩凌，理学院数学与应用数学专业2018级本科生。获国家奖学金、校级"优秀团员"等荣誉称号。

1. 学习历程

怀着对数学的热爱，我毫不犹豫地选择了数学方向。刚进入学校，导师就给我们召开了导师组会，导师教育我们牢记习近平总书记的指示："要在加强品德修养上下功夫，教育引导学生培育和践行社会主义核心价值观，踏踏实实修好品德，成为有大爱大德大情怀的人。"

导师重视对我们学习的指导。高导师有丰富的教学经验，知道新生存在学习目标不明确、学习方法不正确等问题，有时对专业目标和专业知识感到茫然。针对这些问题，高导师通过导师组会，耐心询问大家的课程成绩，结合自己的学习和教学经历传授学习方法。最令我印象深刻的是2020年寒假返回学校之后，导师针对我的成绩下降，做了一番深刻分析，让我充分认识到自己的学习问题。多亏了导师，我在接下来的学期中成绩大幅回升。

导师在指导过程中注重分类指导，由于我们都想继续读研深造，导师根据我们不同的学习方向进行了分类指导：对计算机方向的同学，要求学生重视上机实践，需要通过国家英语四级考试；对学习数学方向的我，要求在大一大二时打好高等代数、数学分析等课程的基础，大三深入学习专业课程，扩展学术眼界，提高研究能力。在导师的指导下，我认真学习了高等代数、数学分析、实分析与复分析等课程,掌握了代数与分析方面的知识。尤其是复分析课程,主讲教师就是我的导师,他总是在基础知识之外讲解复分析领域的研究方向、待解决的问题以及重要定理证明,为我们今后的学术研究指明了方向。

2. 个人收获

我一直牢记导师的教诲,秉着严谨求学的态度严格要求自己,打下了坚实的专业基础:系统掌握了数学分析、高等代数、空间解析几何、运筹学、常微分方程、数值分析、实变函数、复变函数、数学建模、概率论、数理统计、泛函分析与微分几何等数学理论,了解了 Matlab、C 语言与 texlive 等专业性语言的用法,具备良好的英语听说读写译能力。2018—2019学年我的加权成绩排名全年级第三。部分荣誉证书如图6-15所示。

图6-15 部分荣誉证书

在学习理论知识之余,我怀着浓厚兴趣积极参与各项学科竞赛,并有所收获。我在2019年10月举行的全国大学生数学竞赛中获省三等奖,在2020年10月举行的全国大学生英语竞赛中获二等奖。这些竞赛增进了我对学科的理解,提升了我的思维能力,为今后的研究奠定了基石。

3. 个人体会

施行本科生全程导师制对提高学生综合素质大有裨益。从宏观方面来说,导师引导学生树立正确的世界观、人生观和价值观。从微观方面来说，导师指导学生学习方法、引导学生端正学习态度，帮助学生打下坚实的学业基础；还指导学生制订学习计划，对学生进行个性化指导，根据学生情况有针对性地引导其制定生涯规划。学校的本科生全程导师制在导师与学生之间架起了一座沟通的桥梁，引导学生全方位成长。

幸得恩师　茁壮成长

学生/张琦　导师/李彬

张琦，文法学院法学系2015级本科生。大学四年综合测评成绩位列年级第一，保研至中国政法大学证据科学研究院证据法学专业，获中国政法大学优秀新生奖学金。

1. 学习历程

大学期间，我有幸加入李彬导师组。导师在学习、生活等方面给予了我最大限度地指导和关怀。大一期间，学业比较重，又是形成法律思维的入门阶段。同时，高等数学等基础课程比较多，令我们很头疼。

图6-16　与导师、同学交流学习

导师看出了我们存在的问题，通过召开导师组会，告诉我们学习法律应该具备的良好习惯和思维。召开导师组会的方式，从大一持续到大四，形成了良好传统。每次开导师组会时，我们4位成员都可以与导师畅谈，包括学习方法、生活困扰、人生规划等，如图6-16所示。

图6-17 参加北京市模拟法庭竞赛

导师鼓励我们积极参加学科竞赛。大二期间，我参加了北京市模拟法庭竞赛（图6-17）。刚开始，每次看到模拟法庭案卷，对自己都是一次挑战。导师利用课余时间对我们进行指导，并提出建设性意见。经过选拔确定了几名队员，代表学校参加北京市的比赛，最终我们获得了团队二等奖的成绩。

导师注重培养我们的创新能力，指导我们进行大学生创业创新训练项目。以当时新修订的《民法总则》中的最新法律规定为出发点进行选题设计。我们每个人都认真查阅、整理资料。在导师组会上，

图6-18 与导师合影

导师会认真地看每人整理的资料，并对其思路框架、资料支持、写作内容进行点评和指导，会后自己进行修改。以此为基础，我们对写科研论文有了一定的了解，为后来顺利完成毕业设计（论文）打下了基础。图6-18所示为与导师合影的照片。

2. 个人收获

大学四年，经过导师指导，我的专业成绩和综合素质成绩位列年级第一，获得了国家奖学金、校特等奖学金等奖项。通过了大学英语四六级考试。荣获2017年北京市首都高校地理知识竞赛二等奖、2017年北京市大学生模拟法庭竞赛二等奖、北京市优秀毕业生、中国矿业大学（北京）优秀毕业论文二等奖等荣誉奖项。我积极参加课外活动，兼任中国矿业大学（北京）法律援助中心主任，组织了"12·4

图6-19 模拟法庭竞赛交流赛

宪法日"主题活动,作为承办方举办了第三届北京市九大高校模拟法庭竞赛交流赛(图6-19),2016—2017年赴大连暑期社会实践并获评"暑期社会实践先进个人"。

3. 个人体会

学院发的导师制手册,记录着我们每一次导师组会的内容。我十分庆幸有一位良师益友始终一路同行。我的导师就像指南针,在我每个人生阶段助我找到适合自己的明确方向,让我的学习和生活一路朝更好的方向发展。我的导师是我的监督者,让我在松懈偷懒、失去自律的时候告诉我应该怎么做。回顾大学四年,我有幸遇得恩师,使自己的大学生活充实而有意义。

亦师亦友　获益良多

学生 / 李志宇　　导师 / 刘世奇

李志宇，能源与矿业学院采矿工程专业2017级本科生。保送至中国科学院大学，在德国克劳斯塔尔工业大学学习三个月。获得国家励志奖学金、校特等奖学金、第九届全国高校采矿工程专业学生实践作品大赛一等奖、2017级优秀大学生创新训练项目。

1. 学习历程

"师也者，教之以事而喻诸德也。"刚开学不久，学院召开了导师和学生见面会，那是我第一次见到我的导师。在我四年的大学生涯中，导师给我传道授业解惑，教我为人立世，给我树立榜样。

2017级学生是首批入驻沙河校区的学生，拥有安静的学习环境，但对于导师而言却增加了较多困难，往返两校区需要花费约1小时。尽管如此，我的导师认真执行导师责任，几乎每周都来沙河校区与我们交流。我们经常坐在教一楼后面的长椅上畅谈，话题类型很多，但更多强调我们要制定详细的学习计划、人生规划，利用各种实践条件培养自己的创新精神。导师还鼓励我们设定自己的人生目标。有了目标的引导，做起事情来就有规律可循。在导师的指导下，我逐渐端正学习态度，成绩从大一上学期的第22名，到大一下学期的第6名，再到大二大三学年的第1名，我感到非常骄傲。

在实施本科生全程导师制过程中，我认为最能体现导师负责态度的是导师对我们花费的时间。我的疑问很多，每攒够一定数量我就会集中询问导师，四年来我们交流的时间加起来肯定有上百小时，尤其是新冠肺炎疫情防控期间，导师经常以电话、视频等方式对我的学业进行指导。

在学院路校区，我经常去导师课题组，与导师、课题组成员一起讨论大学生创新训练项目。从选题、中期到结题等环节，导师指导我们如何开展。有疑惑的时候，我随时向导师、课题组成员请教，大家都是第一时间给我解答。通过多次交流讨论，我的科研能力增强了，对大学生创新训练项目中涉及的问题有了自己的认识和理解。

2. 个人收获

经刘世奇导师指导，我获得了国家励志奖学金、校特等奖学金等。2019—2020年上半学期，获得了出国交流机会，在德国克劳斯塔尔工业大学学习生活三个月。获得第九届全国高校采矿工程专业学生实践作品大赛一等奖（图6-20）、2017级优秀大学生创新训练项目。模型大赛参赛合影如图6-21所示。

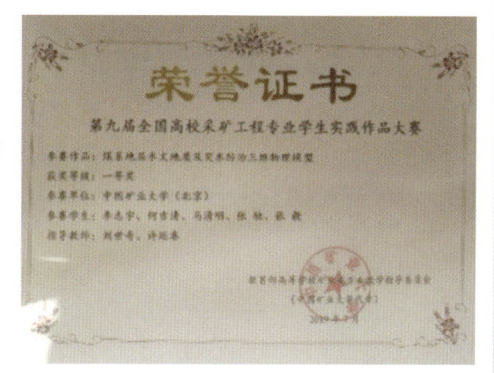

图6-20　第九届全国高校采矿工程专业学生实践作品大赛一等奖

3. 个人体会

我认为大一上学期是导师制的关键时间段，导师在学生刚入学时应该多交流，拉近与学生之间的距离，帮助学生树立目标，力争让学生在大学生涯开个好头。我认为对于学生，大学是一条要走四年的路，导师制给我们提供的导师就是在入口、岔口和出口的指示牌，帮我们指示每条路的方向和可能的结果，我们在路口迷茫时就可以抬头看看他们，选定了方向再脚踏实地地前行。

图6-21　模型大赛参赛合影

走出小我　拥抱挑战

学生 / 陈昕哲　导师 / 李峰

陈昕哲，应急管理与安全工程学院安全工程专业2018级本科生。获得国家励志奖学金，通过了大学英语四六级考试。

1. 学习历程

刚进入大学时，我对如何规划人生感到迷茫。恰在此时，我的导师——李峰老师与我进行了交流。导师的解答解开了我心中沉淀的困惑，他的话我现在记忆犹新。导师告诉我，要合理规划大学四年，大一大二学年要努力学好学活基础课程，大三大四学年要夯实专业课程，必要时结合科研进行学习。学习理论课程和专业课程时，不能把它作为一个应试任务去完成，而应该逐步培养兴趣，告诉自己这是未来一定用得到的知识。同时导师还告诉我们，尽可能把自己学到的知识形成体系，这样解决问题才会游刃有余。

经过导师的指导，我的眼界拓宽了。导师说："大学是人生中很小的部分，在这个阶段，不仅要继续扩充知识，更要培养做人的能力，要多参与社会实践，多在日常生活中关心帮助他人。"在导师的鼓励和建议下，我参加了很多志愿活动，比如参加学校的社团、暑假去农村地区支教等。通过这些实践，拓宽了我的视野，也增强了自己的信心，培养了团队合作能力。

在导师的鼓励下，我变得越发成熟了。我是一个比较循规蹈矩的人，对于一些新鲜和陌生的事物有严重的畏惧心理，不敢主动去尝试。在做大学生创新训练项目时，我开始比较胆怯，做事情缩手缩脚。经过与导师多次交流讨论，慢慢地我对实验有所了解，渐渐地变得勇敢。李峰导师告诉我："要勇于创新、敢于创新，只要实验方法正确，结合具体的实验现象不断修正自己建构的理论体系，最终一定能得出客观的实验规律，虽然是一个全新的课题，但我们也一定能够把它突破。"听了李峰导师的教导，我清楚了大学生创新训练项目的意义，于是更加努力地开展大学生创新训练项目实验，如图6-22所示。

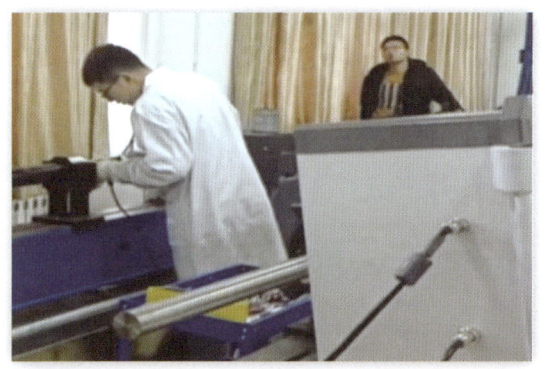

图6-22　在实验室做实验

2. 个人收获

在导师的帮助下，我树立了正确的学习目标，在专业上取得了优异成绩，在学院里名列前茅，顺利获得了国家励志奖学金，通过了大学英语四六级考试，并获得北京市大学生高等数学竞赛三等奖、校级英语写作大赛三等奖等。我作风优良、乐于助人，所在宿舍获得了"优良宿舍"称号；受导师鼓励，我积极参加社会实践活动，投身于为他人服务中，2019年利用暑假我随同学前往河北一个贫困的农村支教，得到了学校与当地教育局的支持，被评为暑期社会实践优秀团队。

3. 个人体会

导师对学生进行思想引导、专业辅导、生活指导，不仅尊重学生个性发展，因材施教，而且培养学生的创新意识和实践能力。导师制的实施，让我与导师有充分的交流空间，使我具备了正确的思想观念、充足的学习动力，使我的大学生活变得更加充实幸福。我特别感谢李峰导师对我的指导和关心，还要感谢董新慧师姐对我大学生活的帮助和鼓励。

早立志　立长志

学生 / 邹佳琦　导师 / 李晶

邹佳琦，地球科学与测绘工程学院2016级本科生，四年加权平均成绩位列专业第一，曾获国家奖学金、校级特等奖学金、校级一等奖学金，现保研至武汉大学测绘遥感信息工程国家重点实验室。曾获全国大学生英语竞赛三等奖、校级优秀本科毕业设计（论文）。

1. 学习历程

2016年夏末，我来到了中国矿业大学（北京），带着对未来的向往和对大学生活的憧憬。

1）大一：起点

大一刚开学不久，导师与我们见了面，强调大一时学好基础课程，尤其是高等数学和英语。导师给我们讲解了测绘工程专业的基本情况，介绍了专业的培养体系、课程设置，并给我们讲解了学好每门课程的重要性，为我们今后的学习和工作打下坚实的基础。

2）大二：尝试

进入大二后，理论课程增多，实习课程也开始了。我第一次接触编程语言——C语言，便对其产生了浓厚的兴趣，但是不懂的地方太多了，令我有些头疼。第一次校外实习经历也令我难忘，实习小队的男生、女生一同合作，扛着全站仪、三脚架、棱镜等仪器走遍一个又一个山头，非常有意思。但由于是第一次实习，我遇到了较多的麻烦和困惑。导师知道情况后，及时与我交流，对我进行开导与指导，解决了我不懂的问题，使我有了克服困难的决心和动力。

3）大三：创新

大三时开始进行大学生创新训练项目，这是培养创新能力的一个重要环节，我很珍惜。导师不厌其烦地对我们进行指导，包括选题、文献阅读、实验设计、数据分析等方面。刚开始的时候我很困惑，觉得流程太多。经过与导师交流，我慢慢弄清楚了各环节的关系，初步掌握了基本的科研流程。记得在修改论文的时候，导师逐字逐句地告诉我们哪些地方需要修改，论文的结构应该如何优化。导师严谨的学风，深深地影响着我。

4）大四：收获

大四寒假期间，受新冠肺炎疫情影响，导师只能采用线上方式指导我们的毕业设计（论文），但导师对我们的指导次数没有减少，有时利用周末或者晚上进行集中指导，强调学术规范性。我们有问题也会随时找导师，她都会耐心解答。所以我的毕业设计（论文）进展非常顺利，质量也较高，获得了优秀本科毕业设计（论文）一等奖和北京市普通高等学校优秀毕业生，如图6-23所示。

图6-23 荣誉证书

2. 个人收获

大学四年的成长过程很容易被个人思想浮动牵着走，不清楚每个阶段的重点是什么。在导师的指导下，我对大学四年的生活有了较为清晰的规划，并按照导师的要求强化理论基础知识，不断拓展实践和社会活动。为强化英语技能，我参加了英语角，并顺利通过了英语四级、六级考试。我利用假期，强化自己训练编程思维和代码编写能力，考取了计算机二级证书。我积极参加竞赛活动，获得了全国大学生英语竞赛三等奖，如图6-24所示。

图6-24　荣誉证书

3. 个人体会

导师非常平易近人，我们无论是科研遇到的"大问题"还是日常生活遇到的"小问题"，导师都会耐心聆听并详细解答。正是在导师的指导与帮助下，才使得我的大学生活丰富多彩，有质量地完成了大学四年的学习和生活。这一切都要感谢学校施行本科生全程导师制，并配备了这么多优秀且负责任的导师。

打开心扉 深入交流

学生 / 魏欣新　导师 / 颜华

魏欣新，市场营销专业2015级本科生，毕业后前往英国伯明翰大学攻读战略市场营销与咨询专业硕士研究生。本科毕业论文荣获2019年北京市普通高校优秀本科毕业设计（论文）。本科期间获得优秀学生二等奖学金、优秀学生三等奖学金，并于2019年1月受国家留学基金委资助前往英国阿尔斯特大学交流学习五个月。作为学校羽毛球队的成员，多次代表学校参加北京市高校羽毛球锦标赛并取得优异成绩。

1. 学习历程

我的导师颜华是一位非常关爱学生、认真负责、有耐心且细心的导师。导师利用微信、电话、每月至少1次的见面交流等形式，拉近了师生间的关系。每学期结束，导师都会询问我的学习成绩，帮助我发现学习过程中存在的问题，鼓励我在下一个学期继续努力。导师不仅在学业上给予指导，也时常关心我的思想、日常生活以及未来规划。当我对未来的职业规划感到迷茫时，导师及时与我沟通交流，告诉我要脚踏实地，才能有长远的未来。

大学生创新训练项目是我在大学里参加的第一个研究项目，导师作为项目的指导老师，倾注了许多时间和精力。在选题阶段，导师指导我们结合专业知识和社会热点问题确定研究项目，最终我们将课题确定为"影响北京市新能源汽车的购买因素研究"。项目组最初有5名成员，由于2人参军，与其他团队相比我们组成员较少，工作难度更大，团队成员都有些手足无措，不知该如何继续后续的研究工作。

面对这种情况,导师及时帮助团队调整研究计划,重新分配工作。在项目实施过程中,导师全程跟进,了解研究进度,指出存在的问题,并指导我们找到解决问题的方法。在暑假期间,导师多次帮助团队成员修改科研论文。通过大学生创新训练项目,我的学术研究能力和实践能力都得到了提升。在项目开展过程中,我将课堂中学到的专业知识成功应用于实地调研中,锻炼了市场信息搜集能力。在调查数据分析以及论文撰写中,导师反复地指导和修改也培养了我的科研能力。在导师的尽心指导和团队成员的共同努力下,我们获得了校级优秀大学生创新训练项目,共发表了3篇论文。

在与导师交流的过程中,我和导师分享过出国留学的想法,导师对于我的想法非常支持。当学校国际交流处公布与英国阿尔斯特大学的交流项目时,导师便支持我报名参加。最后我获得了国家留学基金委的奖学金资助,并于2019年1月前往英国阿尔斯特大学进行了为期五个月的交流学习。出国留学期间正是我的毕业设计(论文)的撰写阶段,导师采取线上沟通方式,从论文选题、提供参考文献资料到帮助我理清写作思路、初稿撰写、修改论文直到答辩前的准备工作,导师始终都是尽心尽力,在每个环节悉心指导并给出详细具体的修改意见。每当我遇到困难时,导师第一时间就会帮助我解决,如图6-25所示。正因为如此,我的毕业设计(论文)才能顺利完成。当我犹豫是否参与优秀毕业设计(论文)评选时,也是导师鼓

图6-25　与导师交流学术

励、支持和帮助我，让我有自信参加评选。最终我的毕业设计（论文）获得了校级优秀本科生毕业论文一等奖，并被推荐参加了北京市普通高校优秀本科生毕业设计（论文）的评选。这一切都与导师认真负责、耐心地指导密不可分。

2. 个人收获

在导师的指导下，我的毕业设计（论文）《数字音乐用户付费意愿影响因素的实证研究》荣获2019年北京市普通高校优秀本科毕业设计（论文）以及中国矿业大学（北京）2019届优秀本科毕业设计（论文）一等奖。在学校国际交流处以及导师的推荐下，我获得了国家留学基金委的资助，以本科插班生的身份赴英国阿尔斯特大学留学五个月。在学校就读期间，我曾获得优秀学生二等奖学金、优秀学生三等奖学金、依托大学生创新训练项目，以第一作者身份在学术期刊发表论文1篇。

在学好专业知识的前提下，导师也希望我按照自己的兴趣和特长选择发展方向，提升自己的综合素质。在导师的鼓励与支持下，我多次参加学校举办的各种专业竞赛及文体活动。大一时，我加入了校羽毛球队，积极参加校队的各种训练，每年都会代表学校参加北京市高校羽毛球锦标赛，获得过女子团体乙C组第三名以及单项赛女子女双（乙C）第三名。我曾多次参加大学生科技文化节营销策划大赛，获得二等奖。参加第一届全国高校企业价值创造大赛（校内赛），与团队成员共同努力下获得了三等奖。参加"正大杯"第八届全国大学生市场调查与分析大赛，获得全国市场调查与分析专业技能证书。部分荣誉证书如图6-26所示。

图6-26　部分荣誉证书

3. 个人体会

就我个人经历而言，在学校学习期间，本科生全程导师制对我非常有意义。我和颜华导师建立了亦师亦友的关系，从导师角度在日常学习及学术研究方面给予我专业的指导意见，从朋友角度关心我的生活和人生规划。进入大学是我第一次离开家乡、离开父母，需要面对更多的挑战、更多的选择。当我感到迷茫或遇到困难时，导师都会及时给予帮助，使我可以继续努力前行。学院给每一位学生发放了导师制学生手册，学生需要在上面记录每一次与导师见面的内容并且每个学期末都需要完成个人总结。刚开始的时候，会觉得这样做很麻烦，但大学四年结束时，当我翻看这本学生手册，我感到了满满的成就感。我看到了自己四年来的蜕变，看到了导师对我的爱。这本学生手册不再是枯燥的记录，而是四年的回忆。即使现在已经离开校园，我仍然和我的导师保持联系，我也相信我和导师之间的关系不会因为毕业而改变，并且我也会始终记得与导师相处的点滴时光。最后，我想对学弟学妹说，利用本科生全程导师制机会，尝试对导师打开心扉，与导师进行更深入地沟通交流，一定会获益良多。每一位导师都不希望自己的学生走弯路，导师很愿意将自己的人生经验传授给学生，并且导师也会因你的成功而感到骄傲。

迎接挑战 不断成长

学生 / 李赓照　导师 / 单仁亮

李赓照，力学与建筑工程学院土木工程系2017级本科生，保送至本校，成为土木工程本博贯通学生。本科期间，在导师的引导与帮助下，其加权成绩在全年级排名逐年上升，每年获校级奖学金，在多项北京市级比赛中获奖，参与发表学术论文。

1. 学习历程

在高考成绩公布后填报志愿的时候，父母和我就对学校的本科生全程导师制有所耳闻，且充满憧憬与好奇。本科生全程导师制，对于一个来到陌生城市求学的新生而言，显得十分必要。学校对于本科生全程导师制中导师的选拔十分严格，并不是所有的老师都能成为导师。导师往往既是教学主力，又是科研骨干。我有幸师从单仁亮教授，他是我进入大学后引领我的第一位恩师，他对专业、对学校、对社会的解读，很大程度上缓解了我对大学生活的陌生感与紧张感。当时的我没有料到的是本科四年我的每一次进步、每一项重要选择都将离不开导师的见证；我取得的优异成绩，也与导师的悉心教导密切相关。

大一刚入学，我便得知我们这一级同门的学生一共有6位，恰好我们都在土木二班。听说我们的导师是时任力学与建筑工程学院院长的单仁亮教授，同学们纷纷向我们投来羡慕的眼神，而我们的心里则多了一份压力。

大一期间，对大学生活充满期待的我，将加入校合唱团定为我的重要目标，而我在刚入学就如愿以偿。我在合唱团积极参加排练，并且以我15年音乐学习的积淀，很快得到指导老师的青睐，担任合唱团指挥。经过大家共同努力，2018年6月合唱团在北京市大学生艺术节中一举夺得银奖,我自己也获得了"北京市最佳指挥奖"。虽然我获得了梦寐以求的荣誉,但是由于我对合唱团过于入迷、倾注了过多的心血,甚至在上课的时候我都常常想着晚上的排练。导致我在学习上投入的精力越来越少。导师早在第一学期就注意到了我的问题,提醒我把主要精力放在学习上。可是我并没有引起重视。于是第二学期,随着令人羡慕的合唱成绩而来的,是令人无法直视的加权成绩,我的排名跌至专业第70名(全年级189人)。

我开始慌了,因为不理想的成绩将会严重影响保研,我甚至觉得保研对我来说已经是一种奢望。

导师也非常担心我的情况,约我谈话,帮助我详细分析当下的严峻形势,告诫我只有在未来四个学期奋起直追,才有保研希望。导师的这次约谈,使我坚定了大二大三发挥优势、全力学习的决心,如图6-27所示。天道酬勤,勤奋的付出在大二上半学期就有了喜人的回报,我获得了年级第20名的好成绩。知道成绩的那天,我百感交集,我为自己取得的进步高兴,但同时不知道自己还需要多么努力才能追赶到年级前10名。想到这里,压力不觉涌上心头。

图6-27 导师与学生召开组会

在导师的鼓励和指导下,我慢慢摸索适合自己的学习方式,大二下学期,我取得了年级第17名的好成绩。大三开始,土木分为建工、地下、岩土三个方向。什么方向才既是我所擅长的,能发挥出我学习能力上的优势,又能增加保研的可能性?我十分纠结。在选定方向的时候,导师找我谈过几次话,最终我听取导师的建议,选择了岩土方向。我十分庆幸我的选择。因为无论是学习内容还是工程实践,都是我所擅长的,所以学习起来并没有非常大的压力。大三两个学期,我的成绩飞速增长。我以绝对优势高居岩土方向第1名;加权排名全年级第9名。不仅获得了梦寐以求的保研资格，更是实现了大学三年分别获得校级三等、二等、一等奖学金的目标，使我的大学四年充实而无憾。

2. 个人收获

谈及个人收获，我感慨万千。

虽然说大一一年，我在合唱团投入了太多的精力，导致学习受到影响，但合唱团带给我的团队精神、人际沟通、领导能力的成长，都让我获益匪浅。英语方面，四六级均一次性通过；大一大二代表学校参加北京市写作与演讲比赛共三次，

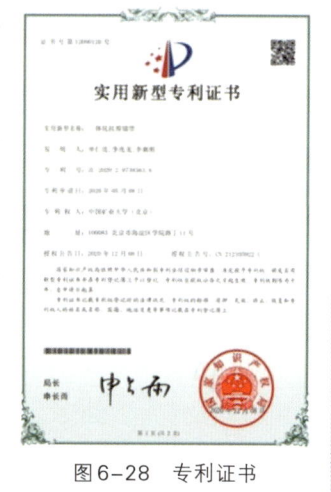

图6-28 专利证书

均取得优异成绩；大三上学期取得BEC高级证书；在多篇已发表的学术论文中承担翻译工作等。虽然英语课只在大一大二开，但是单仁亮导师早就有意培养我的英语能力，并多次叮嘱我英语是学术研究中必须具备的技能。成为本博学生后，我愈发感受到英语在科研中的重要地位，幸而四年的认真学习为我打下了坚实的英语基础，这对我之后的学习提供了极大的帮助。奖学金方面，大学三年分别获得校级三等、二等、一等奖学金，见证着自己的成长，也为我的大学经历增添了浓墨重彩的一笔。科研方面，师从导师和同门师兄开展了题为《抗剪锚管索实验系统设计》的大学生创新训练项目，发表学术论文1篇，获专利1项（图6-28），并获校级优秀大学生创新训练项目。同时有幸跟随单仁亮导师和陶志刚导师发表过其他几篇学术论文。

3. 个人体会

目前我国大学本科教育多以班级为单位来开展，它有利于发挥老师的主导作用，但难以照顾学生的个别差异。学校实施的本科生全程导师制，因导师指导学生一般为3~6人，故在长期接触中能清晰全面地掌握学生的志趣与特长，帮助学生进行选课。定期进行商谈与指导，从而使得以班级为单位的群体教育和以导师制为基础的个别教育形成了良好的相互补充，极大地促进了学生的学习主动性与创造性，提升了学生的专业知识水平。

消除迷茫　走向未来

学生 / 赵烁　　导师 / 谢起慧

赵烁，文法学院行政管理专业2017级本科生，四年加权平均成绩位列专业第三，曾获董事会奖学金、校特等奖学金、国家励志奖学金、校一等奖学金等，现保研至北京师范大学社会发展与公共政策学院。曾获2020年挑战杯全国大学生创业计划竞赛铜奖、第七届中国国际"互联网+"大学生创新创业竞赛总决赛银奖。

1. 学习历程

2017年夏末，我作为第一批入驻沙河校区的矿大学子，怀着对大学生活的憧憬，来到了中国矿业大学（北京）。

1）大一：消除迷茫

大学阶段是我第一次正式离开家乡在异地学习与生活，最初适应大学生活期间并不顺利，我对大学生活充满迷茫，不知路在何方，开学的第一个月我甚至都没有去过图书馆。幸运的是学校施行本科生全程导师制，使我遇到了谢起慧导师，一位对我本科生活产生重大影响的老师。谢老师在大一时定期召开导师会，关心我们的学习情况，解答我们的学习问题。每次会议结束前，她都会体贴地告诉我们，有什么困难和问题可以随时找她，这使我感到非常温暖，有了更大的勇气去迎接挑战。

2）大二：坚定信心

我已经渐渐适应了大学的学习生活节奏，内心的目标也逐渐清晰，拥有一段丰富的大学生活经历，成为我的动力驱使我前进。暑期社会实践是大学生活中一次重要的经历，谢老师在这个过程中也一直帮我们出谋划策、联系资源，最终我不仅成功完成了暑期社会实践，还获得了校级优秀报告一等奖和首都大学生暑期社会先进个人称号，这也是我人生中第一次获得省部级奖项。

3）大三：取得收获

我开始更广泛地探索，开始负责大学生创新创业训练项目。谢老师一直细心地指导我该如何开展项目，使我逐渐掌握了研究方法，学会了文献查找与阅读、数据分析，顺利完成了大学生创新创业训练项目。

4）大四：走向未来

大四上学期，我面临推免的各项面试和选择，谢老师经常主动了解我的情况并提供帮助，不仅回答我的疑惑，还亲自去帮我了解一些情况，让我可以成功推免到一个心仪学校，选择喜欢的研究方向。大四下学期，谢老师指导我完成毕业设计（论文），获得了优秀本科毕业论文二等奖。我个人也获得了北京市优秀毕业生称号。

2. 个人收获

谢老师工作认真，对待学生亲切热情。每次导师会，谢老师都会和我们交流学习、生活中的各种情况，帮我们解答问题、解决困难。谢老师是我们本科四年生活中的坚强后盾，让我们可以更加顺利地完成四年的学习、生活。

大学四年，我逐渐学会了如何规划生活、如何规划学习、如何规划人生，也渐渐懂得了自己的目标，应该如何去追求。在四年之前，我还是一个只会背书刷题的高中生，但是四年之后，我参与组织了各种各样的活动，获得了一个个让我珍惜的奖项，也取得了我想要的成绩。这不仅是我个人努力的结果，更是在谢老师以及其他老师、学长学姐和同学朋友的帮助下才能取得的成果。部分荣誉证书如图6-29所示。

图6-29　部分荣誉证书

3. 个人体会

大学时光是一个人一生中最精彩璀璨的时间，也是最容易让人迷失的时刻，刚跨入大学校门我不知道专业是做什么的，也不清楚应该如何安排大学生活，更不知道未来该通向何方。但是在和谢老师交流后，我渐渐了解了应该如何学习专业的每门课程，知道了如何分配自己的时间，学会了很多方法和技巧。在谢老师的悉心引导下，我也逐渐开始去探索自己喜欢的领域。

学校实施本科生全程导师制，使我们可以和导师亲密交流，可以让我们更顺利地融入大学生活，让我们更快地接触到科研和其他实践。矿大的内涵是为世界开采光明，而本科生全程导师制则是指向我们未来之路的一盏明灯。

导师浸润　助力成长

学生/吴山西　　导师/张守宝

吴山西,能源与矿业学院采矿工程专业2017级本科生,多次获得校级优秀二等奖学金、国家励志奖学金,获本科生优秀毕业设计(论文)、优秀毕业生。目前保送至学校本博贯通培养。

1. 学习历程

2017年高考结束后我以第一志愿报考采矿工程专业,被中国矿业大学(北京)录取,开启了充实多彩的大学之旅。刚入大学的我也曾迷惘彷徨,大一时接触的都是通识课,很少涉及和采矿相关的课程,我想学习采矿相关知识,却不知从何处入手,更不知道该怎么去学。遇到这样的困扰,导师主动与我交流,张老师告诉我:"这是专业学习的必由之路,学好通识课程,是为以后的专业课学习打基础,只有基础打牢,才能厚积薄发,大学的学习不是一蹴而就的,而是四年的不断积累。"这坚定了我继续学习采矿知识的信心和决心,也给了我学习的动力。在以后的学习中,我给自己制定了科学合理的时间规划,一丝不苟地对待每门课程、每一堂课。导师与学生交流合影如图6-30所示。

大一大二的时候,我在学院担任辅导员助理,这导致我与同班同学的日常交往较少。导师告诉我,班集体的生活是大学生活中必不可少的一部分,同学之间友情是一生都难以忘怀的感情,要主动与同学沟通交流,热心主动帮助同学。在导师的指导下,我竞选为班级团支书。"打造一流班集体"成为我的工作目标,在学习中关心同学,在生活中关怀同学,在工作中关注同学。经过全班同学的共同努力,在

图6-30 导师与学生交流合影

我任团支书期间,班级加权成绩位列专业第一,班级有6名同学进入专业前十,本人也获得校级优秀团干部称号。

学校积极推动国际化进程,在各学院遴选双一流本科拔尖人才培养国际班,在大三出国交换一学期。正当我犹豫之际,导师鼓励我:"出国学习珍贵的不是出国的名声,而是你出国的学习经历,眼界上都会有一个质的提升,这可能在短期的时间内无法用金钱来衡量,但是它将是你人生的一个财富。"面对我的经济压力,导师主动给我提供担保,同时帮我解决出国的后续难题,让我顺利完成出国交换培养。

2. 个人收获

在导师的帮助和指导下,我努力提升自己的综合素质,在各方面都取得了不错的成绩。大一我就积极投身于各种实践中,曾获得北京市暑期社会实践优秀团队、校级优秀特等奖报告、校级优秀团干部等;我积极参加各种竞赛,曾获中国国际"互联网+"大学生创新创业大赛铜奖、全国采矿实践作品三等奖等;学习上我获得了国家励志奖学金、校级二等奖学金;科研上我负责大学生创新训练项目1项,并被评为校级优秀大学生创新训练项目,负责北京市校际合作大学生创新训练项目1项、煤炭资源与安全开采国家重点实验室大学生科技创新计划项目1项,以第三作者发表论文2篇,授权实用新型专利1项(排名第二)。部分荣誉证书如图6-31所示。

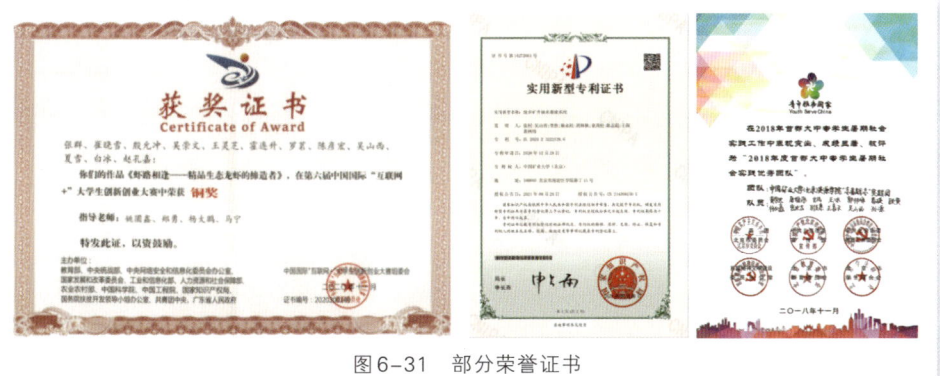

图6-31　部分荣誉证书

3. 个人体会

学校施行的本科生全程导师制是为学生提供一个可以和导师交流沟通的平台,激发本科生的学习主动性、积极性。帮助本科生树立正确的世界观、人生观,形成良好的品德与行为规范;帮助本科生解决学习和生活上的难题。本科全程导师制对本科生的职业生涯规划、创新能力培养等方面都有积极的作用。

艰苦奋斗　自强不息

学生 / 马翰超　　导师 / 赵金龙

马翰超，应急管理与安全工程学院安全工程专业2018级本科生，现保研至清华大学工程物理系安全科学与工程专业。

1. 学习历程

2018年，我来到中国矿业大学（北京），对未来的大学生活充满了憧憬和向往。

初入矿大，在经历新环境期间，我也与我的本科生导师——赵金龙老师有了初步交流。赵老师作为一名年轻老师，勤勉奋进且对科研充满激情，他非常热情地为我们讲述自身的学习和科研经历，我也是在此时对未来的发展道路有了初步认知。大一的课程偏向通识教育，以高等数学、英语等课程为主，赵老师多次强调基础课程尤其是高等数学的重要性。在赵老师的指导下，我多数时间用于学习基础知识，也获得了不错的成绩。

进入大二，我利用暑假向赵老师学习与科研相关的基础知识，并对研究生的工作与生活有了一些了解。在赵老师的指导下，我学习了火灾模拟软件pyrosim，搭建了基础的实验装置（图6-32），参加了一些学科竞赛，拿到了数学竞赛一等奖、安全作品比赛三等奖等奖项。

大三是我印象最为深刻的一年，我参与了大学生创新训练项目——电缆火灾发生发展规律的研究。赵老师为我们提供了专业的学术辅导，师兄们也都十分热情地为我们提供了一系列经验。最令我敬佩的是，赵老师为了保证我们能够在寒假期间

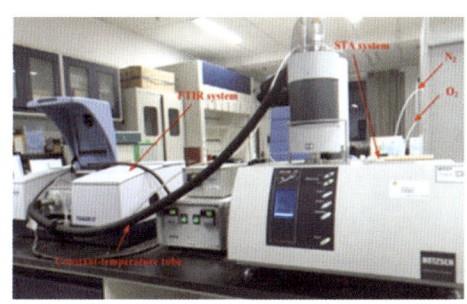
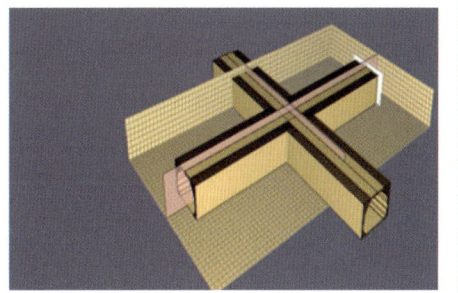

图6-32 实验设备及模拟软件效果图

获得相应的实验数据,每天在实验室中开展相关实验,定期了解我们的进展与遇到的困难,并提供解决方法和思路,这些都成为我的宝贵财富。最终,在赵老师的指导下,我撰写了1篇电缆材料热解的英文论文。

2. 个人收获

经过导师指导,我在学习方面形成了适合自己的一套学习方法,使我遇到不熟悉的领域时不再恐慌。生活方面养成了乐观积极的态度。我认为与导师、前辈的交流是十分重要的,导师总是能为我们提供学习、生活等方面的建议,大大节约了我们摸索花费的时间。数次与导师交流,我了解了在专业领域内发展需要的能力条件,也对自己有了更清晰的认识,于是我开始有意识地规划学习:英语能力的锻炼、编程基础知识的掌握、文献的检索、逻辑体系的形成等。通过这些使我产生了学习的动力,取得了不错的成绩。三年加权平均成绩位列专业第一,曾获国家奖学金、校级特等奖学金、校级一等奖学金、全国大学生数学竞赛一等奖、北京市挑战杯二等奖等荣誉奖项。部分荣誉证书如图6-33所示。

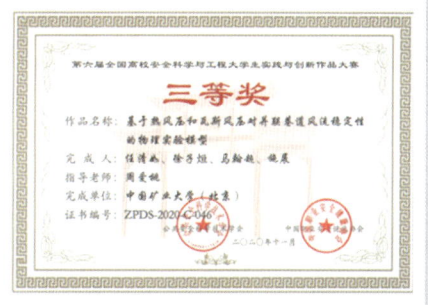
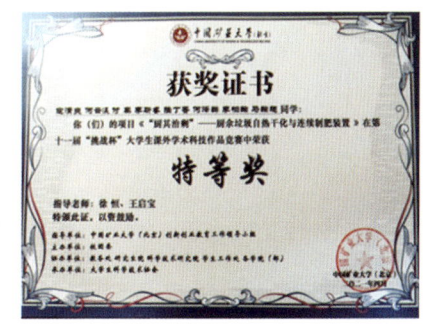

图6-33 部分荣誉证书

3. 个人体会

仍记得初入学校时，我的迷茫与困惑，时至今日回想，本科生全程导师制的意义绝不是一两次会议或是一个科研项目就能囊括的，它既是师生间的思想碰撞，更是每个学生在不知未来发展时最可靠的答复。赵老师每次会议的建议、每次批改文章的陈述，都使我受益匪浅。通过本科生全程导师制，学生与学校、导师的联系落在了实处。我希望自己不忘初心、牢记使命，在今后的学习中不断进步，保持矿大人明德至善、好学力行的品质。

好学力行　复合发展

学生/李诚信　导师/臧杰

李诚信，应急管理与安全工程学院安全工程专业2018级学生，辅修北京大学国家发展研究院经济学。推免至同济大学交通运输工程学院交通运输专业（道路安全）攻读硕士学位，研究自动驾驶与主动安全。曾任学院团委志愿服务部部长、安全学院&能源学院辩论队负责人、北京大学国家发展研究院经济学双学位学生会CCERCLUB学术部骨干、北京大学创新学社会员、北京市海淀区星级志愿者、国际防灾减灾青年组织中国区U-INSPIRE China成员及第25届联合国气候变化大会Youth4Climate项目校园负责人。

1. 学习历程

我的祖父是工程师出身，祖父一直希望我能够从事工程或者科研相关的工作。从小到大，我就比较喜欢琢磨事情。在高中阶段，我就曾自己构思、自己设计、自己制作，参加陕西省中学电脑制作大赛、陕西省青少年科技创新大赛并获得奖项。高考结束后，我填报了中国矿业大学（北京），安全工程是我的第一志愿专业。

进入大一，我有幸成为臧杰老师指导的学生。在导师的指导和督促下，我打下了良好的学科基础。我记忆最为深刻的是：当时我在沙河校区，一次晚自习结束，导师专门给我打电话，叮嘱我在大一、大二要打好基础，以便能够在大三、大四的学习中能更轻松一些；同时要制定好大学四年的计划，一步步实施。

大二开始，基于对防灾减灾、应急安全等方面的兴趣，在导师指导下，我开始学习如何使用CNKI文献库、如何在前人研究的基础上不断创新。我开始组队，构思与安全相关的新想法、新点子。我加入导师团队，共同研发"基于温差及压力发电的井下检测式制氧应急防护衣"、设计"智能疲劳监测预警及安全管理系统"、负责"煤孔隙结构与粒度关联性研究"大学生创新训练重点课题，并担任了四川大学-香港理工大学和北京大学的相关课题研究的学生助理研究员。通过这些项目，我锻炼了科研思维，增强了创新能力。

除了认真学习，我还积极参加社会实践活动。大一时，经导师指导，我第一次参加大学生暑期社会实践。因为我们的选题是北京市行业高校的人才培养模式研究，涉及学科专业和导师制，臧杰老师在导师会上便向我介绍了我们学校和安全学科的人才培养方案。经过导师和同学的共同努力，项目获得了暑期社会实践一等奖。大二的暑期社会实践中，我率领实践团，克服疫情影响，对云南宣威杨柳镇进行调研，完成了"灾害高发地中小学韧性调研及防灾减灾知识普及"实践项目。团队参观当地林业站、国土资源部及安监站，深入了解当地防灾状况，同时立足安全专业，运用已掌握的科学技术手段，设计一套关于当地学校应急能力（韧性）分析与提升办法，并基于 OMAP 制作了杨柳镇中学的防灾减灾韧性地图。团队因地制宜，针对当地常见灾害，制作了面向当地中小学生的 Motion Graphics 防灾动画，并通过团中央公众号渠道向"十四五"规划在防灾救灾方面建言献策。项目最终获得了优秀报告特等奖，我也获得了"先进个人"称号。

大三时，我作为负责人带领学校两位同学参加 UNESCO U-inspire、全国青少年防灾减灾教育培训基地、四川大学国际减灾学会等组织的"疫情后的教科文组织站点灾害风险管理的良好实践和韧性调研"志愿调研活动。选择世界文化遗产苏州园林，通过对安保人员的访谈、相关的应急预案和防灾减灾规划的收集，对园区的主要风险源和灾害风险管理（DRM）进行分析，形成《苏州古典园林世界文化遗产的动态信息监管与多方参与保护》报告，并获调研报告三等奖。

2. 个人收获

臧杰老师对于许多问题的看法，都深深影响着我。导师在科研上的指点迷津，使我对科研产生了兴趣。导师总是能以更高的视野向我们讲授一些问题，这便是我觉得导师制的最大意义。我曾获校优秀学生二等奖学金、北京大学达世行奖学金、五四青年科学三等奖等，发明专利1项。部分荣誉证书如图6-34所示。

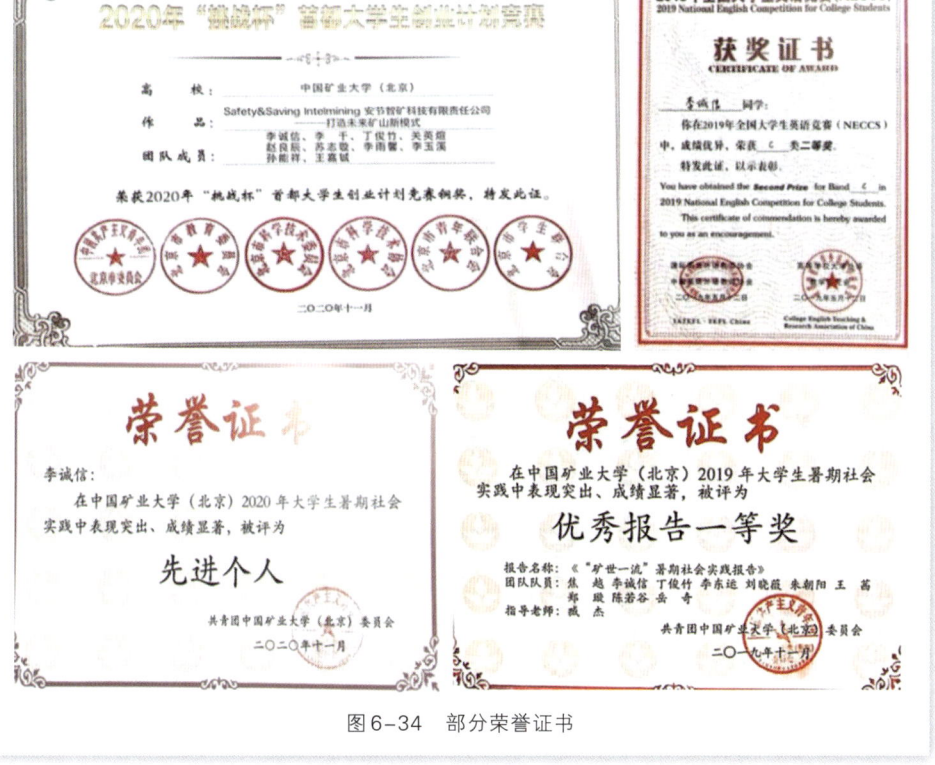

图6-34 部分荣誉证书

3. 个人体会

刚入校时,我对于安全工程专业比较茫然。导师的指导,让我逐渐明确了方向,踏踏实实地学习基础学科知识。臧杰导师总是在我纠结彷徨的时候,对我进行指导,帮助我及时调整,使我顺利完成了大学四年的学业。记得在我做大学生创新训练项目时,臧杰导师时常会与我讨论,分析存在的问题,其严谨的科研态度深深影响了我,让我坚定了继续读研的念头。因此我非常感谢导师在我本科四年给予的帮助与指导,也非常感谢学校施行本科生全程导师制,让我在本科阶段取得了诸多的成绩。

7 代表性论文

坚持全面从严治党 扎实做好党建工作

徐孝民

[中国矿业大学（北京），北京，100083]

全面从严治党是习近平总书记"四个全面"理论的重要组成部分，也是实现全面建成小康社会、全面深化改革、全面依法治国的重要保障。高校的党建工作是实现全面从严治党工作的重要一环，我们应从推进党的建设新的伟大工程的高度，来切实做好高校党建工作。

1. 强化党的领导，坚持和完善党委领导下的校长负责制

党委领导下的校长负责制是党对高校领导的根本制度，是高校坚持社会主义办学方向和落实党的教育方针的根本保障。

2014年10月15日，中共中央办公厅、国务院办公厅印发了《关于坚持和完善普通高等学校党委领导下的校长负责制的实施意见》（以下简称《意见》）。《意见》强调，高校党委是学校的领导核心，把握学校发展方向，决定学校重大问题，监督重大决议执行，支持校长依法独立负责地行使职权，保证以人才培养为中心的各项任务完成。《意见》指出，校长是学校的法定代表人，在学校党委领导下，贯彻党的教育方针，组织实施学校党委有关决议，行使《高等教育法》等规定的各项职权，全面负责教学、科研、行政管理工作。

党委领导是做好从严治党、加强党建工作的核心，坚持党的领导是建设高水平研究型大学的关键。多年来，我校全面贯彻党的基本路线和教育方针，坚持社会主

义办学方向，始终坚持党委在建设高水平研究型大学各项工作中的领导核心作用，坚持和完善党委领导下的校长负责制，积极发挥学校在国家能源科教领域的学科、人才和智力优势，着力培养全面发展的中国特色社会主义建设者和接班人，为建设富强民主文明和谐的社会主义现代化国家服务。

坚持党委领导下的校长负责制是实现学校科学决策、民主决策的制度保障。多年来，我校认真实行党委领导下的校长负责制，坚持《党委常委会议事规则》《校长办公会议事规则》等五个议事规则，形成了党委统一领导，党政分工合作、协调配合的工作机制。尤其在"三重一大"等问题上，坚持按照"集体领导、民主集中、个别酝酿、会议决定"的原则进行决策，保证决策的规范化、制度化和科学化。

2. 把握从严治党新要求，大力加强领导班子建设

1）以思想建设为根本，着力提高校级领导班子思想政治素质和政策理论水平

重视思想建党是马克思主义政党建设的基本原则，是我们党的优良传统和政治优势，是加强党的自身建设的永恒课题。全国组织部长会议指出，坚持全面从严治党，一定要用好思想建党这个传家宝，抓好思想教育这个根本。只有切实加强思想教育，促进党员干部凝神聚魂，才能守住护好建党、强党、兴党的生命线。我校党委始终把领导班子思想政治建设放在首位，制定了《关于加强和改进校、处两级领导班子思想政治建设的意见》，不断加强领导班子政治理论学习，在学习中统一思想、提高认识，用学习成果更好地指导工作，推动学校事业科学发展。多年来，领导班子坚持并完善党委中心组理论学习制度，本着"先学一步、学深一些"的精神，坚持每月一次的党委中心组学习制度和暑假专题学习。坚持理论联系实际，深入所联系的学院和单位开展专题调研、破解工作难题。坚持利用寒暑假时间召开领导班子务虚会，就学校发展的重大问题交换意见、深入研讨、统一思想。

2）以作风建设为重点，不断巩固和扩大党的群众路线教育实践活动成果

作风建设是党的建设的永恒主题，是全面从严治党的题中应有之义，也是实现干部清正、政府清廉、政治清明的必要条件。习近平总书记强调，作风建设没有休止符，永远在路上。作风建设是一项长期、复杂的系统工程，作风问题带有顽固性、反复性，必须痛下决心，严字当头，持之以恒，常抓不懈。

2013年7月至2014年2月，我校按照中央和教育部党组的部署，以作风建设为重点，扎实开展党的群众路线教育实践活动。校级领导班子成员带头示范，坚持

开门搞活动，突出问题导向，搞好学习，深入调研，广泛听取广大师生员工的意见和建议；出台了《关于进一步加强党政机关等职能部门工作作风建设的意见》，仔细查摆"四风"问题，认真撰写对照检查材料，精心组织好专题民主生活会，严肃认真地开展批评与自我批评；针对查摆出的问题，精心制定整改方案，明确整改落实目标。经过历时8个月的教育实践活动，学校各级党员干部党性得到了锻炼，进一步增强了宗旨意识，改进了工作作风，提高了工作效率，密切了干群关系，拉近了师生距离，进一步增强了凝心聚力、干事创业的信心和干劲，形成了团结协作、互相支持、共谋发展的工作作风。

下一步，我校对作风问题将继续保持高压态势，强化正风肃纪氛围；进一步严肃党内政治生活，营造讲政治、讲原则、讲纪律、讲规矩的良好政治生态；要以"三严三实"为基本遵循，在抓常、抓细、抓长上下真功夫，持续发力、久久为功，不断巩固和扩大党的群众路线教育实践活动成果。

3）以改革创新为动力，大力推动处级干部队伍建设

习近平总书记曾强调，唯改革者进，唯创新者强，唯改革创新者胜！干部队伍建设更应是如此。在全面深化改革的背景下，我们的干部队伍建设改革也要不断引向深入。我们要不断挖掘和培养有改革创新精神、有敢为天下先勇气、有敢于担当责任心的优秀干部。

近年来，我校不断深化干部人事制度改革，逐步完善处级干部选拔任用机制。一是实行公开选拔和竞争上岗，试行和完善笔试、面试答辩环节，推行差额确定考察人选、党委全委会差额票决干部人选、党委常委会决定岗位人选制度，积极推进干部选拔任用工作的科学化、民主化、规范化。二是通过扩大民主、实行"干部任前公示制"、书面征求学校纪检监察部门意见、诫勉谈话等方式，加强对干部工作的监督与管理。三是注重对干部的教育培养，不断提高干部的政治业务素质和管理水平。四是健全干部考核评价机制，推进干部考核工作科学化。对处级干部除实施年末考核测评外，还结合日常参加学校会议、重要活动以及各类培训等情况进行综合考核，初步建立起干部日常考核与年度考核相结合的工作制度，改变了以往干部注重年末考核的局面。五是大力加强后备干部队伍建设。学校制定了《关于加强处级后备干部队伍建设的实施意见》，分别于2008年和2011年开展了处级后备干部民主推荐工作，选拔培养了数量充足、素质精良的后备干部队伍。

习近平总书记指出："从严治党，关键是从严治吏。要把从严管理干部贯彻落实到干部队伍建设全过程。"下一步,我校将研究建立干部任期目标责任制,健全干部考核评价体系,修订《党政领导干部选拔任用实施细则》,坚持从严选拔。对干部要从严管理和约束,做到经常性的强化思想教育"醒醒脑"、强化日常管理"束束手"、强化帮助提醒"扯扯袖"。继续深化干部管理工作制度改革,加强院、部、处、室等部门的干部交流,通过多岗锻炼,增强干部阅历,提高履职能力。

3. 大力推进依法治校,为党建工作顺利开展保驾护航

从严治党必须要依法、依规治党。中共十八届四中全会通过的《关于全面推进依法治国若干重大问题的决定》,对大力推进依法治国、建设法治中国意义重大,对依法治校也提出了新的要求。我们要加快推进高校依法治校步伐,在法治的轨道上推进高校党建工作。

1)弘扬教育法治精神,培育和树立依法治校观念

加快推进依法治校步伐,必须以树立法律至上的思想观念为前提,要在高校大力弘扬教育法治精神,引导广大师生牢固树立法治意识,逐步养成遇事找法、办事依法、解难靠法的法治思维。坚持把领导干部带头学法、模范守法作为树立法治意识的关键,坚持把全校师生普法和守法作为依法治校的长期基础性工作,健全普法宣传教育机制,深入开展法治宣传教育。

长期以来,我校高度重视普法、守法教育。认真贯彻落实中央、教育部、北京市关于法治宣传教育精神,紧紧围绕学校改革、发展、稳定大局,以加快学校改革发展、促进和谐大学建设为主线,大力实施普法规划,深入开展法治宣传教育工作。学校的普法工作受到了上级部门的肯定和奖励。2011年,学校获得北京教育系统"五五"普法先进单位称号,是受表彰的4所教育部直属高校之一,也是受表彰的12所北京高校之一。

2)进一步完善规章制度建设,做好建章立制工作

依法治校、依法治党首要做到有法可依、有章可循。建立和完善各类规章制度,是高校依法治校的前提和基础。这其中,最为重要和居于核心地位的就是大学章程。大学章程之于大学,如同宪法之于国家。它承载大学精神、昭示大学使命,是指导和规范学校各项工作的"宪章"和"基本大法"。高校应当以大学章程建设为契机,进一步完善规章制度建设,全面推进依法治校。

2014年,我校完成了大学章程(核准稿),并报教育部核准。下一步,我们

要以大学章程建设为契机，根据章程规定，相应并系统地完善各类校内规章制度，做好建章立制工作，使依法治校的制度体系逐步得到完善。要逐步形成以上位制度——大学章程为"纲"，下位制度——各种校内规章制度为"目"的金字塔式的制度体系，做到纲举目张，织好学校的一张"法网"，为依法治校、依法治党的顺利实施奠定坚实的基础。

"潮平两岸阔，风正一帆悬。"习近平总书记提出的"四个全面"战略布局，立足治国理政全局和根本，着眼于现代化建设和民族复兴长远，确立了新形势下党和国家各项工作的战略方向、重点领域、主攻目标。其中，"全面从严治党"是我们做好一切事情的根本政治保证。我们要深入学习和领会"四个全面"精神，深入贯彻落实十八大、十八届三中和四中全会精神以及习近平总书记系列重要讲话精神，全面做好从严治党工作，稳步推进学校党建工作。

（原载于《北京教育：德育》2015年第5期）

建设一流矿业大学　引领煤炭工业发展

葛世荣

[中国矿业大学（北京），北京，100083]

摘　要：介绍了中国矿业大学（北京）的历史沿革，以及新中国成立前40年、新中国成立后30年、改革开放后40年中国矿业大学（北京）的发展历程及取得的成就。提出了新时代未来30年中国矿业大学（北京）的奋斗目标：建设以高层次创新人才队伍为核心的高水平教师队伍，积极构建能源工业精英教育教学体系，围绕矿业和安全领域的重大核心科学问题产出一流成果、打造世界一流学科。

关键词：中国矿业大学（北京）；110周年；一流矿业大学；煤炭工业

2019年是中国矿业大学（北京）建校110周年。自1909年建校以来，学校历经14次搬迁，15次易名，历久弥新，根本原因在于，她因煤而生、缘煤而兴，始终与中国煤炭行业相互依存、相互促进。从民国时期的实业救国，到新中国成立后的煤炭报国，再到改革开放后的科教兴国，学校始终与时代同呼吸、与民族共命运，为国家能源矿业与安全领域的人才培养和科技创新作出了突出贡献。

1. 新中国成立前40年克难前行

近代中国救亡图存。随着洋务运动兴起和煤炭工业的发展，兴办矿业高等教育、培养科学技术人才成为时代急需。早在1862年创办的京师同文馆，就将地质采矿学列为学习科目。创办于1895年的天津中西学堂（北洋大学前身），作为我国近代最早的大学，就设有采矿专业。1909年3月1日，中国矿业大学的前身焦作路矿学堂开门办学，成为我国在矿区最早开办的与煤炭行业有关的高等学校，自此，学校扛起了中国煤炭高等教育的大旗[1]。

焦作路矿学堂创办于积贫积弱的旧中国，前行之路注定坎坷，40年间九易其地[2]，饱受经费紧张和战乱颠沛流离之苦，虽历经千难万险，但初心不改。特别是焦作工学院时期，作为我国近代第一所矿业高等学府，学校理念先进、体系健全，教师队伍中拥有一批国内外知名教授，学生来自全国17个省（区），被当时的国家教育主管部门称为"海内办理成绩较良的工校之一"，有"东方科罗拉多矿业学院"之美誉[1]。中国近现代著名民主革命家、教育家蔡元培担任学校名誉校董时为学校亲笔题词："好学力行"，这是蔡元培先生对焦作工学院历经艰辛仍坚守信念的首肯，已成为学校穿越历史和未来的精神指向和独特品格。"七七事变"后，焦作工学院董事会董事长孙越崎主持学院内迁，亲自安排运输，将全校师生和教学设备、图书、仪器、标本及所需物品全部迁往后方，与后来内迁的兄弟高校组成国立西北工学院，完整保存了矿业高等教育的火种，为我国工矿事业培养了大批人才。他们中的许多人为玉门油矿和四川天府、嘉阳、威远等煤矿所聘用，为抗日战争胜利作出了贡献。

40年来，学校培育了一批工程技术精英，为中国近代煤炭工业发展播下了"星星之火"。据不完全统计，在采矿、冶金、土木等专业的毕业生就有460多人[1]。他们中很多人后来都成为国内外知名的专家学者和工矿企业或教学科研单位的学术带头人和领导干部。如著名的材料科学家、战略科学家、国家最高科学技术奖获得者师昌绪，著名的材料及冶金专家、中国工程院院士傅恒志，著名金属腐蚀防护专家张文奇，煤炭基本建设及采煤机械化专家吴京，矿井建设专家沈季良、李栖凤，选矿专家张仰均，采矿专家谷铁耕，通风安全专家杨立生，露天采矿专家彭世济等。一些曾经在焦作工学院工作过的教授、教师，如张清涟、马载之、邓曰谟、张景淮、张正平等，在新中国成立以后也继续活跃在我国的高教、科研战线，为新中国的煤炭高等教育和煤炭行业发展作出了突出贡献。

2. 新中国成立后30年发展壮大

新中国成立初期，工业基础薄弱，百废待兴，而当时我国煤炭消费量占一次能源消费总量的90%以上，煤炭成为新中国发展不可或缺的"动力源"。中央人民政府燃料工业部决定加速扩大矿业高等教育的规模，以满足煤炭工业对煤炭专业技术人才的需求。1950年，燃料工业部接管私立焦作工学院，并以此为基础创建中国矿业学院，校址由焦作迁至天津，成为新中国第一所矿业高等学府。作为当时新中国唯一一所以"中国"命名的工科大学，可见矿业在国家经济社会发展中的重要地位，中国矿业学院对于探索创新高等教育体制具有特殊意义。时任燃料工业部部长陈郁兼任中国矿业学院院长，吴子牧为副院长。1951年4月26日，中国矿业学院在天津隆重举行开学典礼和成立大会，标志着焦作工学院历史的结束和新中国第一所矿业学院历史的开端。陈郁部长在学院成立大会上指出，"中国有这样的矿业学院，确实是中国历史上的第一次。矿业学院的成立，反映了中国矿业发展的光明前途"[3]。1952年，全国高等院校院系调整，清华大学、天津大学、唐山铁道学院的采矿科系并入中国矿业学院，全国采矿学科的精英荟萃于此，由此奠定并确立了学校以矿业为主体的办学格局和在中国矿业高等教育中的龙头地位。

着眼于学院长远发展，1952年，中央财经委员会正式批准中国矿业学院在北京建校。仅用1年的时间，一个融传统与现代、古朴与壮美的新校园在北京市西北部巍然矗立。1935年9月11日，中央人民政府核准中国矿业学院改称为北京矿业学院。北京矿业学院作为首都一所崭新的大学，按照社会主义新型大学的目标，伴随着国家第一个五年计划的实施和大规模经济建设高潮的到来，一路高歌，写就学校发展史上18年的辉煌，这一时期成为学校发展史上的第一个黄金时期。

学校坚持独立自主办学，开创了中国特色的煤炭高等教育新模式，成为全国最早开展成人继续教育、研究生教育和留学生教育的少数高校之一。1956年，全院教职工逾千人，在校学生4000多人。师生数量相较新中国成立初分别增长了30倍和50多倍，培养的采矿类毕业生远远超过旧中国40年所有高校的培养总量，成为当时北京学院路著名的"八大学院"之一。学校于1960年被确定为全国64所重点院校之一。当时的北京矿院成为令人向往的大学，在学科体系、人才培养、社会主义大学文化建设等方面推陈出新，引领了学院路上"八大学院"的办学风潮，为后来众多煤炭高校的创立提供了办学样本。从这里，一批又一批毕业生起航奔赴祖国煤矿生产建设第一线；在这里，一项又一项科技成果推动着煤矿工业的技术革命。在国庆10周年科技成果展览会上，有200多项成果参展。北京矿院与莫斯科矿院签订了工作交流协议，这是学院第一次同外国高等院校正式建立校际合作关系。这一时期，北京矿院的体育名震京师，被当时的新闻媒体称为"以长跑著称的单位"[1]。1958年，贺龙副总理代表国家体委亲授北京矿院"全国体育运动红旗院"锦旗。"文革"期间，学校迁至四川三汇坝办学，师生开山造石，依靠双手建设起数万平方米的校舍，树立起矿大人艰苦奋斗、自强不息的精神丰碑。

3. 改革开放后40年全面中兴

改革开放后，经济社会快速发展，国家建设需要大量煤炭，给煤炭高等教育带来了春天。乘着改革开放的春风，中国矿业大学南北两地共举一面旗，共同为煤炭工业的发展和现代化建设提供了人才支撑和科技服务[4]。1978年，经国务院批准，学校恢复中国矿业学院校名，并再次被确定为全国88所重点高等学校之一，在江苏徐州重新建校，同时在北京原址设立研究生部，恢复研究生教育。1988年，学校更名为中国矿业大学，邓小平同志亲笔题写校名。1997年，成立中国矿业大学北京校区，形成了北京、徐州两个相对独立的办学实体。1998年，恢复本科教育。1999年，江泽民同志来校视察学校科研工作并为建校90周年题词：开拓创新，严谨治学，把中国矿业大学建成一流的能源科技大学。2000年，学校划归教育部管理，成为教育部直属高校。

2003年1月，经中央编制部门批复同意，以"中国矿业大学（北京）"名义办学。2009年，胡锦涛同志为建校100周年发来贺信。2019年学校建校110周年。学校是教育部直属的全国重点高校，是国家"211工程"、"985优势学科创新平台项目"、一流学科建设高校，是全国首批产业技术创新战略联盟高校，是全国设立研究生院的56所重点大学之一，同时也是教育部与原国家安全生产监督管理总局共建高校。学校形成了以理工为主、矿业与安全为特色、理工文管法经等多学科协调发展的学科专业体系和多科性大学的基本格局，在煤炭资源的勘探、开发、利用，与资源、环境和生产相关的矿建、安全、测绘、机械、信息技术、生态恢复、管理工程等领域形成了优势品牌和鲜明特色。

1）人才培养能力发生历史性转变

学校以20年的研究生教育为基础，积极构建研究生本科教育体系。本科生招生从1998年的150人增至2019年的2000人，面向30个省、自治区、直辖市招生，近年来学校第一志愿率保持在98%以上。煤炭主体专业占本科招生专业的1/3，招生数超过50%。8个专业被评为教育部、北京市特色专业，采矿、安全、矿物加工通过专业认证，学校是全国第一个申请并通过安全工程专业认证的高校。4个项目入选教育部首批"新工科研究与实践项目"。编写出版高水平教材120余部，其中国家级规划教材5部，北京市精品教材5部，全国煤炭行业优秀教材18部。获得43项全国煤炭行业教育教学成果奖（其中特等奖6项），25项北京市教学成果奖，2项国家级教学成果奖。2017届深造率达55.77%，在已公布数据的全国"双一流"建设高校中排名第24位，在一流学科建设高校中排名第5位，国内升学率在全国排名第6位。实施本科生全程导师制和创新训练项目，所有教师都参与指导学生的研究活动。创新训练项目和毕业设计（论文）来源于工程实践和科研的比例保持在60%以上。据不完全统计，2004届以来的毕业生依托毕业设计（论文）发表论文近800篇，其中近一半在核心期刊发表；获授权专利25项，其中发明专利9项。据统计，在2015—2018届毕业生中，每6名本科生发表1篇学术论文，每4名本科生中有1人获得省部级以上学科竞赛奖，60%的本科生获得创新学分优秀证书。据有关统计，新生入学质量全国排名第98位，毕业生就业质量在全国排名第22位，充分说明本科教学质量优良。

研究生教育方面，招生人数从1978年的29名增至2018年的2386名；1982年，学校招收了煤炭系统第一名博士研究生。2004年，经教育部批准正式成立研究生院。2008年，学校提出构建开放式研究生培养体系，特别是在服务以煤炭工业为主的能源领域方面，充分考虑煤炭企业高端人才需求，根据企业需求设置方案与课程，充分发挥学校矿业与安全行业特色，大力招收煤炭能源领域考生，与开滦集团、兖矿集团、潞安集团、同煤集团、国家能源集团等大型能源企业建立战略合作及研究生实践实习基地，形成校企联合的开放式研究生培养体系，成为煤炭行业重要的高端人才来源地。院士校友22名，1978年后求学的煤炭行业院士中，71%出自这片热土；全国80%以上的大型煤炭企业的领军人物出自矿大。先后有8篇博士论文入选全国百篇优秀博士论文，5篇论文荣获北京市优秀博士学位论文，1篇论文获得思想政治教育学科优秀博士论文，1篇论文获得全国化学工程领域优秀论文。大批毕业生直接或间接地为煤炭工业发展服务。学校为煤炭生产技术的革新升级，为综采机械化、信息化、智能化发展提供科技和人才支撑，发挥了煤炭行业研究生教育排头兵的作用。

2）科技创新能力发生历史性转变

在改革开放之前，受"文革"冲击，煤炭行业科研力量受到严重破坏，研发团队薄弱，创新能力不足。改革开放以来，煤炭高校紧紧围绕国家能源经济建设，积极构建知识创新、技术创新与成果转化为主体的科技创新体系。40年来，中国矿业大学（北京）已成为国家、地区、行业重大科技攻关的主力军，承担一批国家自然科学基金、"973计划"、"863计划"、国家重点研发计划等国家科技项目，先后完成与煤炭科学技术相关的重要课题1500余项，共获得国家级科技奖项30余项，省部级科技奖项600余项。矿压砌体梁、岩石分形模型、冲击地压预测、绿色开采等新理论，水煤浆制备、煤炭地下气化、放顶煤开采、煤与瓦斯共采、智能化开采、矿山机器人、煤矿安全生产监控与通信、矿区生态修复等新技术，均主要来源于煤炭高校持之以恒的研究。

3）学科体系发生历史性转变

学校先后成为国家"211工程"、"985优势学科创新平台项目"和一流学科建设高校。2005年，学校获准建设"煤炭资源与安全开采国家重点实验室"，实现了中国矿业大学乃至整个煤炭行业国家重点实验室零的突破。同年，学校联合组建的"煤矿瓦斯治理国家工程研究中心"正式成立，实现了学校国家工程研究中心零的突破。2008年，获准建设"深部岩土力学与地下工程国家重点实验室"。学校现有32个本科招生专业，17个一级学科博士点，34个一级学科硕士点，12个硕士专业学位授权类别；2个一级学科国家重点学科，8个二级学科国家重点学科，1个国家重点培育学科，21个省部级重点学科；14个博士后科研流动站。在教育部2017年第4轮学科评估中，矿业工程、安全科学与工程进入A+类，测绘科学与技术、地质资源与地质工程进入A–类。工程学、地球科学、材料科学、化学4个学科进入ESI排名前1%。矿业工程、安全科学与工程2个学科入围"双一流"建设学科名单。

4）人才队伍发生历史性转变

40年来，学校大力实施"人才强校战略"，围绕教师的引进、培养、使用、评价等师资队伍建设的"四梁八柱"，加强顶层设计和制度建设，人才与师资队伍建设工作取得了显著成效。学校现已建成一支结构合理、素质优良、德才兼备的师资队伍。现有全职教职工1014人，其中专职教师652人，教授172人，副教授226人；博士生导师192名，硕士生导师250名，80%拥有博士学位。教师队伍结构合理，59%具有高级职称；67%为45周岁以下中青年教师；80%具有博士学位，99%具有硕士及以上学位；55%最终学历为外校，86%为"985""211"高校毕业，5%为境外高校毕业；29%有1年以上海外经历。

中国矿业大学（北京）教师队伍整体质量高，高层次人才不断聚集，优秀青年人才不断涌现。现有教育部"创新团队发展计划"4个；中国科学院院士1名、中国工程院院士5名，双聘院士9名，俄罗斯工程院外籍院士2名，阿根廷国家工程院院士1名，何梁何利基金科学与技术进步奖3人，获国家杰出青年科学基金8人，"长江学者奖励计划"特聘教授8人，国务院学位委员会学科评议组成员3人，国家973项目首席科学家5人，"十三五"国家重点研发计划项目负责人6人；教育部高等学校教学指导委员会委员6人；获首届中国青年科学家奖1人，入选"新世纪百千万人才工程"国家级人选13人，入选教育部跨世纪、新世纪优秀人才支持计划44人，国家有突出贡献的中青年专家8人，入选国家"万人计划"4人，"长江学者奖励计划"青年学者1人，享受政府特殊津贴（在职）29人；全国优秀科技工作者1人，全国杰出科技人才1人；全国优秀教师2人，教育部"高校青年教师奖"4人，北京市优秀教师6人，北京市教学名师17人，北京市青年教学名师1人；获全国五一劳动奖章1人，获中国青年科技奖7人，全国百篇优秀博士论文8人，获孙越崎能源大奖8人、孙越崎青年科技奖25人、孙越崎博士后奖4人，北京市优秀人才培养资助33人，北京高校卓越青年科学家计划1人，多人荣获国际人才及协会、基金资助奖项。

4. 新时代未来30年在民族复兴大业中继续奋进

党的十九大报告指出，"推进能源生产和消费革命，构建清洁低碳、安全高效的能源体系。"新时代未来30年，是实现中华民族伟大复兴的中国梦、把我国建成富强民主文明和谐美丽的社会主义现代化强国的关键时期。在这一历史进程中，将会发生深刻的能源革命。能源革命必然伴随煤炭的革命，但绝不是"革煤炭的命"。一方面，我国经济高度依赖煤炭，煤炭供应的稳定与安全直接关乎我国国民经济运行的稳定与安全，这一特征短时间内很难发生根本改变。煤炭在我国经济发展过程中的战略地位不可动摇，"弃煤化"行不通。正如国家能源决策部门一再强调："我国正在压缩煤炭比例，但国情还是以煤为主，在相当长的一段时间内，甚至从长远来讲，还是以煤为主的格局，只不过比例会下降。我们对煤的注意力不要分散。"[5]预计到2030年，我国煤炭消费量仍占一次能源消费总量的50%左右，2050年约占40%。另一方面，高强度、低水平的煤炭生产和消费模式已经终结，煤炭行业已经走向结构调整、精细化发展的新时期。生产的绿色化、智能化，利用的清洁化、低碳化，成为煤炭行业的发展方向[6]。未来30年，中国矿业大学（北京）将以"双一流"建设为契机，力争在"汇聚一流学者、培养一流学生、产出一流成果、打造一流学科"方面取得更大成就，为实现中华民族伟大复兴的中国梦贡献力量。

1）建设以高层次创新人才队伍为核心的高水平教师队伍

加强高水平创新人才的引进，加强以青年教师为核心的高层次创新人才的培养，高度重视以领军人物为核心的高水平学术团队的培育。为此，必须深化人事和分配制度改革，在师资队伍建设体制机制的关键环节上取得突破性进展。一要建立动态灵活的教师聘任制度（包括人才引进、职称聘任、岗位聘任等）；二要建立"分类分层定责、分类分层管理"的教师分类发展制度；三要建立"突出代表性成果、实际贡献"的分类分层考核评价体系；四要加大以绩效工资为核心的分配制度改革力度，薪酬重点向高层次创新人才倾斜，建立"不劳不得、多劳多得、优劳优得"的分配体系。

2）积极构建能源工业精英教育教学体系

本科教育要全面落实本科生全程导师制，加强通识教育，注重人才培养质量的提升。深化学科设置、培养方案、教育教学方法、知识体系等方面的改革，建立科研和本科教学全面融合、本科生全程导师制全面实施、创新创业全面参与、课程思政全面渗透的本科教育；围绕煤炭及能源矿业的绿色安全智能发展开展新工科建设；开展拔尖创新人才培养模式改革，依托国家级省部级科研平台开展"本—硕—博"贯通式培养。研究生教育要解放思想，延请校外高水平师资指导研究生，重塑研究生培养体系，科学分类专业型与学术型研究生。与国外著名大学和科研机构开展高水平、深层次、多样化的合作与交流，创造与国外高水平大学联合培养条件，全面提升研究生的科研能力、国际视野和创新精神。

3）围绕矿业和安全领域的重大核心科学问题产出一流成果

以能源发展战略思想为引领，以努力建设集约、安全、高效、绿色的现代煤炭工业体系为导向，做好一批高水平、有特色的研究院组建工作，打造科研平台，汇集高水平师资，产出高水平科研成果，建立学科发展新的增长点，支撑学校快速发展。加紧研究"互联网+"、人工智能、无人化开采、煤矿深井建设与提升、煤矿典型动力灾害风险判识及预警、煤矿重特大事故应急处置与救援、煤矿隐蔽致灾地质因素探测等技术，积极贡献智能矿山、绿色矿山的综合创新理论和技术，推动煤炭工业向清洁化、智能化、无人化开采方向发展。

4）打造世界一流学科

秉承矿业和安全特色，瞄准世界一流大学、一流学科建设目标，实施学科优先战略，构建"传承发扬、特色创新"的学科发展模式，依托成果积淀厚实、学术优势明显的"矿业工程"和"安全科学与工程"2个一级学科，构建跨学科、跨院系，具有创新性、交叉性、开放性的2个学科群体系——"矿业科学与工程学科群"和"安全科学与工程学科群"。经过一段时间的努力，矿业工程和安全科学与工程跻身世界一流学科前列，更多学科进入世界一流学科行列，使学校早日跻身世界一流大学行列。

参考文献

[1] 邹放鸣. 中国矿大九十年 [M]. 徐州：中国矿业大学出版社，1999.

[2] 周晓林，贾玲. 中国矿业大学搬迁易名史料集萃 [M]. 徐州：中国矿业大学出版社，2019.

[3] 邹放鸣，丁三青. 百年矿大演讲集萃 [M]. 徐州：中国矿业大学出版社，2009.

[4] 葛世荣. 改革开放给煤炭高等教育带来了春天 [J]. 中国煤炭工业，2019（1）：13.

[5] 王显政. 煤炭企业要坚定发展信心 [N]. 中国能源报，2015-07-27（11）.

[6] 葛世荣. 煤炭科学产能引领煤炭行业建设美丽中国 [J]. 科学新闻，2017，21（10）：96.

（原载于《中国煤炭》2019年第9期）

本科生全程导师制：内涵、运行模式和制度保障

杨仁树

[中国矿业大学（北京），北京，100083]

摘　要：本科生导师制作为提高本科人才培养质量的重要举措引起广泛关注。中国矿业大学（北京）根据自身优势和特色提出构建"本科生全程导师制"，通过秉承精英化的教育教学理念，打造全程化的教育引领进程，构建立体化的人才培养结构，搭建梯队化的科研创新团队，实施个性化的导师人文关怀，开展定制化的实践创新训练，以及建设导师评聘、选拔的相关制度，对本科阶段人才培养模式改革进行了有益的探索和尝试。

关键词：本科生全程导师制；内涵；运行模式

1. 引言

本科生导师制是深化本科人才培养模式改革、提高本科人才教育质量、提升本科创新人才培养能力、推动本科教育内涵式发展的重要举措，我国一些高校对此进行了探索并取得了实效。近年来，中国矿业大学（北京）立足自身优势和特色，借鉴其他高校经验，注入新的时代内涵，探索实施本科生全程导师制。学校通过建构新型师生关系，发挥大学教师在人才培养中的主导作用，重塑教师在人才培养中的

多重角色，创设师生在学习、科研和生活经验上的互动空间，帮助大学生健康成长，实现创新型人才培养的制度化。

2. 本科生全程导师制的内涵

本科生全程导师制是依托本科专业，以提高本科生的创新精神和实践能力为目标，为每名入校本科新生配备导师，在学业规划、学习过程、科研探索以及品德素养等方面全方位辅导本科生的一种互动式培养制度。它以学生全面发展的现实需要为出发点，关注每个学生个体的知识、能力、素质协调发展，通过导师的个别指导和言传身教，培养学生勇于探索的精神和独立思考的能力；遵循个性化培养的原则，结合研究性教学的特点组织实施教学，锻炼学生创新能力，培养有责任感的能源行业精英。本科生全程导师制突破了以单向传授为主的班级授课制模式，实现了教书育人理念与教师教学实践的融合，赋予了本科生导师制新的内涵。

1）以培养创新意识和创新能力为核心

在学生掌握专业知识和技能的基础上，激发学生对科学研究的探索兴趣，充分发挥学生在科研探索中的主动性，培养学生的创新能力是本科生全程导师制的核心内容。通过导师的探索精神、研究方法及理论思维的熏陶，本科生能较早完成开展科学研究的思想准备，初步熟悉开展科研活动的基本方法。一年级，以专业导论课为载体，导师着力引导学生了解本学科专业，激发学生对本专业的学习兴趣，在潜移默化中形成创新意识。二年级，学生开始学习专业理论知识，是进入科学研究大门、掌握专业基础知识的重要阶段，导师创造机会让学生参与科学研究的辅助性工作，培养学生的创新精神。三年级，经过前期的知识储备，学生在掌握专业基础知识和专业知识的同时，开始接触科学研究的基础工作，导师根据学生的个体特点，与学生共同制定有针对性的研究能力培养计划，引导学生选择合适的研究课题，并就研究内容提出具体的分阶段目标，创造机会让学生参与科学研究工作，培养学生的创新思维。四年级，通过具体的创新训练项目、学科竞赛、毕业设计（论文）等内容，鼓励学生运用所学的知识探索科研课题，进入真实的科学研究情境中，对科学研究工作的全貌有更加全面深刻的认识，培养学生的创新能力。

2）实现教书与育人的制度性结合

本科生导师制是基于人文关怀产生的，教师直接面对学生，不仅传授知识和技能，还以自己的师德和人品影响学生，做到既教书又育人。本科生全程导师制在教师和学生之间搭建起一个平等、激励、互动的学习空间，在这个空间里师生共同学习，探讨专业话题，导师教会学生提出问题、思考和释疑，教会学生表达自己的观点和见解，最终学生将专业知识内化为自己知识体系中的一部分，达到融会贯通。同时，导师的治学态度、为人处事方式、职业精神都在对学生的学习辅导、日常交流和沟通中体现，潜移默化地影响学生品格和个性的发展，启迪学生思想，陶铸学生人格，帮助学生学会学习、学会研究、学会做人，实现教书与育人的制度性结合。

3）因材施教

高等教育大众化时代的本科教学是以班级授课制为主的教学模式，这种批量化的培养很难顾及每个学生的知识获取能力和知识掌握程度。通过实行本科生全程导师制，建立良性的师生沟通机制，让教师能够不局限于课堂之上，可在课堂外针对学生知识体系、专业结构的优势和不足有的放矢地予以辅导，根据学生的兴趣爱好、现实水平和能力以及导师个人的学术专长，帮助每个学生制定符合自身特点的学习计划，促使学生找到学习动力和努力方向，让学生的学习更加主动而有成效。这种更加趋于个性化的教育方式，弥补了本科生课堂教学批量化的不足，关注学生个体差异，有利于因材施教。

3. 本科生全程导师制的运行模式

本科生全程导师制是中国矿业大学（北京）在适应煤炭行业对人才培养的迫切需求，构建能源工业精英教育教学体系的背景下，不断创新人才培养机制，深化教育教学改革所作出的制度创新。本科生全程导师制秉承学校精英化的教育教学理念，以全程化的教育引领进程为纲，构建立体化的人才培养结构，搭建梯队化的科研创新团队，实施个性化的导师人文关怀，开展定制化的实践创新训练。

（1）精英化的教育教学理念。 学校坚持构建能源工业精英教育教学体系，强调根据社会对高层次人才的需求和学生身心潜质发展的需要，为全体学生提供优质的教学资源和教育环境，在全面发展、个性化培养的基础上，促使学生的创新能力获得提升，尽早尽可能地成长为英才，特别是能源工业的精英人才。这一理念强调要为学生创造个性发展的空间，提供更多与教师交流的机会，教学从单纯追求知识掌握的"传承导向"转为注重创新能力培养的"探究导向"。教师要注重教学过程的互动性，引导学生在探究的基础上，鼓励学生参与教学，进行以学生为主体、师生互动的参与式教学，让学生逐步实现对知识的自我选择、判断、体验、反思，进而促进学生的创新精神和创新能力培养，体现因材施教的精英教育理念。

（2）**全程化的教育引领进程**。学校根据社会发展、特色优势、学生水平等制定培养方案。依据培养方案，导师在学生入学初就开始专业引导、学科入门、学校生活等全方位的辅导，在学生学习的不同阶段进行针对性指导。本科生全程导师制最显著的特色是导师的培养覆盖学生整个大学学习的全过程，从入学初的专业启蒙、科研导论，到科研选题训练、创新训练项目等重要训练环节，再到本科阶段的专业实习、毕业论文（设计）的选题、撰写等环节，均由导师进行指导，保证学生在本科期间的各个阶段都能平稳健康发展，在学业成绩、沟通能力、创新精神等方面都取得显著进步，实现对学生的教育引领。

（3）**立体化的人才培养结构**。传统的人才培养结构是辅导员和班主任以关注学生思想教育为主，授课教师以知识传授为主、思想教育为辅，二者相对独立，对学生的培养责任被分成了不同的部分，学生的完整性教育有所欠缺。本科生全程导师制力图构建立体完整的人才培养结构，由导师全面负责完整性教育，与辅导员和班主任建立起三维立体化的人才培养结构，实现对学生的个性化培养。在大学阶段，学校整体培养方案与各门课程任课教师、导师针对性指导有机结合，导师与学校、任课教师密切配合，更有利于学生成长。

（4）**梯队化的科研创新团队**。导师将本科生纳入自己的科研团队中，学生从本科阶段开始感受科学研究的氛围、接触科学研究，到实际进入科学研究的领域、掌握研究方法、树立科学研究的态度，都与导师团队言传身教密切相关。本科生全程导师制的最终目标是培养学生的创新能力和科学研究素质，构建一支以导师为首，博士生、硕士生、本科生参与的科研创新梯队，是实现目标的重要环节。已经具有一定专业知识和科研能力的硕士生和博士生，正处于对自己所学专业的深入研究中，对于涉及该课题研究所需的理论知识较为熟悉，能较好地对本科生进行学业上的指导。同时由于年龄差距不大，硕士和博士研究生在学习和生活等多方面都能够给予本科生帮助，这增强了团队的凝聚力和向心力，更有利于科研创新工作。

（5）**个性化的导师人文关怀**。导师制是基于人文关怀应运而生的，着力于培养学生的自由、自主、自立的精神品格。导师直接面对学生，不仅传授知识和技能，还要以自己良好的师德和人品影响学生。在实际培养过程中，导师尊重学生的个性化发展，依据创新教学总体要求，结合学生实际情况，分层次设计目标要求，既为团队提供共性指导，又为学有所长的学生开辟个性化培养途径。导师不仅是学生的学业导师，更是学生的人生导师。不同学科的科研团队，同一学科不同方向的科研团队，不同气质的导师，给予学生的一定是个性化的培养体验，有利于形成更为有效的培养特色。

（6）**定制化的实践创新训练**。本科生全程导师制的目的在于通过师生间直接、平等、频繁的互动交流，培养学生独立思考和判断的能力，增强学生创新精神、创业意识和创新创业能力，整体提升人才培养质量。导师针对学生个体差异，对学生选课、选择专业发展方向、设计学习方法和职业生涯等方面进行指导，为学生制定个性化创新训练。关注每个学生在学习过程中的接受程度、能力提升方式等，对学生进行持续化、个性化、一对一的指导和训练。充分发挥学校已有的学科和导师优势，以"兴趣驱动、自主实践、重在过程、结合专业"为基本原则，将各种形式的创新活动合理地融入人才培养方案中。

4. 本科生全程导师制的制度保障

本科生全程导师制需要科学的制度来保障其运行的规范性、有效性和有序性。本科生全程导师制能否取得较为理想的效果，能否发挥制度的优越性，不仅取决于制度的具体设计，更在于制度的执行、外部环境和条件等诸多因素。抓住实施的各个具体环节，明确不同阶段的实施重点，是完善制度保障的关键。

（1）**制定导师选聘规则**。选拔优秀教师担任导师是实施本科生全程导师制的重点，需要注重导师的师德、知识结构与科研能力三个方面。师德方面，导师要具有较好的道德修养，秉持适应社会发展的教育创新理念，具有敬业精神，师德高尚；知识结构方面，导师在具备专业能力和学识水平的基础上，要熟悉教育教学规律，具备教学科研经验，熟悉教学计划、各教学环节的相互关系及整体培养过程，对学生的学习能进行深入细致的指导；科研能力也是选聘导师须关注的重点内容，导师要通过自身的科研实践，把握学科专业领域最前沿的发展，在指导学生开展科学研究时能游刃有余。

（2）**建立导师考核评价体系**。考核评价体系应比较全面地涵盖本科生导师的工作过程和工作效果，从德、能、勤、绩四个方面进行考核评价。在"德"方面，考核导师的政治信念、教育创新理念、敬业精神和专业态度等。在"能"方面，考核导师自身的学术创新能力和教育教学能力，评价机制要体现对教师和学术的尊重。

在"勤"方面，通过"导师指导手册"等具体内容考核导师与学生的联系频度与实施质量，考察导师对学生在学习与生活中遇到的问题是否予以积极有效的解决。在"绩"的方面，对导师的评价要以学生成长的绩效作为主要依据，综合考察导师所辅导学生学业成绩、心理健康状况、科研能力、社会实践能力以及获奖情况等。

（3）**完善导师激励约束机制**。在当前大学教师科研和教学压力普遍较大的情境下，能否激发教师担任导师的热情决定着导师制实施成效的大小。大学教师普遍具有较强的独立自主精神和自我价值实现追求，因此要尊重教师，完善激励约束机制，将物质奖励与精神奖励结合起来。一方面将导师工作的考评情况与教师的报酬、职称评聘或职务晋升结合起来，对于成绩突出的导师在年度评优、在职进修、职称晋升等方面给予倾斜；另一方面通过表扬、评选优秀导师等方式，给予导师精神上的褒奖，比如导师所指导的学生在重要学术刊物上发表论文、课题获奖或在重大学科竞赛中获奖，都要对导师予以表彰和奖励，以体现对导师工作的肯定。

（4）**营造校园文化氛围**。多渠道、多途径加强师生的沟通和交流，增加师生间的互动，营造学习和交流的浓厚气氛，使学生受感染和熏陶，形成尊重理性、热爱思考和善于倾听他人意见的意识。通过构建以导师为主导，研究生辅导本科生、高年级辅导低年级的纵向链式学习科研团队，让每个学生都能参与导师的科研或学术活动，使学生的学业、就业、职业获得导师的个性化指导，这有利于师生间、学生间形成良好的互动交流氛围，增强学生的归属感，培育校园仁爱文化。

（原载于《中国高等教育》2017年第6期）

本科生全程导师制的探索与实践

杨仁树

[中国矿业大学（北京），北京，100083]

摘　要：当前，我国正积极推动高等教育内涵式发展，在此形势要求下，导师制在提高人才培养质量、培养拔尖创新人才、服务学生健康成长等方面的优势日益凸显。近年来，中国矿业大学（北京）为构建能源工业精英教育教学体系，结合自身实际，积极推行本科生全程导师制，在顶层设计、制度创新、运行机制等方面开展了一系列探索和实践。

关键词：本科生全程导师制；顶层设计；制度创新；运行机制

1. 本科生全程导师制提出的背景及概念

习近平总书记在北京大学师生座谈会上指出："大师，既是学问之师，又是品行之师。教师要时刻铭记教书育人的使命，甘当人梯，甘当铺路石，以人格魅力引导学生心灵，以学术造诣开启学生的智慧之门。"教书育人是教师的根本职责，但是仅通过班级授课和课堂教学，教师和学生接触交流的机会有限，教师的育人功能难以充分发挥，不同程度上表现出"教书"和"育人"脱节的现象。高校扩招后，学生人数与学生专职辅导员的比例越来越高，仅靠辅导员也难以给予每个学生深入细致的指导。

从高等教育和大学生面临的社会环境看，经济发展进入新常态，创新引领发展，利益多元化、思想多样化，社会对学生的素质和能力提出了更高、更全面的要求，学生的学业压力、竞争压力、心理压力和就业压力越来越大等因素使学校加强学生的思想教育、心理健康教育、创新创业教育的任务越来越艰巨。从当代大学生的个体发展角度看，学生在个性特征、能力素质、志趣特长等方面的差异越来越大，如何适应大学生活、如何制定学习计划和人生规划、如何发挥个人潜质、如何调适心态，这些都是学生面临的普遍性问题，迫切需要个性化指导。

随着我国高等教育进入大众化阶段，研究生规模越来越大，特别是在研究型大学中，研究生所占比例越来越高。例如：中国矿业大学（北京）的研究生与本科生比例达1∶1。学生层次的多样性营造了一种独特的"智力生态环境"，在这种智力生态环境下，研究生和高年级本科生的成长经验对低年级本科生极具参考意义。充分发挥研究生特别是博士生对本科生教育的作用，使研究生与本科生、高年级本科生与低年级本科生之间形成良好的"传帮带"育人效应，既需要完善机制，更需要积极加以引导。

本科生全程导师制是服务大学生健康成长的一种互动式育人模式，旨在对全体大学生从入学到毕业进行全程指导，根据学生的不同学习阶段分别制定指导计划，从基础课、专业课的学习到科研训练，以及在生活、思想、考研、就业等各个环节给予直接的指导。导师对学生的指导不仅包括知识层面的辅导，而且包括道德层面的引导及心理层面的疏导。它强调教师要发挥学识魅力和人格魅力的综合影响，强调导师对学生的个性化指导，强调传道、授业和解惑的统一；它以因材施教为主要原则，以个别指导、师生互动为主要特征，可以有效弥补"学分制""班建制"的不足，消除"齐步走""一锅煮"的模式化弊端，有效利用研究生教育资源。导师制彰显着精英教育的品质和价值，其精神实质与《国家中长期教育改革和发展规划纲要（2010—2020年）》提出的"关心每个学生，促进每个学生主动地、生动活泼地发展，尊重教育规律和学生身心发展规律，为每个学生提供适合的教育"相一致，有利于大学生全面发展，有利于培养高素质创新型人才。

2. 本科生全程导师制的宗旨

学校在2012年实施基于创新教学的本科生导师制的基础上，2015年全面推行覆盖全体本科生、贯穿本科教育全过程的本科生全程导师制。2014年本科生全程导师制在几个学院进行了试点，2015年对全校范围内的本科生进行了试点推广：为每个本科新生配备导师，导师由教授、副教授和讲师担任，每位导师指导2～4名本科生，发挥导师在指导规划、指导学习、指导研究、立德树人方面的作用；加强创新创业教育指导，构建以导师为主导，研究生辅导本科生、高年级本科生辅导低年级本科生的纵向链式学习科研团队，促进教研融合、师生相长，增强学生创新精神、创业意识和创新创业能力，整体提升人才培养质量。

一是着力增强教师的责任感。实施本科生导师制的首要目的是充分发挥教师在教书育人工作中的主体作用，实现教书和育人的有机统一。因为课堂教学以面向全班学生的知识传授为主，主要方式是单向灌输，教师和学生存在一定的距离感，对教师也难以考核和评价。比较来说，本科生导师制从外在制度、教育方式及内生情感三个方面都会有效增强教师的责任感。首先，从外部制度层面看，导师有具体指导的学生，对导师有明确的要求和具体的考核办法。在课程教学责任的基础上，增加了服务学生成长的责任，对教师的考核，不仅看其教学科研情况，还要看其指导学生的情况。其次，从教育方式上看，相对于课堂教学的单向传授，本科生导师制主要体现在互动性上。师生之间通过近距离的、互动式的交流，教师能够深入了解学生的特点和需求，不仅能给予学生针对性的指导，而且还有利于调动教师进行教学和科研的积极性，促进教师的课堂教学。最后，从教师的情感层面看，本科生导师制下的师生关系不仅能促使教师把责任转化为情感，而且这种情感反过来会强化教师教书育人的责任。

二是着力服务学生全面发展。提高人才培养质量、服务学生全面发展是本科生导师制的根本宗旨。在本科生导师制下，教师能够更深入地了解学生，可以根据学生的不同特点因材施教，帮助学生扬长避短。指导过程中，教师通过一般指导和个别指导相结合，调动学生的积极性、主动性和创造性，使学生的潜力得到最大限度地发挥，使学生的各方面素质和能力得到尽可能地提高和发展。同时，在指导过程中，学生能够深切地感受导师的学风、工作态度、探索精神及人格力量等，在潜移默化中受到影响，无形之中不仅提高了自己的智力，而且发展了非智力。

三是着力增强学生的归属感。处于成长阶段的本科生有情感归属的需要，同时本科生导师制构筑了一个以导师为核心的亲情化、人性化团队。本科生不仅能够得到导师的悉心指导，还能从导师身上感受到父母长辈般的爱，还能得到团队里博士生、硕士生及高年级本科生兄长般的关心和爱护。无论是遇到学习上的问题，还是思想上、心理上的困惑，甚至生活上的困难，只要他们愿意，都能够从导师或学长那里寻求解决之道。学生对导师的归属感、对团队的归属感自然会进一步发展为对学校的归属感，同时也有助于学校仁爱文化的培育。

3. 本科生全程导师制的运行机制

本科生导师制作为一项弹性教育制度，因校而异，没有固定模式，能否产生实效，取决于是否形成符合校情的运行机制。学校通过先试行、后推广，边探索、边实践，逐渐形成适合校情的本科生全程导师制运行机制。

（1）**多方联动的组织模式**。学校负责本科生全程导师制的顶层设计，按照"学校引导、院系探索、导师落实、班主任和辅导员辅助、高年级学生参与"的模式运行：学校层面积极引导，统一思想认识，管理重心下移，发挥各方积极性和创造性；院系探索实施，细化导师选聘、考核等制度；导师负责，创造性指导，根据自身情况确定指导方式；研究生和高年级本科生协助导师参与辅导。导师似"点"、班主任似"线"、辅导员似"面"，点、线、面相结合，协同推进大学生教育、管理和服务有机统一。

（2）**以导师为核心的圈层结构**。本科生全程导师制构建以导师为核心，所辅导的低年级学生为内围，博士生、硕士生、高年级本科生为支撑的圈层结构。导师与学生定期见面，职责包括指导规划、指导学习、指导研究、立德树人。导师根据学生的知识水平、能力特长和发展方向，与学生共同制定大学各阶段的成长计划，使学生明确发展路径；围绕学生的学习生活，以上"指导课"为主，指导学生选修课程、落实实践教学和创新教学环节，培养学生自主学习意识、创新精神和实践能力；指导学生参与科研实践，开展创新实践活动，做好研究性本科毕业设计（论文），增强学生创新能力；率先垂范、以身作则，从大处着眼、细处出发，全程育人，做学生的人生导师，为学生素质提高与人格发展构建稳固的内在格局。外围支撑层的高年级本科生特别是研究生按照导师的要求，负责本科生的日常联系、交流和沟通，发挥智力生态的育人作用。

（3）**奖惩分明的激励和约束机制**。导师的积极性和责任心直接关系本科生全程导师制的成效。为保证导师的积极参与，必须建立健全奖惩分明的激励和约束机制。例如，学校建立了由院系负责考核的相关制度，院系根据导师对学生的指导情况与指导成效，如学生满意率、学生学习成绩优秀率与及格率、论文发表、专利申请、各类学科比赛和竞赛获奖、毕业论文合格率与优秀率、依托毕业论文（设计）

发表论文和申请专利、参加各类社会实践活动以及读研率等情况进行综合考核。考核结果作为教师工作年度考核、专业技术职务晋升和岗位聘任等的依据。对考核优秀者和合格者，给予奖励或计算相应课时工作量；对于不合格者，扣减相应工作量。

4. 本科生全程导师制初见成效

本科生导师制对于本科生健康成长是一项富有成效的教育教学模式探索。学校推行本科生全程导师制的时间尚短，但其效果和价值已初步彰显。

（1）**深化教育教学改革，增加了教师在本科教学中的投入**。本科生全程导师制是学校在适应煤炭行业对高素质人才的迫切需求，构建能源工业精英教育教学体系的背景下，不断创新人才培养模式，深化教育教学改革所作出的制度创新，促使全校教师投入创新人才培养模式改革的实践中。据统计，2012年以来，学校教师在各级刊物上发表教学研究论文700余篇；获得国家级教学成果奖1项、北京市教育教学成果奖9项、全国煤炭教育优秀研究成果奖46项，评选校级优秀教学成果奖58项。其中，"煤炭行业创新人才培养模式研究与实践"等3项成果获全国煤炭教育成果特等奖；"以学生创新能力培养为核心的本科生全程导师制的探索与实践"获批2015年度北京高等学校教育教学改革立项重点项目，是学校首次获得的北京市教改重点资助项目。2016年3月15日，教育部新闻办"战线联播"栏目以《中国矿业大学（北京）本科生导师制全方位服务学生成长》为题，对学校在教育改革方面取得的新进展、新成效进行了专门报道。

（2）**完善创新人才培养的育人机制，提高了学生的综合素质**。本科生全程导师制建立了良性的师生沟通机制，可以让更具专业素养的教师在课堂外对学生进行指导，即根据学生个体差异，对学生选课、专业发展方向选择、学习方法、创新训练、职业生涯设计等方面进行指导。自2011级本科生开始实施了基于创新教育的本科生导师制以来，学生参与学科竞赛的积极性进一步增强，参赛规模及获奖数量逐年提高。2012—2015年，学校组织参加全国和北京市的各类竞赛57项，共有1821人次获得各级各类奖项。

（3）**提升了学生创新能力，取得了显著成效**。本科生导师制包含导师指导学生发表科研论文、申请专利，以及指导毕业论文（设计），培养学生专业技能综合运用能力和从事科学研究的能力，确保学生大学四年在学业成绩、沟通能力、创新精神等方面都取得显著进步。实行本科生导师制实现了对学生参与研究和创新的有效激励，成效显著，催生了大量学术研究成果。据统计，2012年来，学校本科生发表学术论文708篇，其中23%的论文发表在核心期刊，近15%的论文被SCI、EI、ISTP三大检索收录；学生参与申请并授权专利35项。两个项目获得2015年首届"互联网+"大学生创新创业大赛北京赛区三等奖。学生研制的"基于光伏效应的月球探测机器人"在第四届首都大学生科技创新作品与专利成果展示推介会上获得金奖，是10项金奖成果之一。

（4）加强了学生学业指导，促进了学生长远发展。2015年，本科毕业生读研率52%；2015届毕业生共1344人，其中有1279人次获得创新教学选修学分。调查结果显示，学生课程不及格率明显降低，就业率、升学率明显提高。学校最早实行本科生导师制的机电学院2011级学生就业率100%，升学率达到56.25%；学生参与学科竞赛的竞争力明显增强，2014年、2015年参加学科竞赛并获奖的学生数明显增多，2015年学科竞赛获奖人次达到164人次，占全校的38.5%。例如，学校力学与建筑工程学院2014级本科生，2015年秋季学期的不及格人数和不及格科目数显著下降，导师对学生的深入指导逐渐开始显现效果；学校开展试点的力学与建筑工程学院2015届本科生读研率达到63%，彰显了本科生导师制在人才培养中的重要作用。

（原载于《北京教育（高教）》2016年第9期）

以本科生全程导师制为抓手
提升"双一流"大学本科人才培养质量

杨仁树　王家臣　刘波　赵莉

[中国矿业大学（北京），北京，100083]

摘　要： 中国矿业大学（北京）根据自身办学优势和特色，结合"双一流"建设，形成了独具特色的本科生全程导师制。这一制度包含的"导师主导、班主任和辅导员辅助、研究生协助、高年级本科生参与"的"五位一体"的组织模式，有效促进了教书与育人融合、本科教育与研究生教育融合、教学与科研融合，显著提升了本科人才培养质量。2014届至2017届本科毕业生深造率（含出国）逐年提高，从47.32%提高到55.77%，居75所教育部直属高校前30%。本科生全程导师制的实施保障了教师教学投入，营造了良好育人氛围，提高了学生综合素质，促进了学生长远发展。实践证明，本科生全程导师制是提升"双一流"大学人才培养质量的有力抓手。

关键词： 本科生全程导师制；培养质量；"双一流"；深造率

党的十九大报告指出："加快一流大学和一流学科建设，实现高等教育内涵式发展。"[1] 这为我国今后一个时期高水平大学建设指明了方向。大学的根本任务是人才培养，人才培养必须强调为人民服务，为中国共产党治国理政服务，为巩固和发展中国特色社会主义制度服务，为改革开放和社会主义现代化建设服务[2]。高等教育内涵式发展的核心就是要加强创新人才培养，使之具备至诚报国的理想追求、敢为人先的科学精神、开拓创新的进取意识和严谨求实的思想作风。因此，培养大学生具有正确的价值取向、提升创新能力，是当前高等教育改革和创新人才培养的重要方向。中国矿业大学（北京）在准确把握本科生导师制精髓的基础上，结合学校办学实际和优势特色，贯彻矿业与安全领域精英教育理念，探索形成了有学校自身特色的本科生全程导师制。

1. 本科生全程导师制的内涵

起源于17世纪英国牛津大学并被西方高等教育普遍运用的本科生导师制，就其实质而言是一种以人才培养为根本出发点的卓越教学方式。中国矿业大学（北京）提出的本科生全程导师制，是贯穿本科四年的一种互动式培养制度。它依托本科专业，以学生学业成长为内核，以提高本科生的创新精神和实践能力为目标，为每名本科新生配备导师，在学业规划、学习过程、科研探索以及品德素养等方面全方位辅导本科生。它以"立德树人、指导规划、指导学习、指导研究、促进发展"[3]为核心内涵，以"指导课"为主要指导方式，引导学生在专业教育范畴内围绕学术问题进行独立自主学习和实践探究，达成帮助学生全面发展的培养目标，实现学生创新能力和创新素质的提升。

1）以立德树人为根本，培养品学兼优学生

立德树人的时代内涵极其丰富，其内核是教会学生如何做人。习近平总书记强调，高校思想政治工作关系高校"培养什么人、如何培养人以及为谁培养人"[2]这个根本问题，只能加强不能削弱。要把立德树人作为中心环节，把思想政治工作贯穿教育教学全过程，实现全程育人、全方位育人。本科生全程导师制是基于对学生的人文关怀应运而生的，导师不仅是学生的学业导师，更是学生的人生导师，强调导师对学生的责任。它着力于培养学生自由、自主、自立的精神品格，以造就思想品格和学术能力皆优秀的人才为目标，通过不断增强教师育人为本的教学责任观，突出教师在专业引导、学业辅导、创新训练、人格培养等方面的引导作用。它将思想政治教育贯穿人才培养全过程，以良好的师德修养和学识风范影响学生，着力培养德、智、体、美、劳全面发展的社会主义建设者和接班人。

2）以指导规划为基础，助力学生持续成长

学校根据社会发展、特色优势、学生水平等制定培养方案，导师依据培养方案，从入学初结合学生实际情况，针对学生个体差异，对学生选课、选择专业发展方向、设计学习方法和规划职业生涯等方面进行指导，为学生制定个性化创新训练，关注每个学生在学习过程中的接受程度、能力提升方式等，对学生进行持续化、个性化、一对一的规划指导和训练，分层次设计目标要求，通过指导学生规划四年学习生涯进行专业引导、学科入门、学校生活等全方位的辅导。从入学初的专业启蒙、科研导论到科研选题训练、创新训练项目等重要训练环节，再到本科阶段的专业实习、毕业论文（设计）的选题、撰写等环节，均由导师进行指导、设计并规划，确保学生在本科各阶段平稳发展。

3）以指导学习、指导研究为关键，培养学生创新能力

本科生全程导师制实施的最终目的是依托本科专业，结合研究性教学的特点组织实施教学，锻炼学生创新能力，培养有责任感的行业精英。培养学生的创新能力是本科生全程导师制的核心内容。因此，要通过"指导课"，指导学生学习和研究，让学生在掌握专业知识和技能的基础上，激发对科学研究的探索兴趣，充分调动在科学探索中的主动性。在这个过程中，导师组织学生就某个指定的专业学术问题进行小组研讨，并为学生指定学习参考资料，指导学生围绕问题开展探究性学习，增强学生创新意识和创新能力，近距离、全方位地帮助学生学业精进。

4）以促进发展为目标，推动学生全面发展

本科生全程导师制追求促进学生全面发展的培养目标，包括三个相互关联的目标层面：一是培养学生理性质疑、求真务实的科学精神；二是培养学生自主学习、解决问题的能力；三是培养学生树立正确价值观，具备良好道德、行为规范。三者相辅相成，因为只有理性的疑问和好奇才会激发学生的求知欲望，促使其主动学习；对知识探究过程就是能力养成过程；能力只有在正确价值观引领下才会发挥正能量，实现德才兼备、全面发展的目标。

2. 本科生全程导师制的组织模式和工作特色

中国矿业大学（北京）对本科生全程导师制进行顶层设计，成立深化大学生创新创业教育改革工作领导小组和本科生全程导师制工作领导小组，研究制定了"深化大学生创新创业教育改革实施方案"和"全面推进本科生全程导师制的实施意见"等，完善了本科生全程导师制与教学管理、学生管理与服务的协同机制，强化不同岗位的"责任人"在服务培养、服务教学、服务学生中的职责定位,形成有效的组织模式和工作特色。

1)本科生全程导师制的组织模式

按照"学校引导、院系组织、导师落实"的组织机制,强化不同岗位的"责任人"在服务培养、服务教学、服务学生中的职责定位,相互结合、相辅相成。落实部门协作制度,协同研究生院、学生处等部门完善"助研、助教、助管"政策。理顺学院工作机制,引导学院发挥"五位一体"全员育人作用,建立健全管理办法,促进本科教学、研究生培养、学生管理等工作有机衔接。

以本科生全程导师制为纽带,为每个入校本科新生配备导师,构建起"导师主导,班主任和辅导员辅助,研究生协助、高年级本科生参与"的"五位一体"的本科生全程导师制组织模式(图7-1),围绕学生的学业发展,开展个性化指导。学校负责顶层设计,统一思想,凝聚共识;学院负责具体实施,创新工作模式,细化导师工作要求,加强师生管理;导师按照工作

图7-1 本科生全程导师制组织模式

职责指导学生,明确指导计划,开展创造性指导;班主任、辅导员与导师从不同角度采取多种方式开展学生工作;研究生协助导师参与辅导,发挥助研、助教、助管作用。各方共同服务于学生的成长,相互结合、相辅相成,形成全员育人的合力。

2)本科生全程导师制的工作特色

(1)**教书与育人融合**。在本科生全程导师制中,学校树立"大思政"理念,全面统筹办学治校各领域、教育教学各环节、人才培养各方面的育人资源和育人力量,形成立德树人的合力。导师依托课程教学、创新训练、学科竞赛、毕业设计(论文)等平台,紧扣专业培养要求和教学进程,制定阶段性指导计划和学生学习目标,对学生的专业发展、能力培养、创新创业等进行全程化、个性化、精细化指导。在教学过程中,及时了解学生的思想动态和学习进程,将课堂教学、自主学习、实践创新、指导帮扶、思想引领融为一体,打通育人"最后一公里",真正把各项工作的重心和目标落在育人效果上,使教育教学更有温度、思想引领更有力

度、立德树人更有效度[4]。

（2）教学与科研融合。本科生全程导师制中导师根据学生的个体特点，与学生共同制定有针对性的研究能力培养计划，通过开展研究性教学，引导学生选择适合的项目课题，并就研究内容提出具体的分阶段目标，通过具体的创新训练项目、学科竞赛、毕业设计（论文）等活动，鼓励学生运用所学的知识探索项目课题，进入真实的研究情境中，对研究工作的全貌有更加全面深刻的认识，从而实现培养学生的创新精神、创业意识和创新创业能力的目标。

（3）本科生教育与研究生教育融合。本科生全程导师制借助学校在校研究生与本科生比例高达1∶1的资源优势，统筹考虑本科生与研究生人才培养模式的改革路径，探索本科生与研究生贯通式培养，开放研究生课程供本科生选修，鼓励推免研究生提前修读研究生课程和参与教师课题研究。充分发挥研究生教育资源，构建以导师为核心，所辅导的低年级学生为内围，博士生、硕士生、高年级本科生为支撑的圈层结构，形成独特的"智力生态环境"。强化学科建设对专业建设的支撑机制，依托学科研究团队提升专业教学团队水平，立足学科研究热点拓展专业建设方向。鼓励知名教授和研究人员走进本科生课堂，指导学生开展科技创新，明确教授、副教授、具有博士学位教师均应担任本科生全程导师。学校2016级本科生全程导师中博士生导师占32.5%，硕士生导师占41.9%。

3. 本科生全程导师制是实现一流本科人才培养的有效途径

建设一流本科需要深化教育教学改革，提高教师的教学水平和科研能力，促进学科科研优势转化为人才培养优势。本科生全程导师制是实现一流本科人才培养的有效途径，是学校在适应煤炭行业对高质量人才的迫切需求、构建能源工业精英教育教学体系的背景下，不断创新人才培养模式、深化教育教学改革所作出的重大制度创新。

1）本科生全程导师制是贯彻落实党的教育方针政策的必然要求

本科生全程导师制所倡导的以学生为中心、因材施教、个性化培养的育人理念，契合党的十九大和《国家中长期教育改革和发展规划纲要》中提出的育人方针和教育工作方针。《教育部关于全面提高高等教育质量的若干意见》也明确提出，要"改革人才培养模式，实行导师制、小班教学，激发学生学习主动性、积极性和创造性，培养拔尖创新人才"。教育部刚出台的《高校思想政治工作质量提升工程实施纲要》指出，要充分发挥课程、科研、实践、文化、网络、心理、管理、服务、资助、组织等方面工作的育人功能，挖掘育人要素，构建"十大"育人体系。"十大"育人体系中，"课程、科研、实践、文化、心理、管理、服务"等七个体系与本科生全程导师制密切相关。因此，本科生全程导师制是学校思想政治工作质量提升体系建设中的核心环节，更是贯彻落实党的教育方针政策的必然要求。

2）本科生全程导师制是培养一流本科人才的改革突破口

一流本科人才培养需要进一步提升本科教学水平。本科生全程导师制在人才培养功能上所具有的天然优势，能够有效破除人才培养积弊，激发学生学习主动性、积极性和创造性，促进每个学生生动活泼的全面发展。本科生全程导师制是培养一流本科人才、开展教育教学改革的突破口。本科生全程导师制的重要教学内容是导师为学生上"指导课"，通过设计各种让学生参与、注重问题分析与解决、能展现学生综合素质的教学活动，把一部分无法在课堂上展开、又具有一定挑战性的教学内容放到导师制中，突出培养学生的分析问题能力、解决问题能力、动手实践能力、创新精神和创业意识，实现教学内容和教学方式方法的改革与突破。

3）本科生全程导师制是提高学生创新能力的重要依托

本科生全程导师制将教师由知识传授型转变为能力指导型，从机制上保障教师对学生学业和创新能力的指导，通过导师的个性化指导与言传身教引导学生积极参与科技创新团队和科研创新训练，借助创新训练项目教会学生提出问题、思考和表达自己的观点与见解，将学生由被动接受验证型转为主动参与探索型，逐步提高学生分析问题和解决问题的能力，培养学生勇于探索的精神和独立思考的能力。

4. 本科生全程导师制的实施成效

本科生全程导师制从提出构想到全面推行，已历时4年多。2014—2017年，学校共为6187名本科生配备导师，其中副教授以上职称占65.3%，教授占29.4%。从2014级开始试点本科生全程导师制至今，经过不断探索和实践，实现了教育教学理念精英化、教育引领进程全程化、人才培养举措立体化、科研创新团队梯队化、导师人文关怀个性化、实践创新训练定制化。教育部新闻办于2016年3月15日报道《中国矿业大学（北京）本科生导师制全方位服务学生成长》。教育部微言教育《一线采风》栏目，于2017年5月16日以《中国矿业大学（北京）实施本科生全程导师制着力提升人才培养质量》为题，单篇推介学校本科生全程导师制的具体做法。

2017年，本科生全程导师制的改革实践获得了全国煤炭行业教育教学成果特等奖。

1）深化培养模式改革，提升教师教学投入

本科生全程导师制在实现创新创业教育课程和创新实践活动融入人才培养方案的基础上，依据专业定位和培养目标，以"兴趣驱动、自主实践、重在过程、结合专业"为基本原则，为学生制定个性化的实践能力提升和创新创业训练方案，对学生的专业发展、能力培养、创新创业等进行全程化、个性化、精细化指导，通过导师的亲力亲为实现了思想碰撞、观念交锋和行动导引。师生之间通过近距离的互动式交流，教师不仅能增强自身责任感、给予学生针对性的指导，而且能促使教师把责任转化为情感，这种情感又会进一步强化教师教书育人的责任。资源与安全工程学院教师解北京共指导2013级到2016级18名本科生，他将本科生导师定位为"对学生的思想进行引领，通过做本科生的挚友的方式促使他们进步"，并为此投入了大量的时间和精力。在解北京老师的关心帮助下，他指导的2013级4名本科毕业生全部攻读硕士研究生，其中1人免试攻读北京航空航天大学研究生。这样的育人效果充分说明，导师在教学中投入的时间和精力与学生的成长进步是成正比的。

2）增进师生交流互动，营造良好育人氛围

"导师"意味着从"教书者"转变为"教育者"，影响学生的不仅是专业知识和技能，还有教师的育人理念、方法，以及言行、修养、道德价值观念。导师充分尊重学生的主体地位和个性差异，依据本科教育总体要求，结合学生实际状况，分层次设计目标要求，既为学生团队提供共性指导，又为学有所长的学生开辟个性化培养途径，努力为每个学生创造发挥聪明才智的环境，促进学生个性、才智和潜能的充分展现，并以良好的师德修养和学识风范影响学生，打造校园仁爱文化。化学与环境工程学院教师王栋民身体力行本科生全程导师制，在担任本科生导师的过程中，努力用热情、激情、爱心来培养、指导本科生，用独创的集体学习方法来丰富学生知识、提升学生素质。所指导的学生都取得了优异的成绩，在学科竞赛中多次获奖，更有学生是全校两个国家奖学金获得者之一，2017年指导的4名本科生均获得了重点大学的免试攻读研究生资格。这也充分证明本科生全程导师制促进学生成才、营造校园和谐健康的育人环境是行之有效的。

3）完善创新人才培养机制，提高学生综合素质

导师指导全员覆盖和创新训练全程贯穿，让更具专业素养的教师根据学生个体差异对学生选课、专业发展方向选择、学习方法、创新训练等方面进行指导，实现了对学生参与研究和创新的有效激励，成效显著，催生了大量学术研究成果。2015—2017届毕业生共发表学术论文近700篇，授权专利近50项。1个项目获第三届中国"互联网+"大学生创新创业大赛北京赛区一等奖，1项创新成果荣获北京市大学生科技创新作品与专利成果展示推介会"创新金奖"。从2011级本科生开始实施本科生导师制以来，学生参与学科竞赛的积极性进一步提高，参赛规模及获奖数量逐年增长。2012年以来，学校获得各级各类学科竞赛奖励1200余项，3000余人次获奖。学校获第六届至第十届全国大学生化工设计竞赛"全国一等奖"，是北京地区唯一一所连续7年晋级"全国总决赛"的高校。

4）落实学生学业长效指导，促进学生长远发展

本科生全程导师制实现了"一降两升三满意"，即降低学生课程挂科率，提升读研率与生源质量、提升就业竞争力和创新创业能力，做到学生和家长满意、教师和学校满意、社会和国家满意。2012—2016年，中国矿业大学（北京）总体就业率稳定保持在高位，均在98%以上。2015—2017年，共有3400余人次获得以学术研究及论文发表、科技创新与发明、大学生学科竞赛和毕业设计（论文）结合科研为主要项目的选修学分，共计3900余学分，其中1700余人获毕业设计（论文）结合科研选修学分。2014—2017届本科毕业生深造率（含出国）逐年提高，分别为47.3%、51.7%、52.4%、56.1%（图7-2），在75所教育部直属高校中位于前

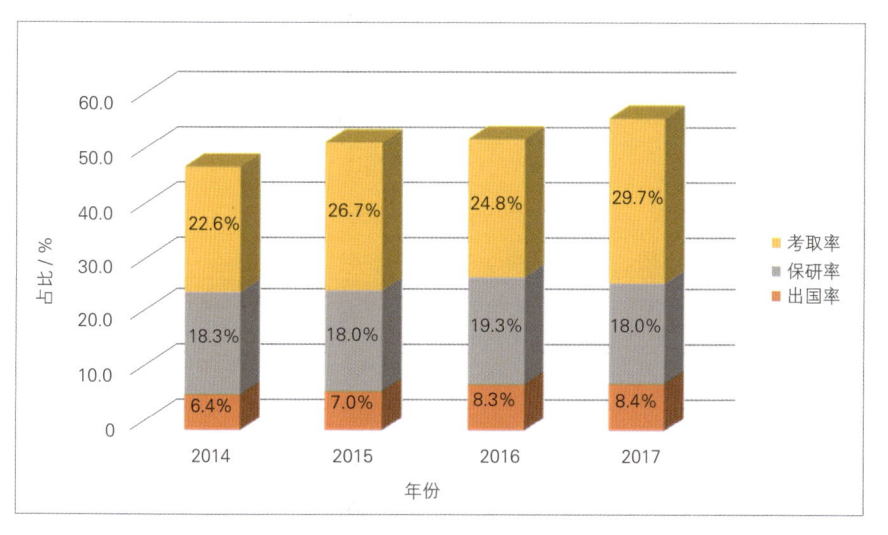

图7-2　2014—2017届本科毕业生深造率

30%。2017 年，学校 30% 专业的深造率超过 60%，安全工程、工程力学等专业深造率达 70%。这从一个侧面彰显了本科生全程导师制在人才培养中的重要作用。

中国矿业大学（北京）毕业生勤勉踏实、诚信质朴、专业知识扎实，受到用人单位和社会的广泛赞誉。2012—2016 年用人单位对学校毕业生的整体满意度逐年提高，分别为 89%、89%、92.17%、95%、95%。

综上所述，中国矿业大学（北京）实施的本科生全程导师制，是对新时代高等教育教学模式的有益探索，也是"双一流"大学提升人才培养质量的重要抓手。实践证明，这项改革已初见成效，虽有一定的不平衡性，但要坚持。今后学校将继续以本科生全程导师制的全面深入实施为契机，在提升立德树人内涵、强化"三全"育人、构建专业教育新载体、开拓教育教学新模式等方面深入探索，带动本科教育质量实现新飞跃，推动学校"双一流"建设不断深入。

参考文献

[1] 习近平. 决胜全面建成小康社会 夺取新时代中国特色社会主义伟大胜利：在中国共产党第十九次全国代表大会上的报告 [N]. 人民日报，2017–10–28（1）.

[2] 习近平在全国高校思想政治工作会议上强调：把思想政治工作贯穿教育教学全过程 开创我国高等教育事业发展新局面 [N]. 人民日报，2016–12–9（1）.

[3] 杨仁树. 本科生全程导师制的探索与实践 [J]. 北京教育（高教），2016（9）：11–13.

[4] 杨仁树. 本科生全程导师制：内涵、运行模式和制度保障 [J]. 中国高等教育，2017（6）：58–60.

（原载于《煤炭高等教育》2018 年第 2 期）

以创新教学为载体 全面实施本科生导师制

范 迅 常维亚 吕建明 邢 鹏 赵 莉 朱郴韦

[中国矿业大学（北京），北京，100083]

摘 要：导师制、小班化、个性化、国际化是当前高等教育改革的一个发展方向，各高校都在进行积极探索。本文结合学校实施的以创新教学为载体的本科生导师制，探讨本科生导师制的教育理念、载体设置和管理机制，力求开辟本科生导师制新途径，尝试探索人才培养新模式，实现高素质创新人才培养目标。

关键词：本科生导师制；创新教学；载体

人才培养是大学的立身之本，培养适应时代要求的高端人才是当代大学的神圣使命，也是大学的核心竞争力所在。中国矿业大学（北京）以新版培养方案制定为契机，探索和构建了以创新能力培养为核心目标的创新教学环节，并以此为载体，全面实施本科生导师制，实现了人才培养模式改革的重大突破。

1. 秉承育人为本的教育理念，全面实施本科生导师制

本科生导师制源于14世纪的英国牛津大学，其核心思想是：在教学方式上强调个别指导、言传身教和循循善诱；在学习环境上营造和谐、自由和宽松的氛围；在教学内容上注重德智并重。我国导师制原本用于研究生的培养，随着教育部2005年在《关于进一步加强高等学校本科教学工作的若干意见》中提出"有条件的高校

要积极推行本科生导师制",本科生导师制在高校中逐步推行。我校秉承本科生导师制核心思想,充分利用研究型大学的科研优势,以创新教学为载体,通过双向选择组建相对稳定的导师与学生团队组织,全面实施本科生导师制,通过导师指导、团队合作和个人努力,实现学生全面提高和个性发展。

1)分层次设计目标要求,注重个性化发展

本科生导师制的核心思想之一是尊重学生的个性化发展。我校本科生导师制以创新教学为载体,导师依据创新教学总体要求,结合学生实际状况,分层次设计目标要求,既为团队提供共性指导,创设适合团队全体学生参与研究和创新的机会,提出基本目标要求,又为学有所长的学生开辟个性化培养途径,提出高标准目标要求,使不同情况的学生都可以通过努力,在原有基础上有所提高。

2)营造教学相长良好氛围,激发学习自主性

本科生导师制的宗旨是增加导师与学生面对面交流的机会,引导学生自主学习,培养学生独立思考和解决问题的能力。以创新教学为主线的本科生导师制,要求导师在创新教学活动中对学生进行一定数量的面谈指导。在师生互动交流活动中,导师以自身的学科知识、实践经验和创新理念引领学生,激发学生一心向学、积极进取的自觉性和主动性。同时,学生的开放性思维和个性化思想有利于激发导师的创新火花,使教师不断升华自己的思想,提升自己的学术水平。

3)积极倡导言传身教,促进全方位成长

本科生导师制强调德智并重,导师要通过言传身教,以自身学识、素养和人格魅力影响学生。我校对本科生导师提出明确要求,导师要依托创新教学活动,以身作则,充分发挥引领和带动作用。通过直接和间接指导,关注学生的思想动态,指引学生树立正确的世界观、人生观和价值观,帮助学生端正专业思想和学习态度,注重学生身心健康发展,强化学生综合能力和素质培养,促进学生知识、能力与素质全面健康发展。

2. 以创新教学为依托,完善本科生导师制的载体设置

本科生导师制的实施,客观上推动了我国高等教育的发展,培养了一大批优秀人才。但在高等教育大众化的背景下,许多高校本科生导师制实施效果不显著,人才培养质量没有明显改善。究其原因,除受教育理念、师资条件等限制外,关键在于缺乏实施载体、导师制的教学内容不实、培养目标不明、工作职责不清、实施

流于形式等。我校深入研究国内外实施本科生导师制的经验和问题，着力完善本科生导师制的载体设置，以创新教学环节为依托，在创新教学活动中实施本科生导师制。

1）以科研选题训练为切入点，全面开启本科生导师制

科研选题训练是创新教学的重要内容和必修课程，自本科生二年级开始。以科研选题训练为起点，全面实施本科生导师制。师生通过双向选择组建导师与学生团队，原则上1名指导教师指导由5名学生组成的团队，对团队及成员开展整体性和个性化的指导。科研选题训练为期一学期，在此教学阶段，导师依托自己所承担的研究课题，指导学生设计具有科研背景或真实项目来源的研究选题，组织学生进行研究实践的前期训练，使学生接受规范的科学训练，培养严谨的科学素养。完成问题发现与确立、资料搜集与整理、研究方案和技术路线确定、可行性分析等环节工作，就可撰写选题报告和个人总结报告了。导师根据学习态度、过程表现、团队协作、作业完成等情况对学生进行综合评价。通过科研选题训练，学生的科学素养和研究能力得以启蒙，为进一步的科学研究实践打下基础。

2）以大学生创新训练项目为着力点，扎实推进本科生导师制

大学生创新训练是创新教学的核心内容和必修课程，是科研选题训练的延伸和深入，自本科生三年级开始。大学生创新训练以创新性研究项目为主要教学内容，以项目立项形式开展，为期三个学期，旨在通过导师指导与学生自主实践相结合的创新性研究实践教学，使学生切实得到创新实践锻炼，培养学生发现问题、研究问题和解决问题的能力。大学生创新训练周期长，不同时段的教学内容和目标要求不同，因而对导师的指导要求更高。在此阶段，导师围绕创新训练总体目标，细化阶段性目标和要求，指导学生有计划地完成创新训练过程。学生在导师指导下，自主完成创新性研究项目的研究条件准备、方案实施、成果总结、结题报告等训练内容。导师每学期根据创新训练参与度、知识学习、综合能力培养、综合素质培育等情况对学生进行综合评价。在导师的精心指导和学生的个人努力下，通过大学生创新训练，学生的综合素质和能力得以有效提高。

3）以毕业设计（论文）为落脚点，深入落实本科生导师制

毕业设计（论文）是本科人才培养的重要环节，也是培养学生综合素质和能力的最重要环节。我校实施的本科生导师制，以二年级的科研选题训练为起点，以四年级的毕业设计（论文）为落脚点，除根据需要适当调整外，导师与学生团队组成

相对稳定，因此，毕业设计（论文）的质量客观上展示了本科生导师制实施效果。在此阶段，导师负责提供高质量选题和研究内容，鼓励以科学研究项目为主要选题来源，指导学生撰写具有较高学术价值和创新意义的毕业设计（论文），实现对学生探索能力、实践能力和创新能力的综合性检验。导师创造条件将本科生纳入科研课题组，引导学生大胆探索、勇于创新，使毕业设计（论文）成为学生本科阶段创新实践活动的高峰体验，使学生的综合素质和能力得以提升。

4）以创新教学选修课程为拓展点，多方位实施本科生导师制

创新教学是一个系统工程，既要重视从整体上培养学生的创新素养和能力，又要激发个人兴趣专长，开发优势潜能，使学生有机会和条件在原有基础上进一步发展。因此，在科研选题训练、大学生创新训练项目必修课程基础上，设置了学科竞赛、学术研究与论文发表、科技创新与发明、学术交流、社会调查等选修课程。导师通过创新教学必修环节中对学生的直接指导，分析和把握学生的个性化特点，帮助学生合理定位个人专业发展、兴趣爱好和能力水平，打造适合学生自身特点的创新教学选修方案，为学生提供适当的学习与实践指导，促使学有余力、学有所长的学生充分施展才能、提升自我。

3. 完善创新教学管理机制，保障本科生导师制有效实施

本科生导师制是一种新型人才培养模式，建立与之配套完善的管理机制是其顺利实施的必要保障。以创新教学为依托的本科生导师制，导师制实施过程即创新教学过程，导师制实施效果体现于创新教学效果。

1）确保创新教学政策支持，为导师制实施提供重要保障

一方面，设立创新教学专项资金，通过立项形式资助每个项目团队的研究课题，调动学生参与创新实践的积极性，推动学生自主开展科学研究和创新活动。另一方面，为调动导师工作积极性，明确导师工作是教学工作的重要组成部分，将导师对创新教学的指导工作纳入日常教学工作量核算、职称聘任和年终考核中；以立项形式支持导师开展创新教学研究和改革，激励导师主动投入创新教学。

2）强化创新教学过程管理，为导师制实施提供坚实基础

通过加强校院两级管理，将创新教学工作落到实处，保证导师制实施效果。在学校层面，做好创新教学环节整体规划和宏观管理，完善相关政策措施，出台创新教学组织实施、过程管理、考核、学分认定和记载办法等管理文件，研究开发创新

教学管理系统等，实现创新教学的科学化、制度化、规范化和信息化，为创新教学顺利实施提供良好条件和环境。在学院层面，做好创新教学具体组织和落实工作，研究制定具体实施方案，实时掌控创新教学全过程，及时发现并研究、解决问题，全面把握进度和质量，确保创新教学实际成效。

3）完善创新教学评价机制，为导师制实施提供基本依据

教学评价包含教师教和学生学两方面。结合创新教学实施，在不断总结、研究、试行、调整基础上，形成了校—院—学生三级创新教学评价机制。对导师的评价，学校设立优秀指导教师奖，对获奖教师予以表彰和奖励；学院制定具体导师考核细则，对导师工作的质和量进行全面考核；学生通过学生评教、座谈会、调查问卷等形式对导师进行评价。对学生的评价，学校研究制定评价指标体系，从学习态度、能力、素质等方面把握创新教学总体目标和要求，并对在创新教学中获奖的学生予以表彰和奖励；学院结合自身特色，根据创新教学不同时段的内容和目标要求，详细制定分阶段评价标准，组织导师按评价标准完成对学生的过程考核，同时学院组织对团队项目的结题考核，通过过程考核和结题考核综合评定学生参加创新教学的效果。

（原载于《中国大学教学》2015年第8期）

基于科教融合理念的研究型本科教育改革实践

刘波 朱郴韦 李礼 刘楠

［中国矿业大学（北京），北京，100083］

摘 要：科教融合是本科教育改革的重要推动力，是国家培养创新型、拔尖型、卓越型人才的重要渠道。实施科教融合的实践路径包括构筑学科专业一体化建设与发展模式、实施科教融合的研究性教学改革、健全强有力的外部保障与内部激励机制等。中国矿业大学（北京）通过实施本科生全程导师制，构建以探究为基础的人才培养模式，探索本科生和研究生教育协同机制，完善教学和科研资源共享共建模式，贯彻科教融合理念，提升人才培养质量。

关键词：科教融合；实践路径；实践成效

教学与科研是大学的两项基本职能。1810年洪堡在创立柏林大学时，在强调大学要开展高深学问研究的同时，即已提出要促进教学与科研的融合，首次提出教学与科研统一的原则。大学教师必须进行科研活动，在教学中利用最新的科研成果来提高教学水平，学生也只有积极参与科研活动才能进行更加有效的学习，提升研究的能力[1]。教学与科研的融合，在各国高等教育改革实践中以不同的组织形式表现出来，形成了大学独有的文化特色，在很大程度上促进了现代大学的快速发展。但在当前高等教育改革实践中，重科研轻教学的现象依然存在，对教学与科研的融合仍在不断探索，基于科教融合理念开展研究型的教育仍需要持续的研究、实践。

1. 促进科教融合的实践意义

1）科教融合是世界高等教育本科教育改革的重要推动力

20世纪初，美国研究型大学对科研的投入不断增加，大学的科学研究开始高度的专业化，科研活动也逐步脱离了教学的过程，越来越集中于专门开展科学研究的国家实验室或大学研究所中。美国著名学者伯顿·克拉克称这种现象为"教学漂移"（teaching drift）和"研究漂移"（research drift），即将科研活动从大学的教学单位和中心课程框架中分离出来，有些大学成为科研中心，有些则成为教学中心。20世纪下半叶，美国大学漂移现象日渐加剧，教学与科研日渐分离，大学的教育质量不断下降。1998年，美国研究型大学本科教育促进委员会发表了《重建本科教育：美国研究型大学发展蓝图》（简称"博耶报告"），博耶报告呼吁研究型大学给予本科教育更多重视，提出了本科教学改革十项建议，其中确立以研究为基础的学习、让本科生参与科研、开展研究性学习是建议中最受欢迎的方法。

2）科教融合是我国高等教育改革的重要关键词

新中国成立初期，我国高等教育体制是在仿效苏联模式的基础上建立起来的，形成了社会科学、自然科学、技术科学条块分割的管理体制。随着国家经济体制改革的不断深入，大学教育与经济社会发展不适应，迫切要求突破单一知识传播模式。1979年，我国颁布《全国重点高等学校暂行工作条例（试行草案）》，其中明确指出大学要"既是教育中心，又是科研中心"，这标志着大学教学与科研的融合成为国家教育改革的重要内容。1985年《中共中央关于加强教育体制改革的决定》再次强调，高校应承担起教学和科研双重任务，重点大学应办成教育中心和科研中心。

20世纪90年代起，伴随"211工程""985工程"的实施，研究型大学的科研活动得到飞速发展，但教学质量受到大学扩招、教师投入不足等因素影响呈现出弱化的趋势。随后，教育部通过开展质量工程、本科教学工程建设，实施本科教学水平评估、审核评估等一系列举措，强化了本科教学的基础地位，强调科研要反哺教学，鼓励开展研究性教学与学习，尤其是大规模支持了大学生创新创业训练项目。科教融合成为我国教育改革的关键词之一。2015年《国务院办公厅关于深化高等学校创新创业教育改革的实施意见》进一步提出要推进教学、科研、实践紧密结合，推动教师把国际前沿学术发展、最新研究成果和实践经验融入课堂教学,将学生参与课题研究、项目实验等活动认定为课堂学习。科教融合成为国家培养创新型人才的重要渠道。

3)科教融合是建设世界一流大学的必然选择

习近平总书记在主持召开中央全面深化改革领导小组第十五次会议,审议《统筹推进世界一流大学和一流学科建设总体方案》时强调,要推动一批高水平大学和学科进入世界一流行列或前列,培养一流人才,产出一流成果。国家在全面推进世界一流大学和一流学科的建设进程中,要求高校要进一步转变理念,坚持"以本为本"、落实"四个回归",强调要坚持育人育才的初心,围绕读书来办教育,坚持教学出题目,科研做文章,成果进课堂。"双一流"建设工作一定要处理好人才培养和科技创新的关系,使人才培养的一流与科技创新的一流相互融合,这是一流大学、一流学科的应有之义。

建设一流大学必须建设一流本科,要把提高教学水平和提高科研创新能力相结合,使一流学科建设与一流专业建设成为有机统一体,相互融合、相互支撑、相互促进[2]。如何评判大学、学科是否一流,首要标准是评判人才培养是否一流。培养一流的人才,需要建设一流的师资队伍,把一流的学科优势和科研优势转化为本科教育的优势,促进一流的科研成果及时转化为一流的本科教育内容,通过政策和制度保障一流的资源配置到本科教育中去。

2. 实施科教融合的实践路径

科研与教学深度融合的根本目的在于提高教育教学质量和人才培养质量,集中体现在专业和课程两个层面,离不开强有力的保障机制建设[3]。

1)构建学科专业一体化建设与发展模式

发挥学科、科研平台优势,贯彻协同育人理念,建立学科专业一体化建设模式,实现教学科研的相互促进。这体现为人才培养模式的深度变革、教学科研团队的有机融合、教学科研平台的互相支持。要在高等教育过程中构建本科教育与研究生教育的协调机制,实施本科与研究生教育的贯通式培养,建立畅通的课程设置与人才培养一体实施体系,形成研究型的本科教育体系。要强化专业教学团队与学科研究团队的相互支撑机制,探索在专业教学与学科研究融合背景下教研一体团队的建设路径,尤其要实施好本科生导师制,将优质的研究生导师资源惠及更多的本科生。要建立教学平台与学科平台的互通机制，形成教学资源和学科资源共享模式下教学科研平台的共建路径，努力促进科研成果向教学资源的转化，以高水平的科研平台支撑高质量的教学平台建设。

国家正在全面实施的"六卓越一拔尖计划2.0"，突出强调了科教融合建设一流专业的重要性。"新工科"建设要深化产学研合作办学、合作育人、合作就业、合作发展，布局建设一批集教育、培训及研究为一体的共享型人才培养实践平台；"新医科"要瞄准医学科技发展前沿，对接精准医学、转化医学、智能医学新理念，培养有多学科背景的复合型高层次医学人才；"新农科"要突出学科交叉融合、体现现代生物科技的新发展，用农林业发展的新理论、新知识、新技术更新教学内容，实施农科教协同育人工程；"新文科"要促进跨学科、跨专业、跨院系横向交叉融合，及时融入技术变革新趋势、学科建设新动向和行业发展新动态；"拔尖计划"强调要开展研究性教学，鼓励学生参与科研项目训练，进入国家实验室、国家重点实验室、教育部重点实验室等参与科技创新实践，大胆探索基础学科前沿，科教协同培养高水平人才。

2）实施科教深度融合的研究性教学改革

发挥大学科研的教育特性，将学科科研资源转化为教学资源，实现研究成果有效地融入课程教学。这体现为基于研究性教学的课堂教学改革、基于开放式探索实验的实践教学改革，基于本科生科研的创新创业教育改革。建立现代教育理念与信息技术融合背景下研究性教学模式，探索研究性教学理念下科研成果与课堂教学的融合路径，广泛开展新生研讨课、混合式在线课程等研究性课程改革。推进科研实验室面向本科生开放的管理模式，探索基于科研成果的实验平台与实验项目开发路径，实施以鼓励学生开展自主性、创新性实验为核心的实践教学改革。落实好创新创业教育融入人才培养方案的改革，实施好本科生参与科研课题、融入科研团队，尤其是开展好大学生创新创业训练项目、科研型毕业设计（论文）等工作。

国内外知名大学已经开展了轰轰烈烈的研究性教学改革，如柏林大学的"研讨制"、哈佛大学的"Seminar"制、斯坦福大学的"导读制"、香港城市大学的"重探索求创新课程"等；广泛实施本科生科研项目，如麻省理工学院的"本科生研究机会项目"、伯克利大学的"本科生科研学徒计划"、香港大学的"本科生研究奖助计划"等；开设基于研究的顶峰体验课程，如麻省理工学院的"本科生高级项目"、斯坦福大学的"四年级顶峰体验课程项目"等。国内"双一流"大学也开展了大量的探索，如清华大学的"SRT计划"（学生研究训练计划）、X-lab计划（创意创新创业生态系统），上海交通大学的"特色实验项目""暑期科研见习岗项目"，华中科技大学的"Dian团队"（基于导师制的本科人才孵化站），浙江大学的"本科生导师制"，复旦大学的书院制与通识教育新生研讨课，武汉大学的"三创"（创造、创新、创业）教育等，取得了显著的成效。

3）健全科教融合的外部保障与内部激励机制

保障机制作为大学教学管理活动的精神和物质支持，是促进大学教学质量的重要保障。要促进科研与教学深度融合，需要从理念、方案、制度三个层面进行有效保障。

（1）形成科研与教学融合的办学理念。与时俱进的现代大学理念是科研与教学深度融合的前提。理念是行动的先导，改革实践都是由发展理念来引领的。在"重科研、轻教学"思想影响下，需要高校教育主体自上而下转变教育理念，坚定"育人与科研并重"的研究型大学理念，以科研促教学，以教学带科研，才能推动科研与教学深度融合，相得益彰。

（2）开展科研与教学融合的顶层设计。科学可行的顶层设计方案是科研与教学深度融合的关键。顶层设计是"理念"的具体化，是改革的具体行动方案。科研与教学深度融合是一项复杂的系统工程，科学设计教学改革的思路和方案，发挥好资源配置和优势资源利用对科教融合的作用，以确保实现教研相长的目标。

（3）强化科研与教学融合的考核奖惩机制。合理有效的考核奖惩机制是科研与教学深度融合的保障。考核和奖惩是对改革方案具体实施的过程管理。有效的考核奖惩机制有助于调动教师投入的积极性，推动科研成果、科研课题融入课堂教学，增强学生参与科研创新的主动性。

3. 开展科教融合的实践成效

中国矿业大学（北京）充分发挥学科和师资优势，以培养高素质创新人才为目标，全面深化人才培养模式改革，实现导师指导全程贯穿、创新训练全员覆盖、教学与科研全方位融合的创新人才育人体系，创设师生交流学习、科研和生活经验的互动空间，帮助大学生健康成长，促进每个学生的全面发展[4]。

1）全面实施本科生全程导师制

学校在2014年试点基础上，2015级开始实行"本科生全程导师制"，新生入校配备导师。构建以导师为主导、研究生协助、高年级本科生参与的学习科研团队。导师针对学生学业、创新创业等开展个性化指导，引导本科生早入实验室、早入课题、早入科研团队，鼓励学生围绕学术问题进行自主学习、实践，通过言传身教实现对学生的感染熏陶和德行养成，培养学生创新精神和创新能力，以此促进教研融合、师生相长。构筑以导师为核心，博士生、硕士生、高年级本科生为支撑的圈层结构，形成了独特的"智力生态环境"。本科生全程导师制全方位服务学生健康成长，有力地提升了学生深造率，增强了就业竞争力。学校本科生升学率连续多年保持在50%以上。

2）构建以探究为基础的人才培养模式

学校本科培养方案设立"创新教学环节"，全面强化学生创新精神、创业意识和创新创业能力培养。实施了覆盖所有本科生的学生创新训练项目，构建起"体验、训练、超越"相融合的创新训练模式，强化以问题和课题为核心的项目式、研究型、个性化培养机制。学校第一学年开设全员必修的"科研导论课"，帮助学生了解科研工作。开辟智慧学习空间，建设研讨式教室，向全体师生开放，供教师进行教学和学业辅导。鼓励教师依托科研成果，开设选修课程和探索性实验项目，推行混合式在线研究性课程改革，增加实践性教学内容。2015—2018届本科生中平均每6名学生发表1篇学术论文，每4名中有1名在省部级以上学科竞赛获奖。

3）探索本科生和研究生教育协同机制

学校积极推进本研贯通式培养，统筹考虑和设计本科与研究生阶段的课程与教学体系，建立本研分段衔接的培养模式和管理机制，推进培养方案贯通、管理模式贯通、导师培养贯通。建立推免生接续培养机制，实现基础理论和科研素养提前培养，推免生提前修读研究生课程和参与教师课题研究。鼓励知名教授和研究人员走进本科生课堂，指导学生科技创新，明确教授、副教授、具有博士学位教师均应担任本科生全程导师。学校在校两院院士、长江学者、杰青等高层次人才均担任本科生全程导师[5]。

4）完善教学和科研资源共享共建模式

加强教学科研资源共建共享，拓展教学与学科资源共享模式下教学平台共建路径，依托国家级、省部级科研基地、工程研究中心、大学科技园，搭建学生科创平台，建设研究性专业实验室，增强学生创新意识和创新精神。强化学科对专业建设的支撑机制，立足学科研究热点拓展专业建设方向。学校现有的8个国家级特色专业均依托国家重点实验室、国家重点学科开展建设。探索基于科研成果的实验项目开发路径，建设了一批富有学校学科特色、服务本科教学的特色实验平台，实现高水平科研实验室面向本科生全面开放，近1/4学生进入国家重点实验室开展创新训练项目和毕业设计（论文）。

参考文献

[1] 施林淼，刘贵松.我国研究型大学教学科研融合的方式、问题及对策：以清华大学等6所高校发布的本科教学质量报告为例[J].中国高教研究，2015（3）:31-35.

[2] 宣勇.从大学的立场看学科评价与排名中的缺陷[J].高等工程教育研究，2019（3）:121-124.

[3] 赵智.科教融合：高等教育改革的必由之路[J].当代教育理论与实践,2014（12）:77-79.

[4] 刘波，李礼，赵蓉.科教深度融合的人才培养模式探究与实践[J].煤炭高等教育，2019（2）:86-91.

[5] 杨仁树，王家臣，刘波，等.以本科生全程导师制为抓手提升"双一流"大学本科人才培养质量[J].煤炭高等教育，2018（36）:1-5.

（原载于《当代教育理论与实践》2019年第6期）

研究型学院创新本科生全程化导师制探索

史 芳　郭东明　杨仁树　刘 波　王前飞

[中国矿业大学（北京）力学与建筑工程学院，北京，100083]

摘　要：以中国矿业大学（北京）力学与建筑工程学院为例，分析其实行全程化本科生导师制过程中存在的问题、建立的优良模式以及实行过程中的反思，以探索创新为导向的全程化本科生导师制的范本模式。

关键词：研究型学院；本科生全程化导师制；创新创业教育

1. 引言

创新创业教育是高校人才培养的重要任务。2015年《国务院办公厅关于深化高等学校创新创业教育改革的实施意见》对高校加强创新创业教育提出明确要求：完善人才培养质量标准；创新人才培养机制；健全创新创业教育课程体系；改革教学方法和考核方式；强化创新创业实践；改革教学和学籍管理制度；加强教师创新创业教育教学能力建设等。研究型大学作为创生知识、培养人才、传播文明的学术重阵，在国家和社会发展中具有不可替代的重要作用。人才培养是研究型大学工作的有机组成部分，也是研究型大学发展的重要环节[1]。

2014年起中国矿业大学（北京）试行以创新创业为导向的本科生全程化导师制，其内涵可以概括为精英化的教育教学理念、立体化的人才培养举措、梯队化的科研创新团队、个性化的导师人文关怀、定制化的实践创新训练和全程化的教育引领进程等六大方面。力学与建筑工程学院作为学校首批试点学院,率先实行本科生全程化导师制,它以创新创业为导向,教师全体动员,学生积极参与,开展创新辅导,形成辅导体系,探索各项措施,以期形成研究型学院的创新本科生导师制人才培养模式。

2. 本科生导师制的起源

本科生导师制起源于14世纪的英国剑桥大学和牛津大学[2],这些大学先后培养出诸多影响世界的诺贝尔奖获得者。随后,本科生导师制在世界各地高校推广,并形成较完备的本科生培养模式。20世纪30年代初,我国浙江大学在竺可桢校长的倡导下,率先实施了本科生导师制[3]。目前,高校在打造自己竞争优势时,纷纷面临着出特色、创品牌的特色化教育挑战[4]。

3. 研究型学院推行本科生导师制的必然性

国家创业创新大环境的驱使——国家培养目标。创新是一个民族进步的灵魂,是国家兴旺发达的不竭动力。党的十八大以来,中央提出"四个全面"战略布局及创新驱动发展等重大战略。2015年出台的《国务院关于大力推进大众创业万众创新若干政策措施的意见》指出,大众创业、万众创新的重要意义,深关国家发展大计,并提出一系列优化与指导性政策,明确指出支持与鼓励大学生创新创业。

国家对大学教育转型的必然趋势——国家对高校的要求。响应国家号召,顺应国家要求,继《教育部关于全面提高高等教育质量的若干意见》对高校培养人才提出明确要求后,2015年底,国务院印发《统一推进世界一流大学和一流学科建设总体方案》,要求贯彻全面深化改革要求,创新重点建设机制,以中国特色、世界一流为核心,以一流为目标,以学科为基础,以绩效为杠杆,以改革为动力,推动一批高水平大学和学科进入世界一流行列或者前列。根据该方案,力争到2020年,我国若干大学和一批学科进入世界一流行列。因此,向世界一流大学迈进,大学教育转型势在必行。研究型高校应该肩负起培养创新拔尖人才的责任,着力探索精英教育教学体系。把培养人才作为第一要务,培养在人类未知领域开展创造性工作的精英人才与领袖人才[5]。

精英教育教学体系的要求——学校培养目标。中国矿业大学(北京)是具有百年历史的研究型大学,一直探索精英教育教学体系,深化人才培养模式改革,充分发挥教师在教育教学中的主导作用，激发学生兴趣，指导学生学习，帮助学生成长，始终把培养具有创新精神、实践能力和综合素质的高素质人才作为第一要务。

创新教育培养管理模式的探索——学院创新目标。中国矿业大学（北京）力学与建筑工程学院（简称力建学院）作为首批试点学院，拥有雄厚的师资与科研力量，研究生与本科生比例接近1∶1。教师中70%为硕博导师，并拥有一批院士、国家杰出青年、教育部长江学者、教育部创新团队等。为推进创新性研究型学院建设，进一步营造良好的学术氛围，学院通过探索本科生全程化导师制，形成以导师为核心、本硕博学生团队为纽带、教辅人员为横轴的培养管理模式，以期通过实验、创新、突破，建立新型师生管理模式。

4. 研究型学院推行本科生导师制过程中存在的问题

力建学院实施以创新为导向的本科生全程化导师制过程中，发现有师生沟通不畅、导师压力过大与监督评价机制不完善等问题。

（1）**师生、学校的期望值有差别。** 本科生创新全程化导师制实施过程中，学校、教师与学生的期望值存在差距，致使师生满意度与意向调查评价标准有差别。学校作为导师制的提出方，对学校整体的教学质量、人才培养质量等有着期望与期待。导师作为导师制的实施方，因个体差异较大，对导师制的期望值也不相同，有的仅仅是为了完成任务，而有的则是为了从"头"培养人才，期望长期效应。而学生是导师制的接收方，每一个个体都对导师制有不一样的期待，有生涯规划、思想引领、学业指导、人文关怀、心理辅导等。因此，在进行师生满意度互评时，因素较多，没有统一标准，不够有说服力。

（2）**导师资源条件有限**。导师制的愿景是像师傅带徒弟那样，可以手把手传授。然而随着我国大学生不断扩招，师生比不断减小。因此，1∶3或者1∶4的师生比还是比较困难的。以力建学院为例，目前每个导师每年带2~3个学生，四年下来也是8~12个学生，再加上指导的研究生，其团队基本也是20多人的规模，导师的工作量较大。另外，目前高校的评聘与考核制度仍是重科研轻教学，以科研成果衡量教师水平。教师本身的科研任务也十分繁重。因此，导师想要对所带的学生逐个进行辅导，因材施教，确实有一定的难度。如何解决导师指导教学的工作时间与方法成为亟待解决的问题。

（3）**双向监督与反馈不及时**。在本科生创新全程化导师制具体实施过程中，势必会涉及反馈与监督的问题。但是在实际操作中，由于都处于摸索阶段，缺乏定性与定量的考评，很难甄别出导师制在实行过程中导师所作出的贡献，仅仅通过座谈会、问卷调查、记录手册等很难做到。例如，个别导师科研任务重或教学任务多，在培养学生方面投入的精力相对较少。导师、学生与老师消息不畅通，反馈不及时，且学校也很难准确把控与监督。

5. 研究型学院推行本科生导师制过程中的革新探索

1）构建要求明确的导师制构架体系

（1）对学生学业生涯的创新全程化导师制模式（表7-1）。力建学院依托充足的导师资源，开拓将基本教学、创新教学环节、第二课堂活动、创业实践等全面结合，探索针对学生学业的生涯全程化导师制模式，即导师参与学生学业的全方位，并指导学生完成各环节。近两年来，学院始终围绕创新创业搭建全程化一站式辅导模式，导师从"头"跟进，循序渐进，学业不及格率下降7.3%，竞赛获奖率提高150%，专利、论文数量更是提高200%。

表7-1　学业生涯全程导师制（导师参与过程）

学期	1	2	3	4	5	6	7	8
基本教学	基础课程、部分专业基础课				专业课			毕业设计
创新教学环节	学业、专业方向指导		科研选题训练		大学生创新训练计划			创新毕业设计
第二课堂	"设计改变生活"创意赛				"微建构"设计大赛、建筑结构设计大赛、绿色建筑设计大赛等专业活动			毕业成果及时展示
创业实践	创新创业指导		创业实践阶段——争取建立实体					运营阶段

表7-2　导师人文关怀的具体内容设置

关怀内容	学业相关	职业相关	生活相关	思想相关
大一	学习兴趣、专业认识	职业了解	认识大学、适应大学	转变认识、找到自我
大二	学习能力、专业意识	生涯规划	适应大学、人际关系	提升自我、胸怀天下
大三	学习实践、专业科研	制定目标	完善大学、形象礼仪	关注社会、紧跟形势
大四	学习实践、专业深入	实习就业	完成大学、查缺补漏	充分准备、与时俱进

（2）对学生人文关怀的全程化创新指导模式（表7-2）。力建学院将人文关怀落到实处，从学生出发，综合各方面因素，将人文关怀贯穿学生培养的全过程。在实施过程中，将导向要求明确化，让导师明白做什么。

有效构建要求明确的导师制构架体系，让导师的职责明晰化。一方面，从学生出发，更加以人为本，更好地服务学生；另一方面，为监督与反馈提供了依据。

2）构建关系清楚、多管齐下的网格化管理模式

为解决导师精力有限的问题，力建学院探索全程全面网格化管理模式，分线路、分层次指导，各有重点，形成网络，不留死角，如图7-3和图7-4所示。

（1）导师线。导师线主要为学生开阔视野、进行生涯规划、指导科研创新与开展人文关怀。导师线的团队包括导师、助理导师、博士生/研究生、高/低年级本科生。导师从学生出发，因材施教，进行全面指导、教育，进行重点突破。而其余的学生导师可以称为朋辈导师团，他们深入具体生活、学习等，对学生进行辅导并逐级汇报，形成梯队型辅导模式。在导师团队内部形成"传帮带"的良好机制。

（2）辅导员线。辅导员线主要开展思想教育、心理辅导、生涯辅导与人文关怀。辅导员线团队主要包括辅导员、班主任、学生会干部与班级干部。辅导员进行全年级横向指导，总体把控。班主任则从班级入手，进行小范围了解与指导。而学生会干部与班级干部则为朋辈同伴，主要为学生服务，同时反映学生的所思所想。

（3）网格化设计。网格化设计则是指两条线十字交叉，对学生进行棋盘化管理，导师线进行纵向团队辅导，而辅导员线则进行横向同年级同年龄学生辅导，进而对每一个学生进行全方位塑造，不留死角。

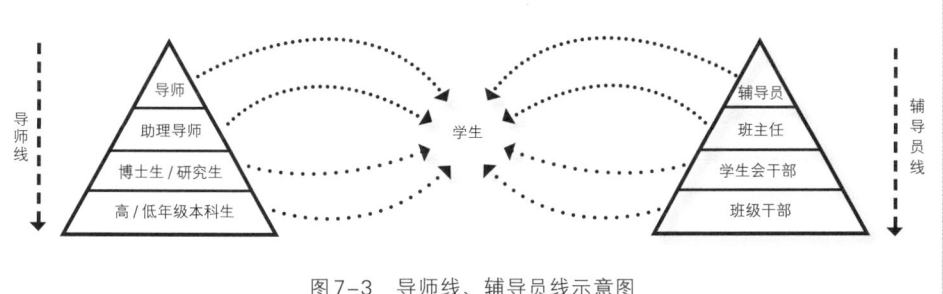

图7-3 导师线、辅导员线示意图

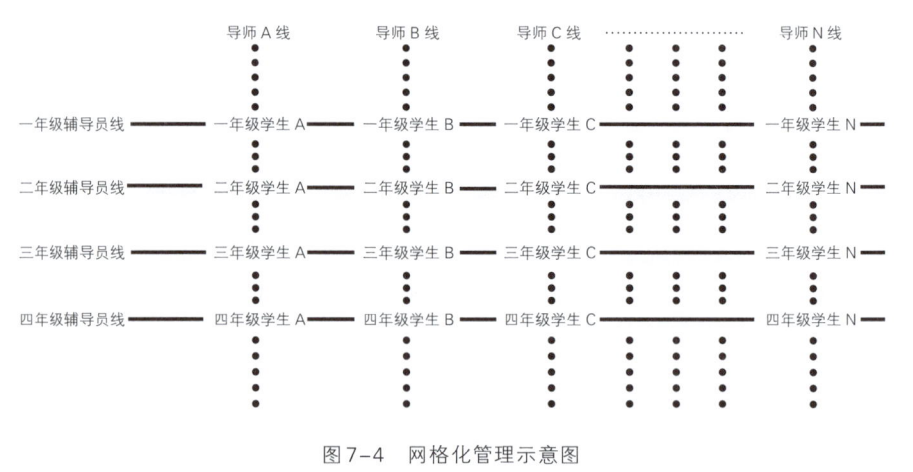

图 7-4 网格化管理示意图

6. 研究型学院推行创新本科生全程化导师制的反思

1）导师制有必要，但要深入持久，形成长效机制

本科生创新全程化导师制的实施使不及格率下降，生涯规划更为明确，这些成绩的取得无疑给导师制的实施打了一剂强心针。但是新政策的实施，需要不断探索与深入，从时间、要求、形式、奖惩、退出等方面形成长效机制。

（1）进一步明确师生职责与权力。对导师职责，可以从学习、科研、思想等多方面进行细化明确。一方面，要与时俱进，及时了解学生所需、导师所想，及时调整具体的职责要求。另一方面，在以学生为中心的同时，及时关注导师的需求，解除导师的后顾之忧。此外，应该对学生提出相应的要求，作为导师制的受益者，要积极主动融入导师团队，把握交流机会。

（2）进一步完善评价与奖惩机制。从满意度评价、有效工作时间、指导创新成果、学生成绩、过程记录等五个方面进行考评，形成考评体系，评出优、良、中、差四个等级。

对教师的奖惩主要以奖励为主，从物质与精神两个层面开展。物质层面主要是设置工作量基数，根据考核结果进行奖励。对于不合格的导师、不履行导师职责的导师，进行不适合做导师的认定，计入年度教职工考评记录。在精神层面，对于做出贡献的教师，要树为典型和榜样，奖励与导师评聘职称挂钩。

2）导师制有线路，更要全校动员，多方协调

本科生全程化导师制以"十年树木、百年树人"为目标，全力打造精英教育教学体系，这是学校的工作重点。因此，本科生创新全程化导师制并不仅仅是导师团队的事情，还要在学校的层面上织网架面，为导师制提供更多的可发挥的舞台。另外，要为学生营造自由又有方圆、浓厚又轻松的学习与生活氛围。

3）导师制要传帮带，更要向外走，讲创新出成效

本科生导师制目前已经较好地发挥了导师团队内的传帮带作用，通过项目、活动等，团队运营良好。但是，作为导师仍任重道远，既要带领学生开阔视野、感知前沿，又要为学生搭建平台，让其走出学校，走向世界。创新创造不可能一蹴而就，需要从开始就树立信心，不断拓展。导师要做好引路人与开创者，联系国内外社会资源，为学生开阔视野提供机会，引导学生发明专利、科研创新。

参考文献

[1] 展涛. 我国研究型大学创新型人才培养的思考 [J]. 高等教育研究，2011（1）：8.

[2] 田明华，田琪，陈建成. 经济管理类专业实行本科生导师制的调查与研究：以北京林业大学"梁希实验班"为例 [J]. 中国林业教育，2013，31（6）：1-8.

[3] 李晓阳. 我国本科生导师制："减负"与转型 [J]. 江苏高教，2009（1）：68-70.

[4] 史芳. 初探建筑学专业本科生导师制 [J]. 管理学家，2014（9）.

[5] 王琪. 研究型大学在建设创新型国家中的作用 [J]. 高等理科教育，2011（5）：28-32.

（原载于《中国教育技术装备》2018年第10期）

分阶段、分层次的本科生全程导师制探索与实践

李晶 唐跃刚 崔希民 杨向东 邵龙义 程久龙

摘 要：本科生全程导师制是中国矿业大学（北京）在实现教育内涵式发展过程中立足自身特色开展的互动式育人模式。地球科学与测绘工程学院在近三年的实践研究和探索中形成了分阶段、分层次实施的本科生全程导师制，并对本科生导师的职责定位、导师制特点、实施运行等情况进行了阐述，在此基础上分析了工作成效与存在的问题。

关键词：本科生；全程导师制；导师职责；工作成效

当代著名的心理学家和教育学家皮亚杰认为，"学习从属于发展。……教育从属于受教育者的发展水平"[1]。大学生认知水平、能力水平、目标任务、个性特点、常见问题等存在个性差异，同时随着时间推移也存在阶段性特点，即因人、因时而异。《国家中长期教育改革和发展规划纲要（2010—2020年）》指出："关心每个学生，促进每个学生主动地、生动活泼地发展，尊重教育规律和学生身心发展规律，为每个学生提供适合的教育。"《国家教育事业发展"十三五"规划》也明确强调："推行以学生为中心的启发式、合作式、参与式和研讨式学习方式，加强个性化培养。"

中国矿业大学（北京）在积极推进世界一流大学和一流学科建设工作，努力把学校建成特色鲜明、国际知名的高水平矿业大学的过程中，始终坚持育人为本，积极构建能源工业精英教育教学体系。针对传统以专业、班级为单元的教学模式难以

全面兼顾学生个性差异的问题，依托研究型大学研究生比例高、科研项目多的智力资源优势，学校自2014年开始实施本科生全程导师制。一方面，发挥教授、博士生、硕士生和高年级本科生对低年级本科生"传、帮、带"的协同育人作用，激发纵向链式育人效应，解决"批量生产"与"个性化需求"之间的矛盾；另一方面，结合不同阶段、不同层次教学目标和育人要求，以分阶段、分层次的导师制个性化教育作为学校常规教育教学的有益补充，全方位培养富有社会责任感、创新精神和实践能力的高素质人才。经过探索与实践，目前已经取得了较好的工作成效。

1. 本科生导师的职责定位

中国矿业大学（北京）从2011级本科生开始实施基于创新教育的本科生导师制，在此基础上进一步探索将"本科生导师制"从高年级扩展到人才培养全过程[2,3]。一方面，作为学校本科教育综合改革重要举措的本科生全程导师制，沿袭创新训练项目导师职责，即仍以相对明确的阶段指导任务为"抓手"，但不囿于单一指导研究的职责，在指导学习、指导研究过程中贯穿对学生全方位发展的指导和引领。在实施过程中，避免了"无所不能"的职能定位，可集中精力提高效率和指导成效。另一方面，就教育公平性而言，作为这一教学模式的"主体"，每位学生都有参与全程导师制实施的权利，本科生导师制不只面向优秀本科生，应惠及全体学生并关注个体差异。

1）本科生导师的职责

本科生导师以"立德树人、指导规划、指导学习、指导研究、促进发展"为基本内容，在开展指导工作过程中应注重引导、分类施教、结合专业和强化实践。本科生导师职责与任课教师、辅导员、班主任的职责既有区别，又相互联系。其职责关系是：①本科生导师是实施个性化专业教育的主力军，是创新教学环节的实施主体；②专业任课教师是课堂教学和集中实践教学环节的教育实施主体；③辅导员是思想政治教育的实施主体；④班主任协助辅导员，是班风、学风建设的第一责任人，同时也是专业共性教育的实施主体。四者相互协作，同步育人。

全校各学院在学校本科生全程导师制实施意见的指导下，立足办学基础、教学过程、专业特点等实际情况开展了各具特色的探索与实践。地球科学与测绘工程学院（简称"地测学院"）提出：本科生导师以专业认知与自主学习能力—探索精神与创新思维—科研素养培养为工作目标主线，主要职责是引导学习和指导研究。在引导学生自主学习、探究学术的过程中，兼顾思想交流、品性陶冶、人格塑造等非知识性目标，潜移默化地促成学生全方位健康成长。同时，本研究认为本科生导师的职责应与不同层次教学环节、教学内容、学生特点和个性化教学需求相适应，随着学业阶段的不同导师职责也相应调整。

2）本科生全程导师制的阶段性与层次性特点

地测学院分阶段、分层次实施的本科生全程导师制（表7-3），即"341模式"，是指按照时间的阶段性及相应教学内容、教学重点和专业技能培养特点，将大学8个学期分为2个阶段和3个层次。2个阶段即低年级（第1~3学期）、高年级（第4~8学期）；3个层次即专业认知与通识教育（第1~3学期）、研究启蒙与创新训练（第4~7学期）和毕业论文（设计）（第8学期）。围绕能源工业精英人才的培养目标，针对不同阶段、不同层次的教学特点，分别依托新生专业教育和社会实践、科研选题训练和创新训练项目、毕业论文（设计）结合科研等环节，本科生导师引导学生学习和指导研究，在这一过程中潜移默化地发挥立德树人、指导规划、指导成才等作用，关注学生的身心健康，做学生的良师益友。

表7-3　分阶段、分层次实施的本科生全程导师制

学习阶段	教学任务的层次性	导师主要职责	导师职责内容	培养目标
低年级（第1~3学期）	通识教育（第1~3学期）	引导学习	**引导专业认知与自主学习能力养成**：结合新生专业教育、社会实践等环节，帮助学生顺利实现学习阶段的过渡，引导学生规划大学学习，培养自我学习的能力，激发专业兴趣，培养专业认同感和归属感	专业认知与自主学习能力
高年级（第4~8学期）	专业课教学与创新训练（第4~7学期）	指导研究	**指导创新训练项目**：依托科研选题和创新训练项目等教学环节，培养学生探索精神、创新意识和创新能力	探索精神和创新思维
	毕业设计（论文）结合科研（第8学期）		**指导毕业设计（论文）**：结合科研项目和工程实践应用进行个性化选题，培养学生从事科学研究和解决复杂工程实践问题的综合能力	科研素养

（1）低年级阶段的专业认知与通识教育（第1~3学期）：导师的主要职责是引导学习，以学生专业认知和自主学习能力养成为工作目标。即引导学生明确学习目的和成才目标，端正专业思想和学习态度，帮助、关心和引导学生更好地安排大学学习，顺利实现学习阶段的过渡，培养学生自主学习的能力。结合新生专业教育、社会实践等环节，激发专业兴趣，培养专业认同感和归属感。为学生参加校内外各种文化科技活动等创造条件。

（2）高年级阶段的研究启蒙与创新训练（第4~7学期）：导师的主要职责是指导创新训练项目，以探索精神和创新思维培养为目标。即依托科研选题训练和大学生创新训练项目等环节，培养学生提出问题、分析问题和解决问题的能力，培养探索精神、创新意识和创新能力，鼓励和主动接纳学生参加导师的科研项目。指导学生发表科研论文、申请专利、完成其他实物作品等成果。

（3）高年级阶段的毕业实习与毕业论文（设计）（第8学期）：导师的主要职责是指导学生开展相对系统的研究，以学生具备科研素养、初步具备独立从事相关研究和解决复杂工程实践问题为工作目标。重点是结合科研项目和工程实践应用指导学生进行个性化选题，培养学生从事科学研究和解决复杂工程实践问题的能力。在指导研究过程中，关心学生就业、深造和未来发展，给予必要的鼓励、关心和支持。

2. 本科生全程导师制运行中的几个问题

1）选择导师的方式与导师职责的调整

有研究认为，高年级如大三才开始配备本科生导师，对多数学生而言导师的介入作用不明显，原因是学生入学两年后已经基本形成固有的思维方式和行为模式，短期内很难靠外力改变[4]。通过多年的教学实践也发现，经历一、二年级通识教育和专业基础课程的学习，学生的学习态度、学习方式和学习效果的差异已经出现明显的分化，这种分化对高年级的学习甚至毕业后的发展都会产生不同程度的影响。此外，地测学院的资源勘查工程、测绘工程、地质工程、地球物理学等专业，野外实习多且时间长。近几年地矿行业的发展形势一定程度也冲击了学生的专业思想稳定性，学院在第三学期初面临较大的申请转专业压力。

学生入校前，兼顾地域差异、性别差异、成绩差异、民族特点等，学院为每名本科生分配导师。在各系开展专业教育当天安排导师与学生见面，同时介绍学校校史校情、学院院史院情、专业情况等。本科生导师通过个别交流提前了解学生个性特点和个人对未来发展的预期，为学生提供个性化的精准指导。此后，持续关注学生学习状态和学习效果，激励和引导学生养成良好的学习习惯，并培养其专业归属感和认同感。

在科研选题训练阶段（第4学期）、大学生创新训练以及毕业论文（设计）阶段（第5学期），学院鼓励且不限制学生继续跟随低年级导师从事研究。一方面，学生持续跟随导师团队深入学习和持续研究，有助于研究逐渐深入；另一方面，尊重学生的兴趣方向、自主选择和自我调整的意愿。

2）导师制的工作方式与方法

在导师指导方式上，由最初的导师指导向师生合作、主动性学习转变。如部分导师系列课由最初的导师讲授，渐渐发展为针对学生成长经历、专业认知、技能应用等的自由交流，在导师指导下，学生的角色由听众、受众变为实施者和主导者，学习兴趣、团队意识与自我管理能力得到极大提高；导师则由备课者、绝对主导者转变为参与者、引导者，导师制工作效率和教育教学效果得到明显提升。此外，博士研究生、硕士研究生、高年级本科生协助指导的"智力生态效应"逐步显现，随着全程导师制的逐步深入实施，以本科生为核心的导师团队纵向链式指导与合作模式逐步形成。

在学院工作组织方法上，注重激发学生的主动参与意识，并充分调动学生的主观能动性，鼓励学生自主提出问题，主动建议导师的系列课、实践或研究主题，充分发挥学生主观能动性，真正实现在导师指导下学生能够自我规划、自我设计、自我学习和自我发展的目标。

3）导师制工作考核方式与方法

地测学院最初采用客观分级量化的方式进行考核，考核指标包括指导频次、学生成绩、发表论文或实物成果、学生满意率等，由学院直接评价。评价分为优秀、合格、基本合格，各等次分别占导师总数的20%、60%和20%。有部分教师认为，对导师进行工作考核，是实施激励机制的有效途径，但是以学业成绩、竞赛获奖、论文发表等作为主要考核指标，不能充分体现导师在培养学生创新性思维方式、严谨治学态度等方面对学生的长远影响，也难以量化指导成效。因此，考核指标应远近结合、客观与主观评价结合、导师自评与学生评价结合，在"面对面"指导次数、学业成绩与其他量化指标的基础上，增加辅导方式的灵活性、学生与导师的合作程度、辅导团队间的竞争与联系等内容，同时重视对辅导过程和辅导结果的考核。本研究认为，学生满意和有成就感，是判断本科生全程导师制实施的根本性指标，但针对低年级、高年级阶段，导师工作考核的侧重点不同。随着本科生全程导师制实施的逐步成熟，量化考核指标和考核方法也需要相应做出调整并逐步完善。

3. 本科生全程导师制的工作成效与存在问题

1）工作成效

针对2015级、2016级本科生导师制实施情况开展问卷调查，发放且回收有效问卷426份，调查结果表明：占46%的学生认为"很有成效，非常满意"；占33%的学生认为"有成效，满意"；占18%的认为"效果一般，基本满意"；占3%的学生认为"没有效果，不满意"。针对2017级本科生，从回收的260份有效调查问卷分析，"有成效，满意"的人数比例提高至87%；认为"没有效果，不满意"的人数比例下降至2%。多数学生认为，导师在如何适应大学学习和专业认知、指导学术和工程实践研究等方面给予了及时、有效的指导。在引导学习、指导研究的同时，导师也发挥了立德树人和指导成长等作用，是学生在学业引导和人生成长值得信赖的人。

通过导师指导及各方共同努力，学生学习主动性明显提高。针对学业困难的学生，导师给予定向督促和指导，学生自信心和积极性提高。与往届相比，2017级学生学期挂科率下降超过10%。同时，全校应届本科毕业生就业率、升学率始终保持在较高水平。2014年毕业生升学率为47.18%，2015年和2016年分别为51.70%和52.29%，2017年为55.70%。同时，学生创新意识与能力进一步提升，依托大学生创新训练项目，本科生发表论文数量近三年每年稳定在15~20篇；参加各类专业技能比赛的积极性不断提高，获校级及以上奖励人数增加。教学相长，教师教学研究能力也得到提升，2015年以来教师发表各类教学研究论文达56篇，获北京市教育教学成果奖3项、全国煤炭教育教学成果奖9项。

学校的就业率和升学率，学生自主学习能力、探索精神和创新思维、科研素养和解决复杂工程问题能力的培养效果，关系学生未来发展，关系每个学生的家庭。本科生全程导师制的实施，一方面为优秀的学生搭建优势资源平台和提供个性化发展机会，另一方面帮助每个暂时有思想或学业困难的学生渡过学业转型期，让学生、家长和社会更加满意。

2）存在问题

（1）**导师投入精力、指导成效不平衡**。如地测学院多数导师能针对学生个性差异、认知和自律水平差异，围绕专业认知、自主学习能力和科研素养培养等工作目标主动进行指导，并不断改进指导内容、方法和提高指导成效，但也存在个别导师或学生参与主动性不足等问题。

（2）**学校、学院层面应继续改进本科生导师制工作机制**。一方面，始终坚持以引导学习、指导研究为主要职责；另一方面，承担立德树人、指导规划和指导成才的职责，避免将导师职责定位"大而全"[5-8]，使之陷入与班主任、辅导员职责重复的困境中。同时继续完善激励机制，严格导师制过程考核，激发教师责任感和自豪感，并通过导师团队的联系与竞争，促进团队凝聚力和个人能力的提升。

4. 结论

本科生全程导师制是中国矿业大学（北京）贯彻以人为本理念，促进学生全面发展和个性成长，培养高素质创新型人才的重要培养制度。其目的在于弥补传统的专业、班级建制的不足，立足于自身特色和优势，倡导高水平教师及其科研团队更多地参与本科生指导工作，建立新型师生关系，实现个性化培养。

任何一项制度的实施，都需要利益相关方积极参与。除学校、学院健全相关机制外，作为本科生全程导师制的实施主体之一（本科生及导师科研团队），应突破传统教育主导与主体认知思维，在平等、认同、相互尊重的氛围中交流和沟通，充分发挥学生主观能动性和教师科研团队的资源和人才优势，以形成智力生态资源整合效应，更好地实现培养地测类精英人才的教育教学目标。

参考文献

[1] 王宗篪，史秋衡. 试析大学生认知发展水平与教学的关系[J]. 辽宁高等教育研究，1994（3）：52-54.

[2] 杨仁树. 本科生全程导师制的探索与实践[J]. 北京教育，2016（9）：11-13.

[3] 杨仁树. 本科生全程导师制：内涵、运行模式和制度保障[J]. 大学教学，2017（6）：58-60.

[4] 张金萍. 成功实施本科生导师制的几个关键问题[J]. 黑龙江高教研究，2004，124（8）：117-119.

[5] 应跃兴，刘爱生. 英国本科生导师制的嬗变及启示[J]. 浙江社会科学，2009（3）：

87-92.

[6] 李良,张秋."三三制"教学模式下本科生导师制的探索和实践[J].南京政治学院学报,2015,31(6):149.

[7] 张蓉,侯思阳.我国高校本科生导师制的实践与发展[J].教育与职业,2014,(24):106-108.

[8] 丁林.高校深入推进本科生导师制的三个关键问题[J].教育研究,2010,(9):106-109.

(原载于《煤炭高等教育》2018年第4期)

参考文献

[1] 高璇. 本科生导师制：高等教育质量提升的新探索［J］. 教书育人（高教论坛），2019（36）：4-7.

[2] 贺武华. 我国本科生导师制演进发展的新时代要求及其实践创新［J］. 中国大学教学，2021（3）：10-16.

[3] 杨仁树. 本科生全程导师制的探索与实践［J］. 北京教育（高教），2016（9）：11-13.

[4] 平和光. 本科生导师制：困境与出路［J］. 现代教育科学，2019（11）：105-110.

[5] 徐辉. 英国大学以导师制为核心的教学方式初探［J］. 高等教育研究，1985（2）：102-107.

[6] 新华网. http://www.xinhuanet.com/politics/leaders/2021-04/19/c_1127348921.htm.

[7] 李东成. 导师制：牛津和剑桥培育创新人才的有效模式［J］. 中国高等教育，2001（8）：21-46.

[8] 方大春，裴梦迪. 本科生导师制功能定位与育人模式研究［J］. 安徽工业大学学报（社会科学版），2019，36（5）：78-79.

[9] 纽曼. 大学的理念［M］. 高师宁，等，译. 贵阳：贵州教育出版社，2006.

[10] 何齐宗，蔡连玉. 本科生导师制：形式主义与思想共识［J］. 高等教

育研究,2012,33(1):76-80.

[11] 王东芳,赵晓军.一流本科教育的导师制:基于美国文理学院案例分析[J].比较教育研究,2019,41(9):67-73.

[12] 杨仁树.本科生全程导师制:内涵、运行模式和制度保障[J].中国高等教育,2017(6)58-60.

[13] 中国矿业大学(北京)教务处.本科生全程导师制探索与思考论文集[G].2017.

后记

今年是中国共产党建党100周年，是学校施行本科生导师制10周年（本科生全程导师制8周年）。实行本科生全程导师制是学校贯彻落实精英教育教学理念、全面推进建设世界一流能源科技大学目标、建设一流本科教育进程中的重要一笔，是学校不断探索能源行业一流本科人才培养模式的重要举措。

10周年，正青春。学校落实立德树人根本任务，对本科生全程导师制进行探索。本科生导师制历经基于创新教学的本科生导师制、本科生全程导师制在部分学院试点到全校全面推行，在探索中成长，在实践中突出特色，当前正充满活力。

10周年，寄希望。经10年探索，本科生全程导师制的模式与特色初步形成，效果显突。面向未来，结合国家、学校需求，本科生全程导师制因材施教，必将画出一道美丽的彩虹。正所谓：长风破浪会有时，直挂云帆济沧海。

10周年，在成长。学校本科生全程导师制的成长离不开每一位历任和现任领导、全体师生的共同努力。由衷地感谢学校原校长杨仁树、乔建永的深切关怀和总体规划，感谢原副校长范迅对本科生全程导师制的支持与指导。感谢学校教务处原处长常维亚的组织实施。感谢全校各部门同事的认真组织、大力配合与支持，感谢各学院教师的辛勤付出与无私奉献。同时，为本书的出版，还有许多同路人在默默奉献，感谢他们的不吝付出。

本科生全程导师制还在不断探索中成长。本书是基于中国矿业大学（北京）本科生全程导师制实施的情况而编写的，难免存在诸多不足和问题，敬请广大读者批评指正！

编　者

2021年11月